工业技术软件化

中国工业软件发展之路

李义章 宁振波 赵翰林 闫丽娟 ◎编著
王振华 何 强 吴 鹏 王 爽

图书在版编目（CIP）数据

工业技术软件化：中国工业软件发展之路 / 李义章
等编著. -- 北京：机械工业出版社，2024. 11.
（工业软件丛书）. -- ISBN 978-7-111-76812-8

Ⅰ. F426.67

中国国家版本馆 CIP 数据核字第 2024F5W778 号

机械工业出版社（北京市百万庄大街 22 号　邮政编码 100037）
策划编辑：王　颖　　　　　　　责任编辑：王　颖　刘松林
责任校对：王小童　杨　霞　景　飞　责任印制：单爱军
保定市中画美凯印刷有限公司印刷
2025 年 1 月第 1 版第 1 次印刷
170mm×240mm・13.25 印张・1 插页・239 千字
标准书号：ISBN 978-7-111-76812-8
定价：89.00 元

电话服务　　　　　　　　网络服务
客服电话：010-88361066　　机　工　官　网：www.cmpbook.com
　　　　　010-88379833　　机　工　官　博：weibo.com/cmp1952
　　　　　010-68326294　　金　书　网：www.golden-book.com
封底无防伪标均为盗版　机工教育服务网：www.cmpedu.com

顾 问 组：李培根　杨学山　周宏仁　高新民　王安耕
指 导 组：宁振波　范兴国
主　　　任：赵　敏
执 行 主 任：杨春晖
委　　　员（以姓氏拼音字母为序）：

　　　　　　陈立辉　陈　冰　陈万领　褚　健　段海波　段世慧
　　　　　　胡　平　雷　毅　冷文浩　李　焕　李　萍　李义章
　　　　　　刘丽兰　刘玉峰　梅敬成　闵皆昇　彭　瑜　丘水平
　　　　　　史晓凌　唐湘民　王冬兴　吴健明　夏桂华　闫丽娟
　　　　　　姚延栋　于　敏　张国明　张新华　周凡利　朱亮标

组宣部主任：闫丽娟
编辑部主任：王　颖
秘 书 长：李　萍　王　颖

PREFACE

当今世界正经历百年未有之大变局。国家综合实力由工业保障,工业发展由工业软件驱动。工业软件正在重塑工业巨人之魂。

习近平总书记在 2021 年 5 月 28 日召开的两院院士大会、中国科协第十次全国代表大会上发表了重要讲话:"科技攻关要坚持问题导向,奔着最紧急、最紧迫的问题去。要从国家急迫需要和长远需求出发,在石油天然气、基础原材料、高端芯片、工业软件、农作物种子、科学试验用仪器设备、化学制剂等方面关键核心技术上全力攻坚,加快突破一批药品、医疗器械、医用设备、疫苗等领域关键核心技术。"

国家最高领导人将工业软件定位于"最紧急、最紧迫的问题",是"国家急迫需要和长远需求"的关键核心技术,史无前例,开国首次,彰显了国家对工业软件的高度重视。机械工业出版社此次领衔组织出版这套"工业软件丛书",秉持系统性、专业性、全局性、先进性的原则,开展工业软件生态研究,探索工业软件发展规律,反映工业软件全面信息,汇总工业软件应用成果,助力产业数字化转型。这套丛书是以实际行动落实国家意志的重要举措,意义深远,作用重大,正当其时。

本丛书分为产业研究与生态建设、技术与产品、支撑环境三大类。

在工业软件的产业研究与生态建设大类中,列入了工业技术软件化专项研究、工业软件发展生态环境研究、工业软件分类研究、工业软件质量与可靠性测试、工业软件的标准和规范研究等内容,希望从顶层设计的角度让读者清晰地知晓,在工业软件的技术与产品之外,还有很多制约工业软件发展的生态因素。例如工业软件的可靠性、安全性测试,还没有引起业界足够的重视,但是当工业软件越来越多地进入各种工业品中,成为"软零件""软装备"之后,工业软件的可靠性、安全性对各种工业品的影响将越来越重要,甚至就是"一票否决"式的重要。至于制约工业软件发展的政策、制度、环境,以及工业技术的积累等基础性的问题,就更值得予以认真研究。

工业软件的技术与产品大类是一个生机勃勃、不断发展演进的庞大家族。据不完全统计,工业软件有近 2 万种[一]。面对如此庞大的工业软件家族,如何用一套丛书来进行一场"小样本、大视野、深探底"的表述,是一个巨大的挑战。就连"工业软件"术语本身,也是在最初没有定义的情况下,伴随着工业软件的不断发展而逐渐产生的,形成了一个"用于工业过程的所有软件"的基本共识。如果想准确地论述工业软件,从范畴上说,要从国家统计局所定义的"工业门类"[二]出发,把应用在矿业、制造业、能源业这三大门类中的所有软件都囊括进来,而不能仅仅把目光放在制造业一个门类上;从分类上说,既要顾及现有分类(如 CAX、MES 等),也要着眼于未来可能的新分类(如工研软件、工管软件等);从架构上说,既要顾及传统架构(如 ISA95)的软件,也要考虑到基于云架构的订阅式软件(如 SaaS);从所有权上说,既要考虑到商用软件,也要考虑到自用软件(in-house software);等等。本丛书力争做到从不同的维度和视角,对各种形态的工业软件都能有所展现,勾勒出一幅工业软件的中国版图,尽管这种展现与勾勒,很可能是粗线条的。

工业软件的支撑环境是一个不可缺失的重要内容。无论是数据库、云技术、材料属性库、图形引擎、过程语言、还是工业操作系统等,都是支撑各种形态的工业软件实现其功能的基础性的"数字底座"。基础不牢,地动山摇,遑论自主,更无可控。没有强大的工业软件所需要的运行支撑环境,就没有强大的工业软件。因此,工业软件的"数字底座"是一项必须涉及的重要内容。

[一] 林雪萍的"工业软件 无尽的边疆:写在十四五专项之前",可见 https://mp.weixin.qq.com/s/Y_Rq3yJTE1ahma30iV0JJQ。

[二] 参考《国民经济行业分类》(GB/T 4754—2019)。

长期以来,"缺芯少魂"一直困扰着中国企业及产业高质量发展。特别是从 2018 年以来,强加在很多中国企业头上的贸易摩擦展现了令人眼花缭乱的"花式断供",仅芯片断供或许就能导致某些企业停产。芯片断供尚有应对措施来减少损失,但是工业软件断供则是直接阉割企业的设计和生产能力。没有工业软件这个基础性的数字化工具和软装备,就没有工业品的设计和生产,社会可能停摆,企业可能断命,绝大多数先进设备可能变成废铜烂铁。工业软件对工业的发展具有不可替代、不可或缺、不可估量的支撑、提振与杠杆放大作用,已经日益为全社会所切身感受和深刻认知。

本丛书的面世,或将揭开蒙在工业软件头上的神秘面纱,厘清工业软件发展规律,更重要的是,该丛书将会激励中国的工业软件从业者,充分发挥"可上九天揽月,可下五洋捉鳖"的想象力、执行力和战斗力,让每一行代码、每一段程序,都谱写出最新、最硬核的时代篇章,让中国的工业软件产业就此整体发力,急速前行,攻坚克难,携手创新,使我国尽快屹立于全球工业软件强国之林。

丛书编委会
2021 年 8 月

PREFACE

英国前首相丘吉尔曾经表达过这样的观点:"你能看到多远的过去,就能看到多远的未来。"这句话意味着通过深入审视过去的经验与教训,人们能够更好地预见并规划未来。它强调了学习和理解历史的重要性,还反映出丘吉尔认为历史是指导未来的宝贵资源,透彻地理解过去有助于人们做出更明智的决策,避免过去的错误,并为未来的挑战做好准备。

一部世界工业软件发展史,既是世界工业文明发展的缩影,也是人类文明发展的缩影。人类文明的发展层次,可以用衣食住行的状态描述。其中"食"是人类生存的基本保障,谚语"开门七件事,柴米油盐酱醋茶"中,第一个柴是能源,第二个米是主食,有了这两样,就有了生存的基础,加上油盐酱醋茶,人类"食"的水平就上了台阶。

工欲善其事,必先利其器。用餐具变化描述社会形态转变也是很有意思的事。渔猎社会形态时,基本食物得不到保障,人类和各种动物一样,直接用手抓食物来吃,当然,对高温和低温的食物就无能为力了;到了农耕社会,随着火的大规模可控利用,熟食成为常态,就出现了筷子等餐具帮助人们就餐;随着工业文明的发展,工业社会中各种能源如煤炭、石油、天然气、电能、太阳能、核能等的出现和大规模推广,以及冶铜、炼铁术的应用,使得金属餐具的应用成为常态。展望未来的智能社会形态,人类很可能从阳光、空气和水中直接合成生存必需的维生素和其他物资,届时或许不用生产常规的餐具,会出现新的就餐方式,引领新的社会文明形态。

我们不能忘记,1840年的鸦片战争、1894年的中日甲午战争以及1900年八国联军侵华,这些历史事件告诉我们,一个落后的农业国家面对先进的工业国家时,是多么的无助。"工业强则国家强"是过去几百年中华民族无数仁人志士用血泪换来的共识。时间来到2010年,我国GDP超越日本,此后连续14年位居世界第二。同年,我国工业GDP也超过美国,到如今已连续14年位居世界第一。

当今世界,数字化转型如火如荼,我们怎么应对这一趋势?我们知道数字化转型是新经济的引擎,也是人类迈向新的智能社会必需的第一步。因此,全面认识"新型工业化"的内涵,深入理解什么是"新质生产力",是我国实现民族复兴的必由之路。"数字化转型""智能制造""工业互联网""新型工业化""新质生产力"的核心是什么?就是工业软件。2020年4月由机械工业出版社出版的《铸魂:软件定义制造》把工业软件定义为工业之魂,软件是未来成熟的数字经济国家以及企业的命脉,软件控制下的数据和模型决定了一个国家的政治、军事、经济、科学技术和教育的未来发展方向,这绝非危言耸听。

一个国家要能开发出能用、好用、易用的工业软件,必须充分重视STEM,STEM是由科学(Science)、技术(Technology)、工程(Engineering)、数学(Mathematics)四门学科的英文首字母组合而成,其中科学在于认识世界、解释自然界的客观规律;技术和工程则是在尊重自然规律的基础上改造世界、实现与自然的和谐共处、解决社会发展过程中遇到的难题;数学则是技术与工程的基础工具。

中国工业技术软件化产业联盟(以下简称联盟),也称为中国工业APP联盟,是一个旨在推动中国工业领域技术软件化发展的行业组织。该联盟于2017年12月15日在北京成立,得到了工业和信息化部的指导和支持。

联盟的主要任务是促进工业软件的研发与应用,提升工业技术的软件化水平,加速制造业数字化转型,以及构建工业技术软件化生态等。由工业和信息化部电子第五研究所及北京索为系统技术股份有限公司等单位牵头,全国各地政府、国有企业、高校、研究机构及民营公司等多方作为联盟发起人,并给予联盟很多支持。2018年4月,西方国家对我国技术制裁加剧,工业软件的不足越发成为我们"缺芯少魂"的巨大痛点,因此,联盟制订了相关工作计划,持续讨论国内外行业发展趋势,不断吸纳新成员,共同推动中国工业技术软件化的进步和发展,全力解决"少魂"之痛。

本书聚焦于工业技术软件化的形成与发展,分为上、中、下三篇:

上篇讲述了工业化进程和现代工程科学的形成,阐明了工业软件来自工程科学软件化,并分析了我国工业软件产业的现状和问题。

中篇讲述了现代工业技术的主线、要义和层次,并指出工业技术软件化是新一代工业软件的重要发展方向,也是我国工业软件产业发展的蓝海。

下篇讲述了工业技术软件化产业的发展策略、生态建设路径以及未来发展趋势。

为了便于理解工业技术软件化的内涵,此处特别列举三个案例进行说明。

1)核武器研制:美国共进行了1032次核试验,这些核试验从1945年7月16日开始,一直持续到1992年,时间跨度近半个世纪。试验地点包括美国本土、太平洋、大西洋、阿留申群岛等地。通过这些试验,美国深入研究了核武器的技术特性、威力以及影响,但也对环境和人员健康造成了损害。1992年后,美国没有再进行新的核爆炸试验,转而依靠计算机模拟和其他非爆炸性测试方法来维护其核武库的安全和可靠性。中国共进行了45次核试验,从1964年10月16日到1996年7月29日,持续了30余年的核试验项目帮助我国确立了核大国的地位,并为核武器的设计、研发及安全性提供了重要的数据支持。1996年,我国主动签署了"全面禁止核试验条约"。需要澄清的一点是,不做核试验不是不研制新一代的核武器,而是用计算机软件的建模、仿真和模拟技术代替了传统的核试验。实际上,联合国五个常任理事国的新一代核武器研制,都是基于计算机软件的建模、仿真和模拟技术。

2)化学实验:2013年诺贝尔化学奖由马丁·卡普拉斯(Martin Karplus)、迈克尔·莱维特(Michael Levitt)和亚利耶·瓦谢尔(Arieh Warshel)三位科学家共同获得,获奖理由是他们为复杂化学系统创立了多尺度模型。其中,马丁·卡普拉斯就职于法国斯特拉斯堡大学和美国哈佛大学,他在化学物理领域,尤其是在利用计算机模拟复杂化学反应机制方面有着杰出贡献。迈克尔·莱维特是美国斯坦福大学结构生物学系终身教授,他因在生物物理领域,特别是在蛋白质和其他大分子的计算机软件模拟方面的成就而闻名。亚利耶·瓦谢尔是以色列科学家,他的研究主要集中在酶和其他大分子的计算机软件模拟上，为理解这些复杂系统如何工作提供了新的视角。他们三人创立的多尺度模型使得科学家能够在原子和分子层面预测和解释化学反应，极大地推进了化学、生物化学以及药物设计等领域的发展。多尺度模型结合了经典物理学和量子力学的理论，能够有效处理从单个原子到整个生物大分子的多种时间与空间尺度问题。该模型使化学老师和化学实验室的实验员扔掉试管，利用计算机软件模拟化学实验成为可能。

3）一级火箭回收：马斯克太空探索技术公司（SpaceX）的猎鹰-9火箭，为了完成一级火箭的回收，用强力弹簧机械分离方式的助推器取代了原先采用爆炸螺栓分离方式的助推器，实现了一二级火箭的分离。值得注意的是，强力弹簧机械分离方式助推器的研制没有做实物试验，而是通过大量计算机软件仿真保证其合理性和可靠性。这种完全靠大量仿真计算的方法避免了使用火工品，并取代了大量实物试验。笔者认为，猎鹰-9火箭的成功有四个因素，第一是20世纪60年代以来，大量的航天发射积累了大量工业知识，形成了大量工业软件；第二是五十多年的工业软件在航天产品设计仿真中的应用，使工业软件的成熟度得到了大幅度提高；第三是多年来，计算机技术和集成电路（IC）的大规模应用，使计算速度和处理能力都得到了快速发展；第四是新材料、新工艺层出不穷。以上四个方面使得高效能的计算机、数字建模和仿真试验代替了传统的物理试验，其核心就是把人类的知识和智能化技术赋予了工业软件。

综上所述，我们可以这样认为，在新型工业化和数字化转型的过程中，利用工业软件的建模和数字仿真技术，可以指导、简化、减少甚至取消产品研制过程中的实物样机和实物试验。这就是中国工程院原院长周济所说的新一代智能制造HCPS了。过去我们讲"工业强则国家强"，如今我们必须强调"软件强则国家强"，而且怎么强调都不为过。

最后以清代大儒戴震的诗句"治学不为媚时语，独寻真知启后人"作为结束。

        宁振波 中国工业技术软件化产业联盟专家委副主任委员
        李义章 中国工业技术软件化产业联盟秘书长

目录

CONTENTS

丛书前言

前言

上篇　工业软件的发展脉络

2　第1章　工业化进程

1.1　第一次工业革命　/2

1.2　第二次工业革命　/6

1.3　第三次工业革命　/8

1.4　第四次工业革命　/11

13　第2章　现代工程科学的形成

2.1　现代工程科学的演进　/13

2.1.1　古代，哲学与技术的分立　/13

2.1.2　文艺复兴与科学革命，科学兴起　/14

2.1.3　第一次工业革命，工程科学诞生　/16

2.1.4　第二次工业革命，工程科学与行业紧密结合　/18

2.1.5 两次世界大战，科学、工程、技术融合 / 19

2.1.6 冷战与科技革命，建立技术科学 / 20

2.1.7 布什范式 / 22

2.2 科学的内涵 / 23

2.3 技术的内涵 / 24

2.4 工程的内涵 / 26

2.5 工程科学与工程技术 / 27

29 第 3 章 工程科学软件化产生了工业软件

3.1 工程设计的软件化 / 29

3.1.1 计算机出现之前的工程设计 / 29

3.1.2 计算机与工程设计的结合 / 30

3.1.3 工业软件行业蓬勃发展 / 32

3.2 科学计算的软件化 / 36

3.2.1 科学计算 / 36

3.2.2 计算物理学 / 38

3.2.3 计算力学 / 38

3.2.4 计算材料学 / 39

3.2.5 计算化学 / 40

3.2.6 计算生物学 / 40

3.3 工程方法的软件化 / 40

3.3.1 行业发展催生先进工程方法 / 40

3.3.2 仿真驱动的工程设计 / 41

3.4 波音公司的应用实践 / 43

3.4.1 起步 / 43

3.4.2 腾飞 / 44

3.4.3 巅峰 / 44

3.4.4 技术加持 / 45

第 4 章 我国工业软件产业分析　47

4.1 我国工业软件的分类 / 47

4.1.1 研发设计类：差距较大，核心技术缺失多 / 48

4.1.2 生产制造类：高端乏力，细分领域有优势 / 49

4.1.3 运维服务类：前景广阔，国外技术仍领先 / 50

4.1.4 经营管理类：份额占优，高端市场待突破 / 51

4.2 我国工业软件产业的现状 / 51

4.3 推动我国工业软件产业发展的力量 / 52

4.4 我国工业软件产业发展的支柱 / 53

4.5 我国工业软件产业发展的战略机遇 / 54

中篇　中国工业技术软件化发展之路

第 5 章 现代工业技术的主线：工业产品的全生命周期活动　58

5.1 工程师视角的工业技术 / 58

5.2 方案阶段 / 61

5.2.1 第一轮方案设计：需求设计 / 63

5.2.2 第二轮方案设计：概念设计 / 66

5.2.3 第三轮方案设计 / 68

5.2.4 方案阶段的重要性 / 71

5.3 工程研制阶段 / 74

5.3.1 详细工程设计、工艺设计、试制和试验 / 74

5.3.2 用仿真代替试验 / 76
5.3.3 供应商、主机厂和工程师 / 76
5.3.4 赋予产品高质量 / 79

5.4 批量生产阶段 / 82

5.4.1 工厂的工艺技术体系 / 82
5.4.2 制造基准信息：以 BOM 为中心 / 82
5.4.3 工厂规划与运营 / 83

5.5 产品运行与维护阶段 / 84

5.5.1 厂商积极提供运维服务 / 84
5.5.2 运维的模式与技术 / 85
5.5.3 高端运维：航天器在轨服务 / 87

89　第6章　现代工业技术的要义：标准化、模块化、系列化

6.1 没有标准化就没有现代工业 / 89

6.1.1 互换性为大规模生产筑基础 / 90
6.1.2 品种控制提高经济效益 / 92
6.1.3 有标准时间才有科学测定的生产率 / 92
6.1.4 国家推动标准化为各行业确立技术规则 / 94

6.2 模块化大规模提高产品研发生产效率 / 95

6.2.1 模块化体现系统设计 / 96
6.2.2 模块化促进知识分工 / 97
6.2.3 模块化关键在于处理耦合 / 98

6.3 系列化促进产品持续改进 / 101

6.3.1 采用货架技术加速新产品上市 / 101
6.3.2 建立产品型谱降低技术风险 / 103
6.3.3 规划产品线瞄准细分市场 / 103

第 7 章 现代工业技术体系的层次 ... 105

7.1 基础共性的工业技术 / 105

7.2 行业通用的工业技术 / 107

7.3 企业专有的工业技术 / 109

第 8 章 中国的工业技术软件化 ... 111

8.1 工业技术软件化：源于中国的产业赛道 / 113

8.2 工业技术软件化的定义 / 114

8.3 工业技术软件化参考架构 / 115

8.3.1 工业技术积累是基础 / 116

8.3.2 软件化过程与技术是关键 / 117

8.3.3 构建工业软件生态是目标 / 117

8.4 工业技术软件化的解析 / 117

8.4.1 工业技术软件化的方法论 / 117

8.4.2 工业技术软件化的完整逻辑 / 119

8.4.3 工业技术软件化的过程 / 120

第 9 章 工业技术软件化的实践 ... 125

9.1 工业技术软件化技术体系 / 125

9.1.1 可视化工业 APP 开发技术 / 125

9.1.2 工业 APP 标识流通技术 / 128

9.1.3 工业 APP 集成应用技术 / 130

9.2 工业技术软件化的工程实践 / 132

9.2.1 航空行业 / 132

9.2.2 航天行业 / 133

9.2.3 兵器行业 / 133

9.2.4 船舶行业 / 133

9.2.5 核工业 / 134

9.2.6 电子行业 / 134

9.2.7 汽车行业 / 135

下篇　发展工业技术软件化产业

138　第 10 章　工业技术软件化的发展策略

10.1 工业技术软件化需要平台视角 / 138

10.1.1 工业软件平台是开展工程研制工作的载体 / 139

10.1.2 平台化策略可以带动国产工业软件的发展 / 139

10.1.3 "平台 + 工业 APP"创新工业软件发展路径 / 140

10.2 发展工业技术软件化产业的抓手 / 140

10.2.1 建立工业软件测评体系，促进国产化替代 / 140

10.2.2 推广工业软件操作系统，提升工业技术软件化率 / 142

10.2.3 开展工业 APP 教育与培训，提升数字工匠供给能力 / 143

10.3 工业技术软件化产业的重点任务 / 143

10.3.1 以工业智能算力为核心建设基础设施平台 / 144

10.3.2 培育工业软件的多元业务能力 / 146

10.3.3 深度融入工业体系的转型 / 148

152　第 11 章　工业技术软件化的生态建设

11.1 政府项目的角色：撑起生态的框架 / 153

11.2 企业用户的角色：能力中心建设 / 155

11.3 院校的角色：培育专业与数字化复合人才 / 158

11.4 资本的角色：助推者的两面 / 162

11.5 平台的角色：开源的启示 / 163

11.6 知识产权的角色 / 166

170　第 12 章　工业技术软件化的展望

12.1 工业知识和技术传播范式的变革 / 170

12.1.1 知识和技术传播范式的演进 / 171

12.1.2 工业知识和技术的封装和复用 / 171

12.2 工业技术软件化未来的演变路径 / 172

12.2.1 知识产权 / 172

12.2.2 商业逻辑 / 173

12.2.3 产业创新中心 / 173

12.3 工业 APP 与"未来黑科技"的结合 / 175

12.3.1 工业 APP 与语义集成促进数字工业知识智能匹配 / 175

12.3.2 机器学习 / 175

12.3.3 伴随 5G 全面渗透 / 176

178　附录　提高生产率的技术

193　参考文献

工业软件的发展脉络

西方国家用两百年时间建立了现代科学的基础，用一百年时间建立了现代工业的基础。随着计算机技术在第三次工业革命中的应用，近代三百年的人类工业知识精华悉数转化为了各类工业软件。

工业软件不仅仅是生产工具，还是工程科学的传播媒介，更是工业母机背后的工业之魂。中国改革开放四十多年以来的高速发展，不仅在于吸纳了三百年工业的知识精华，还在于使用先进成熟的工具建立了我国的现代工业体系。

工业软件绝非一类特定用途的"计算机应用软件"。工业软件的断供问题，也不能简单地视作一个新的"卡脖子点"。培育国产自主可控工业软件，避免工业软件的断供风险，首先要在现代工业、科学、技术三者互动与发展的背景中摸透这个"面广水深"的问题。

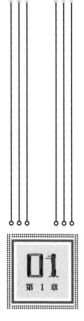

工业化进程

现代工业体系是四次工业革命积累的成果,每一次工业革命的内核都是技术革命,技术革命指一种或多种技术在短时间内被另一种新技术取代的阶段,该阶段的特点是技术的加速进步、创新的快速应用与传播,共同引发社会的快速变化。

1.1 第一次工业革命

第一次工业革命大约发生在 1760—1840 年,其影响包括手工生产方式向机器生产方式的转变,新的化学制造和钢铁生产方法的引入,蒸汽动力的广泛使用,机床的发展,以及机械化工厂的兴起。

第一次工业革命开启了工业化的进程,使人类物质生产力与经济成果实现了爆炸式增长与持续性积累。经济史学家认为第一次工业革命是人类历史上自驯化动物和植物以来最重要的事件。在物质进步的基础上,随着社会体制的演进,人们的生活水平与平均寿命都得到了显著提升。

18世纪中叶，英国贸易的发展和商业的兴起是引发英国工业革命的主要原因之一。历史学家认为，六个因素促进了英国的工业化：高水平的农业生产力提供了过剩的劳动力和食物；殖民地开拓与贸易战争中积累了管理经验和创业技能；可用的港口、河流、运河和道路降低了原材料和产品运输的成本；从本土和殖民地获得了丰富的煤、铁和水力等自然资源；政治的稳定和支持商业发展的法律体系的完善；可用于投资的金融资本。

在第一次工业革命期间，发生了一系列显著的技术进步。在纺织技术方面，以蒸汽为动力的棉纺机械化使纺织品的产量增加了约500倍；动力织布机使一名工人的纺织品产量增加了40多倍；轧棉机将棉花脱籽的生产率提高了50倍；羊毛和亚麻纺织的生产率也有很大增长。纺织行业最早实现了工业化。

在动力技术方面，蒸汽机的效率得到了极大提升，其原料消耗降低到之前的五分之一到十分之一，这使得蒸汽动力技术在工业生产和交通运输场景中迅速普及、应用。炼铁技术也取得了巨大进步，使用焦炭代替木炭大大降低了生产生铁和熟铁的燃料成本，同时允许引进更大型的高炉提高了生产效率。蒸汽机为鼓风提供动力从而大幅提高了进风量；铸铁吹风筒的引入与改进造就了更高的高炉温度；混炼法相较于精锻法降低了成本；轧钢机比锤打熟铁快了15倍；采用热风也大大提高了炼铁的燃料效率。

机床的发明和发展，实现了低成本地制造精密金属零件。18世纪，钟表制造商和科学仪器制造商对金属零件的需求推动了机床的发明。在此之前，金属零件是用锤子、锉刀、刮刀、锯子和凿子等基本手工工具加工的。因此，金属机器零部件的使用保持在最低限度。手工制作方法不但非常费力、昂贵，而且很难保证精度。第一台大型精密机床是约翰·威尔金森于1774年发明的汽缸镗床，用来钻早期蒸汽机的大直径汽缸。亨利·莫德斯利是第一个使用丝杠、滑动架和变速齿轮的创新组合来建造功能车床的人。

在第一次工业革命期间，人们也开始了化学品的大规模制造。英国人发明了新的方法，使硫酸和纯碱（碳酸钠）的生产率大幅提升。这两种化学物质带动了许多其他发明，从而以更具成本效益和可控的工艺取代了许多小规模操作。碳酸钠在造纸工业、纺织、肥皂生产和玻璃制造中有许多用途；硫酸的早期用途包括酸洗钢铁和漂白布料；漂白粉的发明使纺织工业中漂白工艺所耗费的时间从几个月缩短到几天。1824年，英国建筑工人发明了波特兰水泥的化学工艺，很快就被用来修建泰晤士河隧道和改造伦敦市排水系统。1860年后，化学的创新集中在染料方面，德国成为化工技术的世界领导者，不仅建立了强大的化学工业，还向周边国家输送了大量化工人才。

18 世纪初，多种农业机械的发明与应用使得英国的农业生产率大幅提升，从而解放了大量农业劳动力进入其他经济部门。工业革命期间机床和金属加工技术的发展也支持了农业机械的大规模生产。

1798 年，可以在金属丝织物上生产连续纸张的长网造纸机成为主要的造纸设备。长网造纸机展示的连续生产方式影响了钢铁的连续轧制，还启发了其他行业的连续生产方式。

1812 年至 1820 年间，第一批燃气照明设施在伦敦建立。19 世纪初，欧洲发明了新的玻璃生产工艺。1832 年，这种工艺被用来生产平板玻璃，改变了建筑形式。

在工业革命初期，内陆运输主要通过可航行的河流和道路，沿海帆船在海上运输重型货物，铁路将煤炭运送到河边以便进一步装运，当时运河还没有被广泛修建，动物在陆地上提供动力，风帆在海上提供动力。18 世纪末，铺设了用于马车运输的铁路；19 世纪初，蒸汽机车问世。1750 年至 1830 年间，帆船技术的进步使平均航行速度提高了 50%。第一次工业革命改善了英国的交通基础设施，包括收费公路网络、运河网络、水路网络以及铁路网络，使得原材料和成品的运输变得更快、更便宜，同时新思想也随着交通网络迅速传播。

工业革命期间，现代工厂体系的雏形得以建立。在工业革命之前，制造业是"没有产业主的产业"，彼此独立的工匠们在自己的作坊里工作，他们的家庭成员从旁协助，还有一些学徒也加入其中。被商业资本家雇佣的工人虽以不同的用工形式存在，但他们基本上仍在自己家中工作。工厂的出现改变了这一切，正如马克斯·韦伯对现代工厂的特征的描述，"车间里执行的劳动纪律、技术的专门化与协作，以及非人力的生产动力被结合起来。劳动场所所有权的集中意味着劳动、生产动力和原材料掌握在同一个人手中，这在 18 世纪之前很少出现"。昂贵的技术机器及其带来的令人无法拒绝的生产力的提升直接导致了商业资本向工业资本的转变，以及作为资本集中形式的工厂的出现。

在工业革命初期，纺织业、采矿业等行业率先吸纳从农业部门转移的劳动力。劳动者并不需要太复杂的技能以及文化水平，甚至连 8 岁的孩子都能为纺织业提供"有效工作"。到了 19 世纪，工业革命深化发展到一定水平，作为先驱的英国不仅需要能够处理技术指令和复杂情况的熟练工和工程师来深化自身发展，还面临着来自欧洲各地更廉价劳动力的竞争。因此，英国官员向议会建议推行面向大众的职业教育。同时，德国和美国对工程师和工程技术人员的培养，为他们在第二次工业革命期间的崛起做出了贡献。

比利时是欧洲大陆第一个经历工业革命的国家，也是世界上第二个开启工业化进程的国家。于 1830 年成为独立国家之后，比利时在列日和沙勒罗伊周围的煤矿区建造了许多工厂，包括焦炭高炉、炼铁厂和轧钢厂。这些事业是在移居国外的英国人约翰·科克里尔的领导下进行的，早在 1825 年，他就在比利时瑟兰的工厂整合了从工程设计到原材料供应的所有生产阶段。比利时的瓦隆地区聚集了密集的煤矿、高炉、铁和锌工厂、羊毛工业、玻璃工业、武器工业等，经济学家和历史学家认为，就领土和人口来说比利时是当时世界第二大工业强国。

德国凭借先进的大学和工业实验室在化工行业领先世界。德国统一前后，在全国进行的铁路工程建设极大推动了冶金和钢铁工业的进步。虽然在此之前德国本土缺乏蒸汽机、铁道等工程技术人才，但他们直接利用了来自英国的现成技术和硬件，许多城市的铁路车间也被作为工程技术人员的培训中心。到了 19 世纪末，德国在铁路里程、机车数量、客运量和货运量等方面已经全面超过了法国。

在 18 世纪末和 19 世纪初，当英国和西欧部分国家开始工业化时，美国还是一个主要依赖农业和自然资源生产和加工的经济体。道路和运河的修建、蒸汽船的引进和铁路的修建，对当时这个幅员辽阔、人口稀少的国家在处理农业和自然资源产品方面非常重要。美国在工业革命期间的重要技术贡献是机床和可互换零件系统的发展，后者得益于美国铣床技术的发展。机床和可互换零件系统的发展，是美国在 19 世纪末崛起并成为世界领先工业国的基础。来自美国马萨诸塞州纽伯里波特地区的商人弗朗西斯·卡伯特·洛威尔，在 1810 年参观英国工厂时记住了卡特莱特纺织机的设计，他意识到美国国内对成品布的需求正在增长，回到美国后，他成立了波士顿制造公司。洛威尔和他的合伙人还在马萨诸塞州的沃尔瑟姆建立了美国第二家可以完成从棉花到布料完整生产过程的纺织厂，该厂仅次于贝弗利棉纺厂。1817 年他去世后，他的合伙人建造了美国第一个规划完备的工厂城，并以洛威尔的名字命名。

精密金属加工技术是由美国陆军部开发的，用于制造小型武器的可互换零件。开发工作在斯普林菲尔德兵工厂和哈珀斯镇兵工厂进行。使用机床进行精密加工的技术包括使用夹具将零件固定在正确的位置，来引导切削工具，以及使用精密块和量规来测量精度。铣床是一种基本的机床，据传是由艾利·惠特尼发明的，他是一名政府承包商，说服美国陆军部发起了利用可互换零件制造步枪的计划。另一项重要发明是由托马斯·布兰查德发明的布兰查德车床，它实际上是一个成型机，用于批量生产木制枪托。使用机器和技术来生产标准化的、可互换的零件，这一模式后来被称为美国制造系统。精密制造技术使得钟表机械的生产成为可能。1854 年，在马萨诸塞州的沃尔瑟姆地区，沃尔瑟姆钟表公司开始了钟表的工业化生产，并开发了机床、量规和装配方法，以适应制造钟表所需的精度。

1.2 第二次工业革命

第一次工业革命是从英国开始的，以纺织机器和动力机器的采用为开端，将人类的技术实践带入了机器时代，将人类的物质生产活动带进了工业化时代。第二次工业革命在第一次工业革命的基础上延续，由于新技术、新发明、新发现、新方式的引入，美国、德国、英国等国家重新掀起了一个以科学化、标准化、大规模生产为主要特征的快速工业化浪潮，从1870年持续到1914年（1914年第一次世界大战爆发）。

第二次工业革命的特点是铁路的修建、钢铁的大规模生产、机械在制造业的广泛使用、蒸汽动力的大量使用、电报的广泛使用、石油的使用和电气化的初步实现。也是在这个时期，出现了跨地区经营的大规模企业，现代组织方法萌芽。第二次工业革命尤其强调新技术的重要性，特别是内燃机、石油、新材料（包括合金和化学制品），以及电力、电机、电气与通信。由于上述技术发明都是以科学和工程为基础的，有人将第二次工业革命称为"综合时代"。"技术"和"工程技术"等词汇也是在第二次工业革命期间得到广泛采用的。

在钢铁行业，热风技术提高了燃料效率，考伯炉提高了高炉产量，贝塞麦炼钢法实现了钢材的大规模生产，新的除磷工艺解决了贝塞麦炼钢法必须使用的"无磷铁"的来源问题，西门子–马丁炼钢法实现了平炉炼钢，并极大地降低了炼钢成本，在20世纪初成为主要的炼钢工艺。大量廉价的钢材支持了摩天大楼、铁路、桥梁、高压容器、大炮等重要设施与产品的大规模生产。

在轨道交通方面，钢材代替了熟铁成为钢轨材料。随着钢材价格的下降，钢轨也变得更重，这就允许人们使用更大功率的机车来牵引更多节车厢，这大幅提升了铁路系统的运输效率，使得铁道逐渐成为工业国家主要的运输基础设施。

电力电气行业诞生于第二次工业革命期间。集物理学家、实验室科学家、发明家三种身份于一身的迈克尔·法拉第，为电能利用奠定了理论和实践基础。1881年出现了世界上第一个完全由电力照明的公共场所。1882年，出现了世界上第一座大型中央配电所。1886年，直流电动机的发明推动了电气化。20世纪初，工业电气化带来了第二次工业革命标志性的制造方法变革，即以美国福特工厂为代表的电气化装配线与大规模生产。工业电气化还实现了以非常低廉的成本，通过电解法来生产铝、镁等各种金属。1920年左右，家用电器进入发达工业国家的千家万户。

19世纪40年代，新的造纸机器被发明，支持从木质材料中提取纤维，并用其造纸，这开启了造纸的新时代。到了19世纪80年代，造纸行业引入化学工艺，并逐渐发展为造纸业的主流工艺。

石油工业在第二次工业革命期间得到了迅速发展。1850年，在苏格兰出现了世界上第一座真正意义上的商业石油工厂和炼油厂。1859年在美国宾夕法尼亚州建成第一口"现代油井"。第一次世界大战期间，用于热裂解的伯顿法的发明，使汽油产量增加了一倍，这有效满足了由于汽车数量大幅增长产生的汽油需求。

海事技术的进步与积累见证了现代船舶的诞生。1822年，在泰晤士河上组装了第一艘远洋铁壳船。1843年出现了第一艘金属现代船只，以发动机提供动力，并以螺旋桨推动。1870年，第一艘海军现代军舰诞生，它是第一艘将不带帆的远洋主力舰，也是第一艘将全部主要武器安装在船体顶部而不是内部的主力舰。

汽车行业诞生于第二次工业革命期间。德国发明家卡尔·本茨于1886年获得了世界上第一辆汽车的专利，1888年夏末，奔驰汽车开始销售，成为历史上第一款商用汽车。亨利·福特于1896年制造了他的第一辆汽车，并于1903年成立福特汽车公司。该公司设计的工厂拥有按照工作流程顺序排列的机床和专用机器，通过对工具、工装位置的安排和传送带的使用形成装配线，消除了所有不必要的人工操作，整个过程被称为大规模生产。福特汽车工厂是历史上第一次以每年数十万辆的规模生产由5000个以上零件组成的大型复杂产品。大规模生产方式带来的成本节约，使得T型车的价格从1910年的780美元下降到1916年的360美元。到了1924年，福特公司生产了200万辆T型汽车，每辆零售价仅为290美元。

第二次工业革命期间出现了涡轮机和内燃机，其中涡轮机是在1884年被发明的，它提高了动力效率并减少了将近90%的装置体积，使得廉价而充裕的电力成为可能，并且彻底改变了海洋运输和海战模式，1903年，涡轮机首次应用于航运，随后用于发电；第一台被广泛使用的内燃机是1876年的奥托型内燃机，该型内燃机在小型车间取得了成功，后很快就被用来为汽车提供动力，一直持续到现代。

现代电信行业也在第二次工业革命期间形成。1837年出现了第一个商业电报系统。1866年，跨大西洋的商业电报电缆敷设成功。1876年，贝尔发明了电话并迅速商用。1904年，马可尼在大西洋两岸建立了大功率电台，并开始了向订阅服务的船只发送商业新闻的服务。同年，真空管的发明为现代电子和无线电广播的发展奠定了基础，随后发明的三极管可以放大电子信号，这为20世纪20年代的无线电广播铺平了道路。

在第二次工业革命后期，弗里·温斯洛·泰勒及其追随者创立了科学管理的概念。科学管理最初致力于通过时间和运动分析来减少工作流程中的步骤，后来演变为工业工程、制造工程和商业管理等学科，被用于企业运营乃至供应链管理。

第二次工业革命最显著的特征之一就是科学与行业的紧密结合。对化学的理解极大地帮助了基础无机化学制造和苯胺染料工业的发展。热力学原理被应用于各种工业领域，包括提高锅炉和汽轮机的效率。迈克尔·法拉第等人的工作对奠定现代电学基础至关重要。詹姆斯·克拉克·麦克斯韦开启了现代物理学的大门。麦克斯韦还写了一篇论文，对控制器的行为进行了数学分析，这标志着控制理论的开端。

第二次工业革命对社会经济产生了显著的影响。1870年到1890年这二十年间发生了历史上最显著的经济增长。生产率的大幅提升引发了商品价格的快速下降，使得新兴工业化国家人民的生活水平得到了提升。公共卫生措施带来了公共健康和卫生设施的巨大改善。工厂系统将生产集中在由专家投资和管理的工作场所，采用精细化的劳动分工，不仅使得非熟练劳动力和熟练劳动力的生产率都提高了，还导致了工业中心人口的快速增长。与之相伴的是童工的减少、专业中产阶级的产生与扩大，以及影响力日益扩大的以商品消费为基础的大众文化。第二次工业革命作为经济驱动的影响力一直持续到二战结束，其取得的成就形成了人类现代生活的重要组成部分。

通过两次工业革命的积累，现代大规模生产得以实现。大规模生产也称流水线生产，是在装配线上以稳定的流程生产大量标准化产品的生产方式。第二次工业革命期间，随着机床的进步和可互换零件生产技术的发展，现代大规模生产才成为可能。20世纪大规模生产所需的一些组织管理概念，如科学管理，则是由泰勒、福特以及一批工程师开创的，他们的工作后来被整合到工业工程、制造工程、运筹学和管理咨询等领域。

大规模生产的一个重要特征是"技能内置于工具"，这意味着使用工具的工人并不需要经过复杂的培训便能胜任工作。尽管制造装备的进步、数控加工和计算机辅助制造的出现减少了各种工装及模具的使用，但工艺技能和知识仍然是在工具（过程、文档）中，而不是在操作工的头脑中。这就是大规模生产的专业化资本：依靠工具和机器确保的专业分工。

大规模生产不仅是资本密集型和能源密集型的，通常也是自动化的，通过扩大生产规模，单位产品的成本被大幅降低。到20世纪20年代末，通过大规模生产，许多以前稀缺的商品实现了充足供应。大规模生产也是二战后在西方社会兴起的"消费主义"文化的基础。

1.3 第三次工业革命

在两次世界大战以及它们之间短暂的和平时期里，两次工业革命积累的工业能力持续释放，军工制造的产能不断扩充，到"二战"结束时达到顶峰。由国家资助和组织的工业研究大幅缩短了从科学理论到工程创新，再到量产制胜武器的进程。生化武器、核武器等大规模杀伤性武器的出现，使人类第一次掌握了短时间内毁灭自身文明的能力，而信息通信技术、自动化技术、航空技术的进步，似乎又预示着全人类大规模协作的到来。二战后涌现了一大批以高新技术为基础的研发密集型产业，主要包括航空航天、计算机、半导体、互联网、移动电话、燃气轮机与航空发动机、生物医药、新材料等；装备制造业也充分吸收和利用各领域的最新成果，通过持续不断的工程创新推动了工业技术的进步。关于当前的工业革命，有人说第三次工业革命正在发生，也有人说第四次工业革命已经到来。

第三次工业革命是由自动化技术的发展拉开帷幕的。自动化技术是减少流程中人工干预的技术，通过预先设定决策准则、了流程关系及相关操作，并在机器中体现这些预先设定来实现。现代工厂、制导武器与航天器、飞机与船舶、机器人等复杂系统的自动化，是通过机械、液压、气动、电气、电子装置及计算机等多种技术手段的组合应用实现的。自动化技术不仅能带来经济方面的好处，更重要的是还能带来质量、准确度和精确度等方面的提升，以及能在不适合人类介入的场景中应用。

自动化是机械化的延伸，可以继续提高机器的能力，扩大机器的应用范围和深度。用机器取代人类劳动，扩展了人类在空间、力量、速度、耐力、视觉范围、敏锐度、听觉频率、精确度、电磁感应和环境影响等方面的能力。还可以用机器代替人类进入深海、深空、辐射、核污染等危险环境。

工业自动化是工厂电气化的延伸。由于控制器的广泛使用，福特公司在1947年设立了"自动化部门"。从1958年开始，陆续出现了各种基于固态数字逻辑模块的硬连线编程逻辑控制器系统，这些是可编程逻辑控制器（Programmable Logic Controller，PLC）的前身，它们取代了由机电继电器实现的逻辑控制，广泛用于过程控制技术和自动化。1959年，德士古的亚瑟港精炼厂成为第一家使用数字控制技术的化工厂。随着计算机硬件价格的下降，工厂自动化系统在20世纪70年代迅速转向数字控制。基于模拟信号的仪器被更精确、更灵活的数字仪器所取代，这为更复杂的配置、参数化和操作提供了更大的空间。随之而来的是现场总线技术的变革，实现了控制系统和现场仪器之间基于总线及网络的通信，消除了"硬接线"。通用汽车（General Motors）公司在1982年实施"无人值守制造"，"用自动化和机器人取代平庸的官僚主义"后，"无人工厂"在世界范围内受到经久不衰的关注。工业自动化的另一个方向是提高大规模制造系统的灵活性，使产线能够根据不同产品的生产要求快速重构。

自动化技术也在迅速改变人们的工作工具，这种改变已经远远超出了工业的范畴。机器的自动化带来了机器操作的简化。美国霍尼韦尔公司在20世纪90年代推出了"数字座舱"系统，极大简化了飞行员的复杂操作。各种"计算机辅助技术（Computer Aided X，CAX）"极大改进了各类产品的分析、设计和制造过程。人机交互界面（Human Machine Interface，HMI）、可编程逻辑控制器（PLC）以及工业现场通信技术的配套极大简化了现代工厂的运营。

当自动化技术发展为各种形式的计算机控制以及数字控制后，自动化技术的变革便融入了数字革命的潮流。正是由于自动化技术的托底，数字技术才能从使能技术深化为工业技术。从自动化的视角看，机器与技术系统可分为"人在控制回路"和"自主"两类，各类软件也相应地分为"人机交互"软件和"嵌入式"软件，人类的专业分工，也进一步划分为"由机器保障的专业分工"和"由组织保障的专业分工"。

"数字革命"的技术基础可以追溯到19世纪晚期的"巴贝奇分析机"和电报技术。贝尔实验室的香农用其开创性的《通信的数学理论》一文奠定了数字化的理论基础。在数字通信中，首先将模拟信号转换为数字信号，再使用中继硬件放大并传递数字信号，这个过程不仅不会丢失信号中的信息，还可以实现信息的接收、还原和复制。同样重要的还有能够轻松地在媒介之间移动数字信息，并远程访问或分发这些信息。1947年，第一个工作晶体管——锗基点接触晶体管诞生，这导致了更先进的数字计算机的出现。从20世纪40年代末开始，大学、军队和企业相继开发了各种计算机系统，以复现和自动化之前由手工执行的数学计算。1959年，单片集成电路问世，贝尔实验室成功开发了第一个金属氧化物半导体场效应晶体管（Metal Oxide Semiconductor Field-Effect Transistor，MOS），并于1963年开发了互补金属氧化物半导体（Complementary Metal Oxide Semiconductor，CMOS）工艺。MOS是历史上制造量最大的工业产品，是所有微处理器、存储芯片、通信电路的基础构件，正是对MOS小型化的持续努力，促成了摩尔定律的诞生。1969年，通过阿帕网发送的第一条信息，使公众首次接触到了互联网的概念，这也推动了互联网协议的发展。20世纪70年代，个人计算机问世，在发达国家，计算机进入学校、家庭、商业和工业领域，数以百万计的个人计算机造就了惠普、苹果、微软等至今仍然活跃的科技巨头。1983年，摩托罗拉发明了第一部移动电话——摩托罗拉DynaTAC，到了90年代，随着2G网络的铺设，移动电话开始逐渐成为大众商品。第一台数码相机于1988年在日本问世，很快数字媒体内容就开始风靡全球。蒂姆·伯纳斯·李在1989年发明了万维网，并于1991年开始向政府和大学以外的公众开放。1993年，Mosaic正式推出，这是第一个能够显示内嵌图像的网络浏览器，也奠定了后来的浏览器如Netscape

Navigator 和 Internet Explorer 的基础。1994 年 10 月出现了第一家向其所有成员提供网上银行服务的金融机构。随着美国"国家信息高速公路"的建设,互联网迅速发展,到 1996 年已成为大众文化的一部分,许多企业建立了网站并将网址作为广告的一部分,1999 年世界上许多国家都接入了互联网服务。截至 2020 年,有 67% 的世界人口在日常生活中频繁使用互联网服务。据西方研究者统计,从 1986 年到 2007 年的三十年间,世界通过单向广播网络接收信息的技术能力以 7% 的复合年增长率持续增长;全球存储信息的技术能力以 25% 的复合年增长率持续增长;全球通过双向电信网络交换信息的有效能力以 30% 的复合年增长率持续增长;在操作系统的帮助下,人类操作计算机处理信息的技术能力以 61% 的复合年增长率持续增长。

数字革命对经济产生了广泛的影响,直接推动了全球化生产制造和离岸外包,也从根本上改变了个人和公司的互动方式。小公司通过电子商务平台获得了进入更大市场的机会。随需应变的软件服务、制造服务以及迅速降低的技术成本使得各方面的创新变得日益频繁。数字技术显著提高了企业的生产率和绩效,在数字化转型的旗帜下,企业不断调整业务模式,使之能够充分挖掘新型数字基础设施带来的潜在可能性。技术的进步,对劳动者的工作技能也提出了新的要求。随着 IT 技术和工业技术深入融合的推进,"数字经济"已经成为现实,对新经济的增长发挥着越来越重要的作用,也引发了人们对"第四次工业革命"的广泛关注。

1.4 第四次工业革命

从目前发展来看,工业 4.0 是第四次工业革命中的一个重要概念,用来形容由互联互通的网络通信基础设施和智能化技术的进步所引发的技术、流程、工业乃至社会的变革。

工业 4.0 的"布道师"、曾任世界经济论坛执行主席的施瓦布提出,工业 4.0 时代的标志是新兴技术在机器人、人工智能、纳米技术、量子计算、生物技术、物联网、工业物联网、区块链、5G 通信、3D 打印和全自动驾驶汽车等领域的突破。

在提升工业运营效率方面,工业 4.0 体现出四个主要特征:一是互联,机器、设备、传感器和人通过物联网相互连接与通信;二是信息透明,工业 4.0 技术所提供的透明性为运营者提供了全面的信息来支持决策,允许运营人员从制造过程中的所有环节收集大量数据和信息,并识别待改进区域;三是技术支持,涵盖了帮助人类决策和解决问题的技术系统和技术设施，以及帮助人类完成困难及不安全任务的能力；四是分散决策，信息物理系统形成自主决策以及自主执行任务的能力，只有在例外、干扰或目标冲突的情况下，任务才会被委派给更高的级别。

工业 4.0 的价值驱动要素来自三个方面：首先是纵向价值链和横向价值链的数字化整合；然后是产品和服务的数字化，扩展现有产品并生成新的数字化产品，并通过新生成产品的运行数据不断完善产品；最后是灵活的商业模式和客户服务，为客户提供多阶段、全方位的服务使客户满意。还有四类技术支持价值要素的数字化整合，分别是信息物理系统技术、物联网技术、按需分配的计算资源（云计算）以及认知计算技术。

工业 4.0 概念揭示了新的数字经济前景，世界主要工业国家都纷纷出台了相关政策以探索新工业革命的前景。

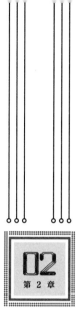

现代工程科学的形成

20 世纪初，以克莱因、普朗特为代表的科学家提出了数学、力学等要面向应用，致力于解决工程问题，因此，在力学方面形成了应用力学学派。普朗特的学生冯·卡门、铁木辛柯等力学家继承了应用力学的学派思想。而冯·卡门的学生钱学森先生则明确提出了创建工程科学的思想。1947 年夏天，钱学森先生在浙江大学、上海交通大学和清华大学为工科学生做演讲时，提出了工程科学的概念，并指出"工程科学是缩短这一'学习某个行业'严酷过程的有用的工具"。

2.1 现代工程科学的演进

2.1.1 古代，哲学与技术的分立

在古代，科学活动归属于"自然哲学"的门类中，旨在通过使用数学、几何及其他理性方法，探求自然界乃至整个宇宙的根本属性，很少关心如何解决个体在实践中遇到的问题。

技术活动则被视作手工的、机械的、由工匠实施的实践活动，关注特定情况下的实践问题。主要使用试验性的方法和经验性的技巧来解决特定问题，解决方案不具有普适性。技术知识主要通过学徒制度在师徒日常接触中传播，技术知识的记录形式也以图形为主。

2.1.2 文艺复兴与科学革命，科学兴起

在中世纪晚期，机械印刷、航海、火药等技术快速兴起，商贸活动伴随着殖民战争席卷了大半个地球。在文艺复兴时期，出于商业和战争的需求，各类有能力增强军事力量、改善商业体系的工程师得到了来自上层阶级的赞助。这些受赞助的工程师很多都具有绘画、雕刻、建筑等方面的才能。他们都有从事手工业的背景，也都受过一定程度的教育，同时还有和上层阶级接触的渠道，他们的工作使得机械技能转化成了可以用抽象形式学习和传播的系统性知识。其中的代表人物莱奥纳多·达·芬奇通过分析大量的机械图纸，总结出了一些机械原理，产生了机械零件和建筑框架等，为系统性研究机械和建筑开辟了道路。

机械印刷在15世纪40年代由发明家古腾堡引入欧洲，它从根本上改变了科学知识的创造与传播的方式，使得精确的图表、地图、解剖图和动植物的描述得以复制，学术书籍更容易获得，研究人员可以自由查阅古代文献，并将自己的观察结果与其他学者的观察结果进行比较。

机械印刷的传播与发展使得古希腊的自然哲学及数学著作得以重新翻译与传播，逐渐引发了一场"科学革命"。从微观层面看，正是以下所列的思想成就，谱写了科学革命的长卷。

欧几里得的《几何原本》于1482年首次印刷。尼古拉·哥白尼（1473—1543）于1543年出版了《天体运行论》，推进了宇宙学中的日心说。安德烈亚斯·维萨留斯（1514—1564）发现血液循环来自心脏的搏动，他还通过解剖尸体组装了第一副人类骨骼，并于1543年出版了《人体结构论》，该书质疑了盖伦的观点。法国数学家弗朗索瓦·韦达（1540—1603）于1591年发表了《分析艺术》，这是第一次用符号表示代数参数的书籍。威廉·吉尔伯特（1544—1603）出版了关于磁体和磁性物体的著作，1600年他出版的关于大磁体——地球的著作，奠定了磁学和电学理论的基础。16世纪后期，第谷·布拉尼（1546—1601）对行星进行了广泛且更精确的肉眼观察，这些观察成果成为开普勒研究的基础数据。弗朗西斯·培根爵士（1561—1626）于1620年出版了《新逻辑》，该书概述了一个基于归约过程的新逻辑系统，培根认为新逻辑是对亚里士多德三段论哲学过程的改进，它促进了后来的科学方法的发展。伽利略（1564—1642）改进了望远镜，并

用它进行了几次重要的天文观测，包括木星的四个最大的卫星（1610年），金星的相位（1610年，证明哥白尼是正确的），土星环（1610年），以及对太阳黑子进行了详细的观测。伽利略基于他开创性的定量实验发展了落体定律，并对这些实验进行了数学分析。约翰尼斯·开普勒（1571—1630）于1609年发表了他的行星运动三定律中的前两条。威廉·哈维（1578—1657）用解剖和其他实验技术证明了血液循环理论。勒内·笛卡儿（1596—1650）在1637年发表了《方法论》，这有助于建立科学方法。安东尼·范·列文虎克（1632—1723）建造了功能强大的单透镜显微镜，并用它进行了广泛的观察，开启了生物学的微观世界。克里斯蒂安·惠更斯（1629—1695）发表了关于力学（他是第一个正确阐述离心力定律的人，并发现了钟摆理论）和光学（他是光的波动理论最有影响力的支持者之一）的重要研究。艾萨克·牛顿（1643—1727）在开普勒、伽利略和惠更斯的工作基础上，证明了引力的平方反比定律，解释了行星的椭圆轨道，并提出了万有引力定律。他和莱布尼茨对微积分的发展做出了重要贡献，开辟了数学方法在科学上的新应用。牛顿教导说，"科学理论应该与严格的实验相结合"，这成为现代科学的基石。

科学革命首先改变的是人们对知识的追求：从基于对人类心灵内部力量的信任，转向依赖于对外部现象的观察；从对过去"圣哲"智慧的无限崇敬，转向对变革与进步的热切期望。科学革命期间建立了数学、物理、天文学、生物学（包括人体解剖学）和化学等现代学科，知识以前所未有的速度生成、积累与传播。经过科学革命，演绎法逐渐让位于归纳法，哲学家通过读书思考勾勒的"定性世界"，转变为科学家通过实验研究揭示的机械、数学的"定量世界"。

科学方法的重要哲学基础是"经验主义"，这个词的创造初衷是描述弗兰西斯·培根与勒内·笛卡儿之间的差异，后者则被称为"理性主义"。托马斯·霍布斯、乔治·贝克莱和大卫·休谟是经验主义哲学的主要倡导者，他们发展了一个复杂的经验主义传统，作为人类知识的基础。经验主义的一个有影响力的表述是一篇关于人类理解的文章（约翰·洛克于1689年撰写），其中坚持认为，人类头脑可以获得的唯一真正的知识是基于经验的。书中写道，人类的大脑被创造为一块"空白板"，在上面记录感官印象，并通过反思过程积累知识。

被称为"经验主义之父"的弗朗西斯·培根是建立科学调查方法的关键人物，奠定了科学革命的哲学基础。他的著作确立并普及了实验方法以及基于实验的科学研究的归纳方法，通常被称为归纳方法或简称为科学方法。培根认为"人是自然的使者与解释者""知识即是人的力量""人在工具的帮助下实现效益"。培根还提出了新的研究方法——为了获得关于自然的知识和力量，哲学家应首先排除脑海中的错误观念与倾向，然后通过归纳建立由事实到公理再到物理定律的合理化过程，他认为哲学过于关注话语和辩论而忽视对物质世界的观察，文字也会限制理性的力量。在他看来，科学最重要的不是继续进行智力讨论或仅仅寻求沉思的目标，而是应该通过提出新的发明来改善人类的生活，他甚至说"发明也可以说是新的创造和对神圣作品的模仿"。他探索了如印刷机、火药和指南针等影响深远、改变世界的发明。

伽利略被称为"现代观测天文学之父""现代物理学之父""科学之父""现代科学之父"。伽利略将科学实验与数学结合起来，率先提出"自然法则是数学"。在《分析者》中，他写道"宇宙……它是用数学语言写的，它的字符是三角形、圆形和其他几何图形。"为了进行科学实验，伽利略建立了长度和时间的标准，这样在不同的日期和不同的实验室里进行的测量，均能够以可重复的方式进行比较。这为通过归纳推理来验证数学定律提供了可靠的基础。伽利略在数学、理论物理和实验物理之间建立了紧密的联系。

伦敦皇家学会和法国科学院的建立，标志着科学研究开始迈向制度化。英国伦敦的"格雷欣协会"被认为是世界上第一个科学团体。大约在 1650 年，格雷欣协会的医生和律师们受到弗朗西斯·培根"新科学"的感召，建立了在科学规则下运行的"牛津哲学协会"。1660 年 11 月 28 日，一个由 12 人组成的委员会宣布成立"促进物理数学实验学习的协会"，每周开会讨论科学并进行实验。在第二次会议上，罗伯特·莫雷宣布国王批准了这次集会。1662 年 7 月 15 日，国王签署了皇家宪章，将该协会命名为"伦敦皇家学会"，由布隆克尔勋爵担任第一任主席。第二个皇家宪章于 1663 年 4 月 23 日签署，国王被确认为学会创始人，该学会更名为"伦敦皇家自然知识进步协会"。同年 11 月，罗伯特·胡克被任命为实验馆长。从那时起，英国每一任国王都担当着学会保护人的角色。法国在 1666 年建立了科学院。与英国的私人起源不同，法国科学院是由让·巴普蒂斯特·柯尔贝尔作为政府机构创建的，被命名为"王家科学院"。

在科学革命期间，天文学和数学得到了极大发展，力学与运动学、生物学与医学、光学、电学、化学等现代科学学科得以建立。随着科学的发展，发明了各种测量工具和计算装置，早期的工业机械、仪器设备、材料科学和工程结构设计也取得了重大进展。但更重要的是，在科学革命期间涌现了一系列的科学思想和方法，共同构筑了现代文明的基石。

2.1.3 第一次工业革命，工程科学诞生

18 世纪末和 19 世纪初的第一次工业革命期间，人类的工业生产从手工操作

转变为机器操作，从小规模作坊转变为以工厂为中心的社会化大生产。这一历史进程伴随着劳动机器的发明与广泛应用、新的动力形式的采用，以及自然科学的迅速发展。

工业革命以来，由于工业化发展的需要，各类工程学校、技术研究机构、工业研究实验室等专业工程类社会组织不断涌现，科学和技术的互动日益紧密。这些新型的社会组织创造了新的研究方法，在理论和实践之间形成了新的和谐关系，促成了作为科学和技术之间的桥梁的工程科学的出现。同时，工程科学也促进了知识和方法论在科学活动与技术活动之间的传播，不但为科学成果转化为技术成果提供了便利，而且推动了技术活动的科学化与合理化。

工程科学作为制度化的科学，首先在巴黎综合理工学院、格拉斯哥大学、史蒂文斯理工学院以及德国高等技术学院等理工院校中崭露头角。

随着技术的迅速发展与更新换代，技术经验的积累使人们能够对技术系统、过程和方法的经验知识进行系统化整理与概括。新的工程科学专注于研究和产出如何组织和管理更大规模的工业生产，如何更有效地开发自然界的能源与物质，以及如何更巧妙地利用各种新技术系统等方面的知识。

工作手段、基础材料和被技术控制的加工条件的持续变化，推动着工程科学的持续发展以及新学科不断涌现，直到今天这一过程仍在进行。

在 18 世纪的英国，随着蒸汽机、铁路、船业以及大型铁桥的发展，工程师使用的经验法则和试错技巧已难以满足设计和建造这些新型工程对象的需要。与此同时，新发现的科学规律如牛顿定律、玻意耳定律、伯努利方程等尚不能直接应用于处理钢铁结构、蒸汽机工作过程以及真实流体等技术问题。因此，致力于解决实际问题的科学家需要学习工程师的实践知识。于是新兴的工商业阶层支持建立了很多新的机构，目的是发展更具技术性的科学。

早在 17 世纪的法国，一批院校的建立，发展了航海、桥梁建筑、制造业等科学实用的基础科目，以支持重商主义者和制造商的发展。到了 18 世纪，法国政府积极参与各种军事和商业项目，创建了路桥工程师协会（1716 年）、皇家路桥学校（1747 年）、高等矿业学校，以及一批军事院校。1794 年到 1795 年之间，拿破仑在巴黎创建了巴黎综合理工学院，旨在培养军事工程师和民用工程师。在此期间，"工程科学"的术语首次在一所炮兵学校出现，早在 1729 年伯纳德·福瑞斯特·德·拜里朵所著的名为《科学工程师》的著作中，就提出了"工程科学"一词。以巴黎综合理工学院为代表的法国工程院校非常重视以理论化与数学的方法来发展应用科学技术。

法国的工程院校对奥地利理工学院、德国高等技术学院，以及美国的西点军校和伦斯勒理工学院产生了深远影响。奥地利和德国在此基础上开创了具有自身特色的工程科学发展模式。以维也纳理工学院的创办为引领，德国高等技术学院将源自法国的"科学与数学作为技术研究的共同基础"以及德国传统的"知行合一的大学理想"结合起来，发展出了能够综合科学理论与技术实践的工程科学体系。

苏格兰格拉斯哥大学的朗肯教授致力于将实践观察和机器的物理理论结合起来，建立介于纯理论与纯实践之间的独立知识分支，认为"理论与实践的融合不是重复现有科学，而是建立新的工程科学"。他出版了一系列手册用来传播工程科学思想。这些手册后来风靡欧洲、美国和日本，被当成培养工程师的标准教材。

在19世纪末的美国，"学校文化"在与"店铺文化"的斗争中占据上风，树立了"工程与科学之间的融合可以通过正规教育来实现"的观念。美国工程科学的领军人物罗伯特·亨利·瑟斯顿在史蒂文斯理工学院以及康奈尔大学创立了工程科学，他认为应该将培根式的科学方法论应用于技术，而不是追求直接将科学规律应用于技术；应该通过观察收集事实，然后归纳发展规律；技术规则可以独立于科学规律发展。瑟斯顿在史蒂文斯理工学院建立了第一个机械工程实验室。

工程科学在创立之初，紧密切合工业革命迅速推进的实际需求，代表性的学科领域有材料强度与弹性理论、结构研究、机器研究、热力学、流体力学等。

2.1.4 第二次工业革命，工程科学与行业紧密结合

19世纪末，随着化工、电气等以科学为基础的行业的兴起，工程科学逐渐增加了"产业科学"的色彩。

到了20世纪初，工程科学更多地与工业研究实验室联系在一起，这一时期的工程科学体现出"以行业为基础"的鲜明特色。

早在18世纪后期化学与电磁学就开始取得显著进展，催生了一大批化学工艺和新材料，以及电报、电灯、电话、电动机、发电机等一系列的技术发明。在这些成果的基础上涌现出美国的杜邦、柯达，德国的巴斯夫、拜耳、法本等一批大型化工企业，以及西联电汇、贝尔电话、爱迪生通用电气、西屋电气、德律风根、西门子等一批大型电气企业。化工和电气是最早的以科学为基础的行业，也是第二次工业革命时期代表性的工程科学领域。人们认识到新的技术发明不再完全依赖实业家的浪漫理想和灵光闪现，还可以来自一组研究人员的合理计划和协作过程。在此背景下，在工业界涌现出很多以科学家和工程师组成的多学科团队为主体的工业研究实验室，各大学也建立了与行业紧密相连的工程实验室和科研流动

站。这些实验室以解决实际问题为目的进行研究，发展了新的技术理论和设计方法，进一步模糊了科学与技术之间的界限，形成了以行业为基础的工程科学。

2.1.5 两次世界大战，科学、工程、技术融合

20世纪初，科学管理和以流水线为代表的大规模生产兴起。随之而来的两次世界大战使得军工产生崛起，并在战后形成了"军工复合体"，科学和技术之间的区别日益模糊。在战后的理论、技术与社会转型的浪潮中，科学、工程、技术三者最终归于"技术科学"。

无线电通信在海上作战中发挥了重要作用。马可尼公司为英国皇家海军提供无线电装备；德律风根公司为德国海军提供装备；美国政府鼓励大企业进行无线通信方面的研究，海军顾问委员会建立了实验研究站，汇聚了大批杰出的科学家与大企业合作研究潜艇探测。

此外，各国政府都注意到了航空器在作战中的应用潜力。在莱特兄弟的飞行表演后不久，英国政府就成立了航空咨询委员会，英国国家物理实验室建造了风洞进行航空研究。俄国的尼古拉和德国的库塔提出了新的升力理论，德国的普朗特提出了边界层理论。法国的埃菲尔利用风洞开始了一系列有关升力机理的研究。美国成立了国家航空咨询委员会，并与斯坦福大学的两位教授签约，利用风洞试验研究了参数化的翼型系列。

在两次世界大战期间，航空研究彻底改变了飞机设计。英美合作的兰利实验室通过一系列风洞试验推动了飞机架构的精简。20世纪30年代，美国国家航空咨询委员会（National Advisory Committee for Aeronautics，NACA）建成了大型风洞，用于设计新的航空发动机整流罩和新的翼型系列。飞机设计和空气动力学理论的进步促使英国和德国的一批专家投身于高空高速飞行的研究，在英国航空研究协会和德国航空部的支持下，英国和德国分别开始了涡轮喷气发动机的研究。

雷达是英国人罗伯特·沃森·瓦特发明的，他是英国国家物理实验室雷达研究站的负责人，他的工作促成了第一次大规模防御雷达网的部署。英国牛津大学克拉伦登实验室和通用电气温布利实验室合作开发了产生微波的腔体磁控管，并将该技术与美国人共享，以便利用美国的生产设备。美国国防研究委员会的微波委员会在麻省理工学院设立了辐射实验室，并与贝尔实验室、雷神公司、西电公司、通用电气公司及西屋电气公司合作，开发了可以探测飞机及舰艇的机载雷达系统，并建立了远程导航辅助系统。国防研究委员会与希尔瓦尼公司合作开发的近炸引信，在太平洋战场的空战中发挥了关键作用。这些开发合作汇聚了学界和工业界的研究人员，模糊了科学和技术之间的界限，属于工程科学的范畴。

2.1.6 冷战与科技革命，建立技术科学

二战之后紧接着是冷战，由于二战被看作是"军工复合体"开发生产的各种"制胜武器"的胜利，在冷战期间，各国政府加强了对科学与技术的支持与指挥。在美国，海军建立了海军研究办公室，在空军的支持下建立了兰德公司，美国国会创建了国家科学基金会（National Science Foundation，NSF）、国家航空航天局（National Aeronautics and Space Administration，NASA）以及原子能委员会（Atomic Energy Commission，AEC）。欧洲成立了欧洲原子能研究中心、欧洲航天局和法国国家科学研究中心等。这些官方机构向学界和工业界拨款，将经费集中在核武器、固体电子学、火箭与航天技术、计算机科学、生物技术、纳米技术等领域。这样一来，科学研究着眼于特定的"技术单元"，如反应堆、导弹和计算机。科学和技术之间的严格界限消除了，二者都归属于以技术装置或产品为中心的综合知识领域。在这些领域，科学与技术相互依存，没有科学，技术就不可能存在；没有技术，科学也不可能存在。1946年，美国哈佛大学将工程科学系更名为"工程科学与应用物理系"，康奈尔大学也建立了"工程物理系"，人类社会进入了"技术科学"或者说"科技"时代。

在核工业领域，早期的研究集中在用于生产核武器的反应堆以及作为运载工具动力源的紧凑型反应堆两个方向。20世纪50年代中期以后，则开始了和平利用原子能的核电反应堆研究。新的研究十分依赖新的设备，例如，新的核物理实验设备中的粒子加速器，来自"二战"时的微波研究；新的探测器也是来自核武器和导弹技术的检测需求。对技术设备的依赖也深刻影响着物理理论的发展，并且很多新的物理理论都需要非常庞大、昂贵的实验设备来验证。

在航天工业领域，各国的航天工业都汇集了政府、军事、学界、工业界的研究力量，很多科学研究，比如行星科学和天文学，都严重依赖行星探测活动和空间望远镜的运行，并且都需要由天文学家、物理学家、航空航天工程师、机械工程师、电气工程师、计算机科学家及工程师等组成的跨学科团队共同进行，同时由国家或国际实验室及政府机构进行组织和管理。

在半导体与固体电子学领域，由于美国陆军通信兵对小型化通信设备的强烈需求，使得1947年12月在贝尔实验室诞生的晶体管迅速实现了产业化。为满足导弹和核动力潜艇的使用需求，美军推动了半导体材料向更廉价的硅的转型，同时也鼓励将晶体管的知识传播到工业界和大学。这一举措促使朝鲜战争后的日本兴起了民用电子产品工业，其中的典型产品就是助听器和收音机。由于日本被禁止发展军事工业，所以晶体管在民用领域的很多应用都是源于日本。20世纪50年代后期，晶体管的发展人之一威廉·肖克利离开贝尔实验室，在斯坦福工业园

开办了新公司，加强了私营企业与大学之间的合作，这被认为是硅谷的开端。晶体管市场的飞速壮大也拉动了电子制造工艺的飞速进步，为集成电路的发展奠定了基础。在不久之后，以集成电路制造业为主体的微电子工业迅速崛起，在短时间内就达到了"摩尔定律"描述的发展速度，成为工业技术复杂度最高的高科技制造行业。

以晶体管和集成电路作为核心零部件的各个行业中，最引人注目的是计算机行业。通用计算机的概念可追溯至19世纪上半叶的"巴贝奇分析机"。1945年出现了第一台全电子计算机——电子数字积分计算机（Electronic Numerical Integrator And Computer，ENIAC），1949年出现了第一台存储程序计算机——电子离散变量计算机（Electronic Discrete Variable Automatic Computer，EDVAC），同时麻省理工学院的机电实验室发明了随机存储磁芯存储器，这奠定了现代冯·诺依曼架构通用电子计算机的基础。1957年，最早的全晶体管计算机问世，到了20世纪60年代一些工厂开始在生产线上使用集成电路，最终促成了微型计算机的发展。

在计算机硬件迅速发展的同时，计算机软件也在进化。计算机软件起源于计算机的各种操作指令，这些机器指令被符号化为机器代码。20世纪50年代出现了更高层次的编程语言，典型代表是公式转换（FORmula TRANslation，Fortran）和通用业务语言（Common Business-Oriented Language，COBOL）等，与此同时，研究人员开始创建计算机操作系统，以控制多个计算任务的计划与运行。随着计算机的迅速发展，开始出现计算机科学的研究。计算机科学研究的是作为人造物的计算机硬件和软件，即"计算"的机器以及机器的"操作"。前者研究计算机"是什么"和"怎么操作"，后者研究计算机"干什么"和"怎么干"，也就是数据结构和算法。从1968年开始，计算机领域的很多从业者转向对"计算"的研究。美国计算机协会为计算机科学推荐了新的课程，并用逻辑设计、编译原理和算法等计算机软件课程取代了计算机硬件课程，软件产业逐渐从硬件中分立出来。这样一来，计算机科学既包含设计制造计算机（机器）的知识，又包含设计开发测试软件产品（工程）的知识，还包含设计数据结构和算法（数学）的知识，是技术科学领域的典型代表。此外，软件和信息系统工程师甚至需要培养广泛的"非技术"技能，即拥有专业知识，能够将IT产品"对准"应用产品的组织和业务；能够确定并指定系统的用户需求；能够有组织地实施项目；能够正确评估产品及其带来的变化。

从20世纪30年代起，在材料科学领域，关于原子结构和材料整体性能之间的关系的新知识，使得设计给定属性的材料成为可能。美国国防部高级研究计划署成立后，在全美多所重点大学资助了大量跨学科的材料研究实验室，并引入了电子显微镜、X射线衍射以及核磁共振等新型分析技术。材料科学的进步促进了激光技术、超导技术和纳米技术等多个技术领域的诞生和发展。这些旨在实用的技术研究工作，往往会带来新的科学发现，例如对纳米技术的研究促成了人造蛋白质及富勒烯等研究成果；同时，对蛋白质折叠机制及新的富勒烯的探索等基础研究工作，也都时刻关注着实用性。

在计算机科学和材料科学的基础上，生物技术也迅速兴起。1953年，沃森和克里克确定了脱氧核糖核酸（Deoxyribo Nucleic Acid，DNA）的结构，开启了生物遗传信息研究的大门。在研究基因密码的过程中，有部分研究人员运用了二战时的密码破译技术和计算机工具。虽然DNA发挥作用的方式最终是依靠传统技术破解的，但研究人员依然经常将DNA与信息编码联系起来。1976年，美国成立了第一个以基因工程为核心的生物技术公司，随后，大量生物技术公司如雨后春笋般涌现。不久之后大学也开始建立实验室和研究机构，致力于创造新的商用生物技术产品与工艺。20世纪70年代后期，美国哈佛大学和英国剑桥大学合作开发了基因测序技术。到了1988年，在美国能源部和国立卫生研究院的资助下成立了人类基因组计划，2000年，在政府计划和商业利益的双重驱动下，第一份人类基因组草图完成。人类基因组计划的成功，淡化了纯科学与应用研究之间、科学与技术之间的传统分野。

2.1.7 布什范式

人们普遍认为，二战后的西方科学技术体系由以范内瓦·布什命名的"布什范式"奠定了秩序基础。1945年布什发表了重要论文《诚如所思》（As We May Think），在这篇论文里，布什提出的微缩摄影技术和麦克斯储存器等诸多理论，预测了二战后到现在几十年计算机的发展，后来许多计算机领域的先驱们都是受到这篇文章的启发。"信息论之父"克劳德·艾尔伍德·香农（Claude Elwood Shannon）、"硅谷之父"弗雷德里克·特曼（Frederick E Terman）都是布什的学生。在信息时代的发端，布什不仅贡献了自己的智慧，更重要的是作为一个先知和先驱，开创并推动了整个时代。

布什范式在很长的时期内，都是西方科技界最广为人知的"科技成果转化"和"技术转移"的最重要的理论基础和政策依据。布什范式揭示了基础科学进步是技术创新的"主要源泉"。从基础科学到技术创新的过程称为"科技成果转化或技术转移"，它由基础研究、应用研究、开发等阶段构成。这个过程最大的特点就是每个后续阶段都要依赖前一个阶段的成果。以下是对各阶段的介绍。

- 基础研究的任务是认知世界，由科学家自由去探索未知，拓宽人类对世界的认知（知识）边界；
- 应用研究的任务是改造世界，由工程师利用已有的认知（知识），将可能变成现实，解决实际应用问题；
- 开发的任务是把研究的成果，最终变成实用的材料、装备、系统、方法、工艺等。

2.2 科学的内涵

科学是一种系统化的努力，以可检验的解释和对宇宙预测的形式，来建立和组织知识体系。

最早的有关科学的文字记录来自公元前 3000 年至 1200 年左右的古埃及和美索不达米亚。那个时期的数学、天文学和医学方面的贡献影响并塑造了古典时期的希腊自然哲学，通过这种哲学，人们试图以自然原因为基础，对物质世界中的事件做出正式的解释。

从 10 世纪到 13 世纪，自然哲学得以复兴，自然哲学后来被从 16 世纪开始的科学革命所改变，因为新的思想和发现，背离了以前的希腊观念和传统。随着"自然哲学"向"自然科学"的转变，科学方法很快在知识创造中发挥了更大的作用，直到 19 世纪，科学的许多机构和专业特征开始形成。

科学研究的关键之一是使用科学方法，这种方法寻求以可再现的方式客观地解释自然事件。科学家通常认为，证明科学方法的合理性需要一套基本假设：所有的理性观察者都共享一个共同的客观现实；这种客观现实受自然规律支配；这些规律是通过系统观察和实验发现的。

在科学方法中，解释性思维实验或假设，被提出来作为尝试性的解释，并被期望寻求某种一致性——与其他观察或与科学问题相关的公认事实相符合。这种尝试性的解释被用来做一些可证伪的预测，而这些预测通常在被实验检验之前就被公布出来。预测的反证或证伪即是科学进步的证据。

数学在假说、理论和定律的形成中是必不可少的，因为它被广泛用于定量建模、观察和收集测量数据。统计学用于总结和分析数据，这使科学家能够评估实验结果的可靠性。

实验在科学研究中尤其重要，它既有助于建立因果关系，又可以避免相关性谬误。尽管在一些科学领域，如天文学或地质学，预测、观察可能更合适。当一个假设被证明不令人满意时，它就被修改或抛弃。如果假设通过了检验，它就可能被采纳到科学理论的框架中，成为一种可进行逻辑推理的、自洽的模型或框架，用于描述某些自然事件的行为。理论通常会描述比假设更宽泛的自然行为，大量的假设可以通过一个理论将它们符合逻辑地结合在一起，理论成为解释各种其他假设的假设。在这种情况下，理论是根据与假设相同的大多数科学原理形成的。科学家可能会生成一个模型，试图用逻辑、物理或数学来描述或描绘一个观察结果，并生成可以通过实验来测试的新假设。

在进行实验以检验假设时，科学家可能无意识地会偏爱某种特定结果。消除这种偏见可以通过增加透明度、设计更严谨的实验方案以及对实验结果和结论进行彻底的同行评审等方式来实现。在一项实验的结果被宣布或发表后，独立的研究人员通常会仔细检查这项研究是如何进行的，并通过进行类似的实验来确定结果的可靠性。从整体上看，科学方法允许高度创造性地解决问题，同时能够最大限度地减少主观偏见或确认偏差带来的影响。主体间可验证性，即达成共识和复制结果的能力，是所有科学知识创造的基础。

2.3 技术的内涵

"技术"一词，在英文中对应"technics""technique"和"technology"，在德语中对应"technik"和"technologie"，在法语中则对应"technique"以及"technologie"，它们都来源于一个共同的希腊语单词"τέχνη"，这个单词具有"Art（艺术）、Craft（工艺）、Skill（技能）"的含义。

在希腊哲学中，对技术的本质进行过探讨。根据柏拉图的阐述，每一项技术中都包含承载着艺术的逻辑（Logoi），这个 Logoi 即用文字、语言和因果关系表达，而艺术想表达某种"深度"，这种深度通常指的是人类在获取、制作和创造物品的活动中表现出来的聪明才智，有时也存在"故弄玄虚"。柏拉图在作品中借苏格拉底之口，区分了两种类型的技术。一种是几乎不需要"刻意赋予理性"的体力劳动，如绘画和雕塑。另一种是需要消耗少量体力的"理性"活动，如算术、逻辑学、天文等。类似于做饭和游说这样的以经验和常识为基础的活动，被贴上了"非技术"的标签，依靠灵感的诗歌创作也被认为是非技术的。

柏拉图认为，人类的认知（Knowing）分为两类，一类涉及教育和修养，另一类涉及制作和生产。在涉及制作和生产的知识中，又可以分出两种类型，一类是在实践和经验的基础上仅通过猜测和直觉产生，如音乐、医药、农业等；另一类则需要有意识地使用编号、丈量、称重，往往具有更高的正确性和精确度。柏拉图之后的亚里士多德也在作品中对技术的本质进行了大量讨论。欧洲在经历了漫长的中世纪之后，直至 16 世纪到 18 世纪，一些修辞学家、宗教神学家的笔下开始出现"技术"的同义词。

德国的约翰·贝克曼在 1777 年出版的《技术学指南》一书中，首次将"技术"发展为系统描述工艺作品和工业技艺的学科。书中将工艺作品和工业生产作为"技术学"的两个分支。贝克曼力图通过创造一个相当于动物学和植物学中的"林奈系统"的分类计划，使技术学成为一门正规的学科，但他失败了。在当时，工业革命方兴未艾，人类的工业和技术即将进入狂飙式发展的时代，在之后不到三百年的时间里，涌现出了数以千计的技术发明，仅依托旧时代的知识基础，贝克曼当然不可能对尚未出现的技术发明进行分类。在半个世纪后，美国的雅各布·比奇洛出版了《技术的要素：实用艺术科学的应用》一书，这是英语作品标题中第一次用到"技术（Technology）"一词。技术更有意义的用法出现在 1861 年，当时在美国建立了一所新的工程学院——麻省理工学院（简称为 MIT），其校名中使用了 Technology。

然而，德国的工程师和实业家更注重的是"工艺技术（Technik）"。19 世纪下半叶，德国迅速实现了工业化，其工业的重要基础是新兴的、科学导向的行业。需要通过工程学的教育来培养在这些行业解决问题的工程师，而不是百科全书式的管理员。工艺技术一词起初表示用于实现特定目的的实际规则和方法，这在某种意义上类似于画家或音乐家的技巧。到了 19 世纪中叶，工艺技术已经与工业生产紧密相关。在狭义上，工艺技术一词限定在与工业相关的物质资料方面，在广义上，它则包括了实现任何目标的规则、程序与技巧。因此，表达工艺技术的德语词汇 Technik 也常被翻译成"工程、工程科学、技术科学"等。

到了 20 世纪 60 年代，在科学家和工程师群体中使用的技术一词已经合并了各种语义，例如，用于指示物品（主要是人造产品和装置，较少指结构）、过程（将劳动者技能转化为生产、运输、通信等服务的系统与网络）、知识（如何制造和使用物品，以及相关过程）等。

科学家和工程师都可以将技术视为应用科学。从科学家的视角出发，技术是对科学成果的采用，并把它们转化为在结构、产品、过程或系统的设计与创作方面可供利用的形式；从工程师的视角出发，技术是采用并适应了科学的方法，并将传统的技能实践转化为更系统或科学的形式。比如麦克斯韦提出的"麦克斯韦电磁方程"为人类开发利用电磁效应奠定了理论基础，而工程师 Oliver Heaviside 将麦克斯韦电磁方程转换成一种工程师可用的形式，这同样是十分必要的工作。在两者的基础上，工程师设计了各种利用电磁效应的电信产品。

科学和技术相互促进。科学可以推动技术发展，体现在两个方面，一是为了解决科学问题产生了对新技术、新仪器的需求，二是科学可以展示以前没有考虑到的技术可能性。反过来，技术也可以推动科学研究，因为技术创造了只能通过科学研究才能产生的改进需求，同时新技术所依赖的基本原理往往促使科学家们对既有科学理论提出新的观点或质疑。在人类历史的大部分时间里，技术进步是偶然、反复试验或自发灵感的结果。现代科学事业在启蒙运动中成熟时，它主要关心的是自然的基本问题，而不是技术应用。直接面向技术应用的研究和开发是相对较新的事情，它随着工业革命而出现，在 20 世纪才变得司空见惯。

2.4　工程的内涵

"工程"的词源是古拉丁语的"ingenera"，具有植入、生成、产生的含义。"工程师"一词起源于中世纪后期攻城槌、投石机以及其他战争机器的施工人员和操作者。到 19 世纪初期，工程师语义中的军事色彩依旧占首要地位，1828 年版的《韦氏英语词典》将工程师定义为"熟练掌握数学和力学，制订进攻或防御工事的规划，并标记城防工事范围的人"。

自古以来，"建筑师"是用来指示在民用领域进行规划和设计的人，早在公元前 1 世纪出版的《建筑十书》中就论述了城市规划、建筑材料选择、美学原理、一般施工策略、液压系统、几何学、力学等。在工业革命时期的英国出现了"土木工程师（Civil Engineer）"一词，用来指示设计、施工及维护道路、桥梁、给排水系统、铁路等交通及市政设施的人。1828 年制订的英国皇家土木工程师协会章程将工程定义为"一种引导自然资源这一伟大力量为人类所用的艺术"。2002 年版本的《韦氏英语词典》将工程定义为"通过应用数学与科学使自然界的物质属性及能源变得对人类有用"。2007 年版本的《麦格劳·希尔科技大词典》将工程定义为"引导伟大的自然力量为人类所用创造便利的艺术"。

在通用的定义之外，许多工程师强调工程的本质是面向效率的设计。工程先生成结构、设备及系统的概念，再进行设计，从而以一种优化的方式应对特定的状况。正是对效率与经济性的追求将"陶瓷工程与制作陶器""纺织工程与织布""农业工程与干农活"等前后者区分开来，从广义上讲，工程的本质就是设计或规划一个能够有效解决问题或满足需求的设备、过程及系统。

在很多领域，对设备、过程及系统进行操作也是非常复杂的，尤其是在自动化水平不够高的情况下，这种操作的复杂性会更加凸显出来。有的时候也会将操作员称为工程师，比如铁道工程师、电力工程师之类。这些操作工程师运用的是技能而不是任何系统化的知识体系。

在严格的定义中，工程被界定为拥有"设计各种结构、过程及系统的系统化知识"的专业，是一个涉及纯科学及数学、应用或工程科学（例如材料强度、热力学、电磁学）的专业，是一个旨在满足社会效用的专业。

还有一种更保守或更严谨的定义，将工程视作专业或职业，而不是艺术或知识，该定义认为，工程学可以用来区分那些被称为工程师的自组织专业共同体，是对专业领域的界定。这个想法体现在加拿大工程资格委员会的定义中，认为专业工程实践是指在任何需要应用工程原则并涉及保护生命、健康、财产、经济利益、公共福利或环境的任何规划、设计、组合、评估、建言、报告、指导、监理、管理等行为。专业工程师的专业性是在自组织的专业共同体中体现的，这种专业共同体的共识基础是：都拥有特定的知识，都承诺以特定的方式运用知识。

2.5 工程科学与工程技术

工程的目标是各种人造物（最终产品），工程科学是各种自然效应及其规律的知识体系，而工程技术则是通过应用工程科学实现工程的目标。工程科学与工程技术的内涵有"更接近系统化知识与科学"与"更接近具体问题和实物"的差异。

工程需要在严格的约束下解决问题。科学知识从根本上讲是"解释性"的，而技术开发是"面向行为"的。科学关注的是理解现状，而技术关注的是未来实现。从历史发展看，技术创新往往是在科学知识的边缘进行的，大多数技术都不是来自科学知识，而是来自工程、技术迭代或偶然发现。例如20世纪40年代和50年代，在湍流燃烧及流体动力学的理论知识尚未成熟时，喷气发动机就已经通过"运行设备直至损坏、分析损坏原因、重复前面的过程"的方式被发明出来了。科学解释常常伴随技术的发展，而非领先于技术的发展。

工程科学是基础科学理论应用于工程后形成的学科性知识体系，不针对特定工程对象。而工程技术则与特定工程对象相关，是围绕工程对象的全生命周期活动建立的。工程科学与工程技术相互交叉，共同服务于工程活动的五个方面：聚焦于人造物；关注设计实践；利用"受限制的理想化"模型；使用经过专业分类的价值判断指标体系进行评估；不追求精确的数学解而倾向于追求（一定精度范围内的）近似解。

如图2-1所示，现代工程是工程科学与工程技术相互交叉运作的复杂体系，因此，现代工程能够设计与建造非常先进、高端、复杂的技术系统。以航空工程为例，作为其主要工程对象的各类飞行器，在工作时需要承受非常苛刻的工况，如由流场压力与温度的剧烈变化引起的作用于飞行器结构的复杂载荷谱。因此，现代先进飞行器都是各类工程科学与各种工程技术的综合产物，包括空气动力学、航空推进技术、航空电子、飞行控制、导航与通信、材料科学、结构分析和制造等。航空工程不仅要研究飞行器的各种技术特性，包括雷达截面、流场、飞行轨迹/弹道/轨道、航空动力、飞行控制、飞行器结构、航空材料、强度与载荷、气动弹性、航电设备、航空软件、风险与可靠性、噪声控制与飞行声学、飞行试验与风洞试验、航空计算等，还要研究构成飞行器的所有，包括电源、传动、通信、热控制、环控、机体、动力在内的子系统集成，还要研究飞行器在其全生命周期的功能、性能、质量以及经济性。每个型号的飞行器都是多位专业工程师团队合作的成果。

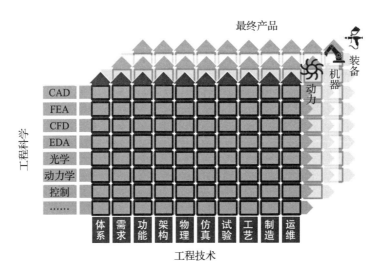

图 2-1　现代工程是工程科学与工程技术相互交叉运作的复杂体系

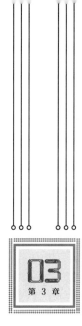

第 3 章

工程科学软件化产生了工业软件

3.1 工程设计的软件化

3.1.1 计算机出现之前的工程设计

工程设计是从工程制图开始的。最早描述机器和建筑的工程图纸可以追溯到 14 世纪和 15 世纪，当时的工程图纸主要是供学术研究人员阅读的草图。现代的工程制图可以追溯到 17 世纪的笛卡儿和 18 世纪的蒙日做了大量工作的画法几何。工程制图在 18 世纪后期开始迅速发展，并伴随着 19 世纪的工业革命而加速发展。有一种说法是，工业革命期间，设计开始从制造中分立出来。1935 年，第一个工程制图的美国标准起草。为了辅助工程绘图，"刻字模板"和"万能绘图机"等多种设备应运而生。

工程设计中有两个基本问题，一个是绘图，另一个是计算。绘图很难，计算也很难。在电子计算机出现之前，计算通常会用到计算尺、机电计算器、数学图表和工程数据手册。任何细节上的错误都有可能带来可怕的返工。

3.1.2　计算机与工程设计的结合

到了20世纪50年代，国际商用机器公司（International Business Machines Corporation，IBM）等公司开始向汽车和国防行业的大型工程组织提供计算机，于是为解决工程问题而开发的计算机程序出现了。有的学科开发的程序比较通用，比如高速公路设计的程序可以在用户之间共享。而很多领域开发的程序是高度专有的。在那个年代，工程组织主要通过"租用"获得计算机，速度慢的有IBM在1960年推出的1620机型，虽然每秒只能执行1万条指令，但也能解决很多工程问题。像IBM System 360 Model 60这样的大型主机，其运算速度更快，还支持双精度浮点运算，就能够胜任复杂的工程分析应用。

20世纪60年代中期，汽车、国防、航空航天等行业的大型制造业企业如雷诺、福特、洛克希德等，已经认识到需要借助计算机图形系统提高工程师和绘图员的效率。这些企业或专注于复杂曲面，或专注于提高绘图效率。雷诺的成果最终演化为CATIA软件，福特则催生了PDGS软件，洛克希德创造了CADAM产品。除了CADAM和CATIA，这些内部研发的系统软件几乎没有转化为成功的商业系统。

商用CAD行业是从1969年开始的，以Applicon公司和Computervision公司的建立为开端，随后Auto-trol Technology、Calma和M&S Computing（即Intergraph）等公司相继建立。当时商用CAD行业有个显著特点是：CAD系统中包含很多专有硬件，这是由于很多公司是设备制造商，他们开发软件的目的是促进硬件销售。从这样的商业模式过渡到基于标准计算机硬件的软件业务模式大约用了15年时间。

在当时，CAD系统的价值是降低组织运营成本。20个人的工程绘图部门在引入CAD系统后，可以缩减到10个人。这些早期的CAD系统中，还附带以用户业务为中心的编程语言，这些语言促进了绘图标准及其自动化过程的形成。

高等院校在几何建模方面起到了独特的作用。各院校的研究活动建立并极大推动了计算机图形学的研究。

通用CAD的基础是道格·罗斯在麻省理工学院伺服实验室为数控机床开发的APT系统，该系统的二维版本为2D-APT-Ⅱ，由麻省理工学院伺服实验室牵头，美国九家飞机公司参与，在IBM提供的IBM704计算机上运行，并于1958年进行了现场测试。1959年底，美国空军跟麻省理工学院的电子系统实验室签订了一份为期一年的开展通用计算机辅助设计项目的合同。1962年，罗斯建立了

CAD 系统的理论框架，解决了数据存储及几何元素链接等关键问题，使得 CAD 系统的用户无需知悉该系统的数据存储格式便可以进行使用。在这些基础上，罗斯进一步提出了"自动化工程设计（Automation Engineering Design，AED）"的概念，希望能够发展一套通用的解决问题的系统。麻省理工学院林肯实验室的伊万·萨瑟兰在罗斯的数据结构基础上，使用光笔，开发了交互式图形操作界面的"画板"（Sketchpad）项目。罗斯的研究助理蒂莫西·约翰逊将二维画板功能扩充到了三维，开发了绘制三维对象的"画板 - Ⅲ"软件。

麻省理工学院土木工程系的米勒在 20 世纪 60 年代开发了土木工程系统。他首先创造了一种新的公路设计方法，并在此基础上于 1964 年开启了名为综合土木工程系统（ICES）的重大开发项目。这个项目生成了一系列软件，同时还有一种叫作"结构设计语言"（STRUDL）的系统。米勒教授离开麻省理工学院后创建了交通运输和土木工程咨询与软件公司，开发了 CEAL-COGO 软件。后来他还提出了适用于任何工程自动化软件包的指导方针。

在曲面建模方面，汽车行业和飞机行业的需求推动了曲面建模技术的发展。早在 1958 年，法国雪铁龙公司内部就研究出了一种定义曲面的数学方法，但出于维护竞争优势的考虑，这种方法直到 1974 年才公开。20 世纪 60 年代中期，MIT 的孔恩斯开发了曲面数学描述技术——孔氏曲面片（Coons patches）。1972 年，雷诺公司成功开发了包含贝塞尔曲线曲面的 Unisurf 系统，这个系统后来成为 CATIA 的重要组成部分。70 年代，孔恩斯指导的学生 Risenfeld 在锡拉丘兹大学开发了 B 样条方法。1979 年，Risenfeld 和他的妻子 Elaine Cohen 在犹他州中央研究所的 CAD 工作组与他人合作开发了增强 B 样条功能的 Oslo 方法。20 世纪 70 年代末和 80 年代初，波音公司在推动多变量曲线差值、原始数据交换格式（IGES）、NURBS 技术等方面做了很多工作。而大多数汽车公司的做法是从全尺寸泥模获取数据点，然后转换成可用于加工冲压模具的数字表面。

实体建模技术和曲面建模技术几乎是两条独立的发展路径。大约是在 20 世纪 60 年代末到 70 年代中之间，英国剑桥大学的 CAD 小组创建了实体建模研究的基础。第一个商用产品是 1972 年推出的 SynthaVision，在 1982 年用于迪士尼的电影《创》中。1973 年的布拉格普罗拉马特会议上，剑桥 CAD 小组的 Ian Braid 介绍了 Build，后来发展为边界表示技术（B-Rep）；北海道大学的 N. Okino 介绍了 TIPS-1，一个基于 CSG 几何表示方法的实体建模程序；罗切斯特大学的 Herbert Voelcker 介绍了 PADL 语言系统，格勒诺布尔大学的 J. M Brun 介绍了 Euclid 等。

剑桥 CAD 中心孵化了 Shape Data Limited 公司，同时也第一次实现了从 3D 模型自动生成数控代码。Shape Data Limited 做出了 Romulus 建模内核，后来又做出了 Parasolid 几何建模内核。该公司后来被麦道公司收购，麦道公司于 1989 年用 Parasolid 内核做出了 Unigraphics 软件。

美国空间技术公司资助了 ACIS 内核的开发，该内核在 1988 年首次发布。

罗彻斯特大学于 1972 年开始的"生产自动化"项目，使用了 CSG 技术和 B-Rep，并基于 FORTRAN 语言，发布了零件和装配描述语言 PADL-1 和 PADL-2。后来，该大学在这些基础上进行了很多有意思的开发，其中有个 Cadetron 项目，只是将 PADL-2 用 C 语言重写了一遍，PADL-2 就可以在 PC 上使用了，该项目后来被欧特克（AutoDesk）公司收购，变成了 AutoSolid 软件。

20 世纪 80 年代是对 CAD 行业非常关键的十年。计算机从大型机、工作站发展到 PC，CAD 系统也从软件加专业设备演变成可以在 PC 上运行的软件，工业组织中的 CAD 职能从单独设立的部门分散到设计制造组织中，不是由专业的 CAD 操作员提供图纸，而是培训设计工程师自己完成 CAD 出图工作。AutoDesk、SDRC 等厂商登场了，IBM 公司也在销售洛克希德公司的 CADAM 软件。1987 年，参数技术公司在其产品中推出了基于特征的参数化建模技术。

3.1.3　工业软件行业蓬勃发展

1969 年，来自麻省理工学院林肯实验室的四位程序员创立了 Analytics 公司，该公司后来改名为 Applicon，还获得了通用电气的投资。20 世纪 70 年代，Applicon 公司与结构动力学研究公司（SDRC）合作，促进了 Applicon 的机械设计软件与 SDRC 的计算机辅助工程软件的集成；此外，Applicon 公司还跟 UCC 软件合作，实现了从零件设计到生成数控加工指令的无缝流程。后来，Applicon 公司被斯伦贝谢公司收购了。1999 年 8 月，UGS 公司收购了 Applicon 公司（包括已并入斯伦贝谢的业务），据说主要是看中了其 60 名经验丰富的程序员。

欧特克公司的创始人 Mike Riddle，曾在大学毕业后进入一家为核电站设计钢结构的公司工作。在各种机缘巧合之下，他从 1977 年着手开发一个名为"互动"的计算机图形程序。1982 年，Mike Riddle 与其他 16 位伙伴创始人一起创建了结构松散的欧特克公司，到 1983 年中期，欧特克转变成有能力提供接近绘图员实际需求的绘图程序的小型公司。欧特克早期的产品特点包括使用 C 语言编写，提供了基于 LISP 的外部编程语言等。这就是欧特克能够接入 PC 革命及外部开发者生态的基础。1995 年，欧特克推出了面向对象的数据结构的概念，并成立了建筑行业的互操作性行业联盟，发布了行业基础类（IFC）对象定义。1998 年中期，欧特克推出了新的 AutoCAD 应用程序开发工具——Visual LISP，此外还建立了 OpenDWG 联盟，这些都是建立 CAD 开放生态的举措。

Auto-trol 公司在 20 世纪 80 年代后期做了很多政府业务，客户包括西部地区电力管理局、美国空军后勤司令部、美国联邦航空管理局、肯尼迪航天中心、美国海军 CAD 采购计划等。

20 世纪 80 年代初，Keith Bentley 进入杜邦公司的工程部门工作。在此期间开发了 PseudoStation 软件包，使工程人员使用 Integraph 软件改图纸的工作变得更加顺手。围绕着 Integraph 软件的业务就成了 Keith 成立 Bentley 公司的起家之本，1987 年 1 月 Integraph 用 300 万美元购买了 Bentley 公司 50% 的股份。

1981 年 4 月，通用电气（GE）公司收购了当时排名第三的 CAD 公司卡尔玛（CALMA）。在当时，通用电气公司正在推广其"未来工厂"的理念，认为计算机和通信系统将会对未来制造商设计和生产产品的方式产生重大影响。通用电气当时的口号是 blast productivity figures through the roof（将生产率数据推向极致）。在通用电气的布局中，由 SDRC 提供概念设计和分析工具，CALMA 提供将这些设计转换为制造所需信息的系统，而 GE 其他部门提供工厂自动化。GE 和 SDRC 曾计划在美国和欧洲建设五个生产力中心，向客户展示自动化设计和制造工具的力量，并希望成为这方面的主要供应商。CALMA 在 1984 年曾推出过一种名为参数分析层（PAL）的技术，这个软件与设计软件协同工作，用户先使用 PAL 生成一个样品，并创建关键特征的变量列表，然后在设计软件中从这个参数列表开始设计，改变参数值，就可以生成与样品成系列化的零件。有了 PAL，用户并不需要掌握设计软件深度知识就能生成零件。GE 显然高估了未来工厂的市场，也高估了其对"高科技行业"的运营能力。在传统制造业，投入更多资金会产出更多的产品。但是在高科技行业，找不到顶尖的技术人才，投入再多也只是浪费。1986 年 9 月，CALMA 在新推出的版本中提供了 CSG 实体建模器。CALMA 的产品演进中的很多新功能都是 GE 的工业部门开发的。1988 年 10 月，GE 拆分了 CALMA 公司。

ComputerVision（简称 CV）公司的创始人是菲利普·维勒斯，他出生于法国巴黎，拥有哈佛大学文科学士和麻省理工学院机械工程硕士学位，在通用电气等工业公司做了多年项目管理和产品经理。他的朋友中包括史蒂夫·孔恩斯和尼古拉斯·尼葛洛庞帝这样的杰出人物。CV 公司最初几年做得最好的是电子设计领域，在集成电路行业的 PCB 图和原理图绘制领域取得了主导地位，其次才是机械设计领域。到了 20 世纪 70 年代末，CV 公司的重点已经从电子设计转向了机械设计，并在建筑、工程和施工（AEC）领域开展了活动，主要客户包括通用电气、福特汽车、通用汽车、波音、普惠、麦道等。1983 年，CV 公司在与 IBM 的合作中创建了产品数据管理的软件概念。1984 年，CV 公司推出了在个人计算机上运行的设计软件。1987 年底，CV 公司被 Prime 公司收购。1992 年，Prime 更名为 CV 并再次上市。

1997 年底，PTC 公司宣布以 5 亿美元、2.6 亿股票、承担 2.3 亿美元的债务为出价，收购 CV 这家拥有 30 年历史的公司。伴随着收购的，是 CV 公司裁员 45% 的计划。

洛克希德飞机公司在 1965 年开始，开发计算机图形增强设计与制造（CADAM）软件。1972 年，它成立了新公司来运行 CADAM 的业务。1978 年，IBM 公司也加入市场，开始销售 CADAM 软件。1982 年，洛克希德飞机公司发布了三维 CADAM 软件，并提供了数据管理功能和工时汇总功能。随着 IBM 兼容 PC 的发展，业界放弃了专用 CAD 硬件，昂贵的 CADAM 也逐渐被更便宜的 CADRA 等与 CADAM 功能和界面相近的软件代替。最终，由 CADAM 系统开辟的技术道路分化成两部分：PDM 功能发展为 MatrixOne 软件；三维设计制造功能则由 CADRA 软件继承。

CATIA 的技术基于法国雷诺公司的以贝塞尔曲线为基础的 Unisurf 系统，1976 年，达索公司获得了这项技术，在内部将其跟 CADAM 系统搭配使用。1982 年，达索公司成立了名为"达索系统"的子公司，以对 CATIA 软件进行商业化，该产品的销售活动一直由 IBM 公司负责。CATIA 产品进步非常快，1987 年，连波音公司都从 Intergraph 系统转向了 CATIA，并基于此设计了波音 777 飞机。到了 1989 年，甚至洛克希德公司都在其高级项目中用上了 CATIA 和 SDRC 的产品。1991 年底，IBM 向达索系统出售了部分 CADAM 业务。

1998 年，达索系统也建立了自己的 PDM 品牌 ENOVIA，它使用的主要是从 IBM 收购的产品经理软件。1998 年，达索系统发布了专为 Windows NT 提供的、用 C++ 开发的 CATIA V5 版本。后来，达索系统通过对 Matra DataVision 子公司的收购，获得了 Euclid、Strim、CASCADE 等一系列能力。2000 年，达索系统收购了 Spatial 技术公司，获得了 ACIS 3D 工具包。总之，达索系统后来居上，在 PC 时代通过一系列收购成为今日之行业巨头。

1969 年 2 月，一群来自 IBM 的联邦系统事业部的工程师创建了 Intergraph 公司，公司创立时的名称是 M&S Computing，他们当时正在为土星火箭开发导航软件，试图抓住用数字计算机取代模拟计算机对导弹进行实时制导这一技术转换趋势。该公司早期的订单大多来自 NASA 和美国陆军，主要开发各种将数字计算机应用于实时导弹制导的系统。在那个时候，NASA 正在推动为 PCB 板的设计与布局开发交互式图形系统的工作，这对 Intergraph 公司后来进入 CAD 行业起到了很大的推动作用。

数学博士 Samuel P.Geisberg 于 1985 年 5 月创建了 PTC 公司。他于 1974 年搬到美国后，先后在 CV 公司和 Applicon 公司工作，有意为 CAD 软件开发全新的方法。这种方法基于立体几何，并使用基于特征的参数化技术来定义零件和组件。但这两家公司都不支持他的想法，于是他就决定自己开一家公司来实现这一想法。PTC 的一个重要业务策略是：持续地将原本应该由大型工业公司建设的"设计自动化"能力做进自己的商用软件产品。现在，PTC 也成了工业软件行业的几大巨头公司之一。

结构动力学研究公司（SDRC）由 Jason（Jack）Lemon 博士、Albert Peter、Robert Farell、Jim Sherlock 等人于 1967 年创建，创始人均来自美国辛辛那提大学机械工程系，SDRC 创立之初的定位是为工业企业提供机械工程专业咨询。1969 年左右，市场上的工程软件十分稀少。SDRC 发展了计算机辅助工程（CAE）软件业务及其教育生态拓展，并越来越多地将计算分析软件用于解决咨询业务中遇到的问题。20 世纪 70 年代初，在 NASA 的大力推动下，有限元分析（FEA）成为公认的航空航天工程分析工具，SDRC 在商用产品上市前，也利用内部代码以及 NASA 提供的公共版本代码开发了有限元分析程序 SuperTab，这是最早实现有限元数据分析输入数据工作自动化的程序之一，随后该程序也迅速增加了为 ANSYS 和 NASTRAN 生成输入数据的功能。1980 年，SDRC 推出了设计与分析集成的软件产品，命名为 I-DEAS，这套软件产品涵盖了线框和实体建模、工程图、前后处理模块以及各种分析模块和数控加工编程的功能。1987 年，SDRC 在纽交所上市。

SolidWorks 公司的创始人 Jon Hirschtick，在 1987 年从麻省理工学院获得机械工程硕士学位之后，留在了学校的 CAD 实验室工作。在参加了一次创业培训计划后，他与实验室同门提交了一份商业计划，获得了 150 万美元的风险投资，后开发了名为 DesignView 的二维概念设计工具。这一工具可在 IBM 兼容 PC 上运行，并与 Microsoft 的 Word 和 Excel 等软件包连接，使用电子表格中的数据来定义部件。1991 年春天，CV 公司收购了 Jon 和同门们的公司及产品，将 DesignView 作为 CADDS 5 软件的概念前端模块。1994 年，Jon Hirschtick 二次创业，开发了后来演变成 SolidWorks 的低成本桌面设计系统 Winchester Design。

Unigraphics 公司是从 United Computing 公司起步的，由 John Wright 在 1963 年创立，并于 1969 年推出了第一款软件 UniAPT，这是用于小型机的 APT 零件编程语言，主要用来计算刀具路径，也是首批直接向终端机床厂销售的数控编程系统之一。United Computing 公司是首批从 Pat Hanratty 的制造和咨询服务公司获得 Adam 软件许可的公司之一。Uni-Graphics 软件于 1973 年 10 月底在底特律发布，作为 UniAPT 软件的图形前端，当时全公司只有六名程序员从事 Uni-Graphics 的开发工作。1974 年 8 月，Uni-Graphics 软件更名为 Unigraphics，9 月份获得了第一个用户——美国能源部的洛斯阿拉莫斯国家实验室，随后又卖给了美国铝业公司和美国陆军后勤部。1976 年 4 月，McAuto 公司收购了 Unigraphics 公司，随后开始在 Unigraphics 软件上大量开发应用程序套件，并添加了图形交互式用户编程语言 GRIP，这是 Unigraphics 软件保有核心竞争力的支柱能力之一。1982 年初，McAuto 基于罗切斯特大学的 PADL 建模语言及其 CSG 建模器开发了 Unisolids 建模内核。1988 年，McAuto 公司收购了 ShapeData 公司，从而获得了名为 Parasolid 的 B-Rep 实体建模器，这一产品后来发展为公认的 CAD 组件技术产品。在 20 世纪 80 年代后期，McAuto 开始减少对专用硬件系统的依赖，并支持行业标准的 Unix 系统。1991 年 3 月，西门子公司发布了基于 Parasolid 内核的 UG Concept 软件包，以回应由 PTC 和 SDRC 引领的尺寸驱动建模浪潮。

  1991 年，通用汽车的数字科技公司 EDS 收购了麦道公司的 McAuto，并于 1992 年 12 月发布了 Unigraphics Ⅱ 10.0 版本，此外还推出了第一个 PDM 产品。1996 年 7 月，EDS 从通用汽车旗下拆分，成为独立的公司。1998 年 1 月，EDS 战略重组，创建了名为 Unigraphics Solutions 的独立企业，随后以大约 1 亿美元的价格收购了 Intergraph 的机械系统业务部门。2000 年 6 月，通用汽车公司授予 UGS 公司一份价值 1.39 亿美元的软件和服务合同，这是 CAD 行业历史上最大的非政府合同。2000 年 9 月，UGS 收购工程动画公司（EAI），添加了高端可视化的软件能力。2001 年 5 月 23 日，EDS 收购了 SDRC，以 UGS 和 SDRC 为基础，组建了名为 EDS PLM Solutions 的新公司。2002 年 10 月 8 日，该公司推出了 Unigraphics NX 软件。2007 年，西门子公司收购了 UGS，并将其更名为西门子 PLM 软件公司。

3.2 科学计算的软件化

3.2.1 科学计算

  科学计算是以数学为基础，通过高级计算解决复杂问题的跨学科科学领域，其研究内容是为了解自然系统和人工系统而进行的建模与仿真。

  计算机模型是用于捕捉被建模系统行为的算法或方程。计算机仿真是包含这些方程或算法的程序的实际运行。仿真是运行模型的过程。在谈到科学计算时，建模与仿真总是相辅相成的，建立模型或仿真器，然后运行。

科学计算主要包括算法开发、高性能计算机硬件开发以及支持解决科学与工程问题并发展计算机与信息科学的计算基础设施开发。在实际应用中，科学计算主要是利用计算机仿真、数值分析以及在理论计算机科学中发展出的其他形式的计算来解决各学科领域中的问题。在大多数情况下，科学计算任务需要执行大量的浮点计算，这通常在超级计算机以及分布式计算平台上进行。

科学计算运用程序模拟真实世界中不断变化的各种状况，如天气、飞机周围的气流、撞车时汽车车身的变形、星系中恒星的运动、爆炸装置等。

计算科学家是熟练进行科学计算研究的专业技术人员，通常是来自各领域的科学家、工程师或应用数学家，他们以不同的形式运用高性能计算，推动各自领域的科学发展或工程应用。首先，他们要掌握数值计算和计算数学的专业知识；在这个基础上，能够认识与理解复杂的问题；接着，建立一个包含了这些问题的充分概念化的系统（即建模）；随后，建立一个适用于研究这个系统的算法框架（即仿真）；再选择合适的计算设施以获得能够最大化模拟这个系统的算力；然后，评估仿真输出结果与实际系统的相似程度（模型验证）；在此基础上，调整系统模型；最后，迭代上述过程，直到获得满意的验证（精度/颗粒度）级别。

计算科学家相信，通过这样的研究，能够产出对真实系统的认识与洞察。然而，也有人认为，即使科学计算中的建模与仿真已经是人类目前用来表示知识与理性的最复杂的形式，但其与真实世界的一致程度仍然受到模型质量与计算解决方案质量的限制与约束。在科学计算的旗帜下，大量的人力与物力投入算法开发、编程实现、模型验证等环节。

科学计算中使用了多种类型的算法。计算数学包括统计、方程、代数、微积分、几何、矩阵、张量分析、最优化等领域的符号计算方法；数值分析包括通过有限差分计算导数、应用泰勒级数逼近函数、应用自动未分发计算导数、有限元方法求解偏微分方程、在统一网格上进行积分、龙格库塔方法求解常微分方程、牛顿法与拟牛顿法求极值、离散傅里叶变换、蒙特卡洛方法、矩阵分解与特征值算法等。

在编程方面，编程语言主要是 Fortran、C 及其变体，以及优化的代数库如 BLAS 和 LAPACK 等。此外，还有带第三方科学计算库的 Python、Perl、R、Scilab 等语言。常用的数学软件包有 Octave、Haskell、Julia、Maple、Mathematica、MATLAB 等。

有专门的科学分支研究数学模型的建模、校准、数值求解、验证等各个方面。数学模型用于在给定初始条件、边界条件、表征参数及相关不确定性的情况下，预测物理事件的特定方面。在典型情况下，预测性陈述是用概率来表述的。例如，给定一个机械部件和一个周期性载荷条件，"失效循环次数 N_f，在（N_1，

N_2)区间内的概率是90%"。

正如基础科学与应用科学之间的关系，在科学计算的基础上，也产生了众多"计算科学"的交叉学科。

3.2.2 计算物理学

计算物理学是运用科学计算方法解决定量理论中的物理学问题的学科。计算物理学是计算科学的子集，有时被视作理论物理学的分支，有时也被视作理论物理学和实验物理学的中间地带。

在理论物理学中，基于数学模型的物理理论能够提供系统行为的精确预测，然而在某些特定情况下，直接求解数学模型以获取精确预测变得不可行，这时就要通过数值分析方法求得近似解。计算物理学就是开发大量理论模型的近似模型并驱动这些模型产生近似解，然后评估近似解与精确解之间的误差。计算物理学的研究有时也被称作"计算物理实验"。计算物理学研究要求研究人员具备非常深厚的物理学、应用数学以及数值分析专业知识。几乎能在物理学的所有分支中找到其对应的计算分支，包括计算力学、计算电动力学、计算磁流体力学、计算统计力学、计算粒子物理、计算生物物理等。计算物理学应用于现代物理学研究的众多领域。

国外研究者开发了应用程序库，作为计算物理研究的公共设施。例如，通过Physlet项目开发的"开源物理研究"网站，用于推广并促进物理学研究中开源代码库的使用。这些代码库能够承担多种物理方面的繁重工作，包括绘图、微分方程求解、导出动画与电影等实用工具，以及用于编译运行其他物理学仿真代码的虚拟环境，还包括用于高等物理教学的课件、习题以及演示包等教学资源。此外，名为"高级仿真库（ASL）"的免费开源硬件加速多物理仿真平台，允许用户使用C++语言编写定制的数值求解器，并将它们部署在各种规模的计算架构上。该平台内部的计算引擎是用OpenCL编写的，运用了先进的求解技术，并实现了多种先进数值分析方法。内置的无网格方法与浸入式边界方法允许用户从CAD中直接转移到模拟，减少了预处理环节的工作量。ASL适用于模拟各种耦合的物理场以及化学现象，尤其适用于计算流体力学领域的模拟。有很多商业公司基于这个平台开发了高级的模拟库。

3.2.3 计算力学

计算力学是运用科学计算方法研究力学原理所支配的各种现象的学科。在科学计算成为独立的学科之前，计算力学被视为应用力学的一个分支。计算力学的支柱是力学、数学、科学计算及计算物理学。计算力学包含计算流体力学、计算热力学、计算电磁学、计算固体力学等多个专业领域。

与计算力学紧密相关的数学领域是偏微分方程、线性代数以及数值分析。最常用的数值方法是有限元法、有限差分法以及边界元法。相对来说，在计算固体力学中有限元法用得比较多；在计算流体力学、计算热力学以及计算电磁学中，有限差分法也得到了广泛应用；边界元法在计算声学中用得较多。

在计算力学领域最受欢迎的编程语言依然是 Fortran，不过 C++ 也越来越受欢迎，MATLAB 也被广泛应用于计算力学应用程序的快速开发及模型验证。

运用计算力学方法研究问题时，首先要建立物理或力学现象的数学模型，通常使用偏微分方程来表示自然或工程系统，同时还需要更多的物理机理来表示更复杂的系统。然后要将数学模型转换成适合计算的形式，这一步称作离散化，涉及从初始的连续性模型转换为近似的离散模型，通常是将偏微分方程组转化为代数方程组。离散化方法是数值分析领域的研究内容。然后调用算力使用直接方法或迭代方法求解离散化的方程。这个环节涉及算力的来源以及计算架构的选择。数学模型、数值方法以及仿真程序需要通过实验结果或者能够产生精确解析解的简化模型来验证，新的数值方法以及计算技术也经常通过与现有成熟数值方法的结果进行比较来验证，验证基准是模型验证中非常重要的问题。最后，将计算结果可视化，并解释结果揭示的物理现象。

3.2.4　计算材料学

计算材料学利用科学计算、建模与仿真、计算理论与信息学来研究与探索材料理论、发现新材料、确定材料行为与机制、解释实验等。计算材料学目前已经成为材料科学中的重要分支。在计算材料学的发展过程中，开发了很多材料计算与建模的方法及其变体，它们形成了各具特色的分支领域。同时大量的软件包与代码也应运而生，使得计算材料学研究人员可以充分结合商业软件、开源代码以及实验室内部代码开发各种适用于计算需求的应用。计算材料学中常用的开源代码有 Quantum ESPRESSO、LAMMPS、ParaDIS、FiPy、MOOSE 等。计算生物学领域的软件有 GROMACS。

计算材料学发展出的一个子领域综合计算机材料工程（Integrated Computational Materials Engineering，ICME）在工业研究得到了迅速发展，它将计算材料学方法与实验结果相结合，面向工程应用和工业效用在多个尺度上链接材料模型，开发新材料及其加工工艺。ICME 重点研究工艺如何生成材料结构、材料结构如何影响材料特性以及针对给定的应用开发材料，并运用多尺度材料建模方法来捕捉材料的工艺、结构、属性及性能之间的关系。ICME 还将集成多种模型与软件工具，涉及集成框架、模块化、数据交换格式与标准化。AixViPMaP、Ferrium 以及 ESI 的 ProCast、SYSWeld、PAMFORM 等，都是计算机材料工程的应用软件包。

3.2.5 计算化学

与计算物理学相似，计算化学也利用科学计算方法来研究化学，依据化学理论进行建模与仿真，以计算分子、分子群以及固体的结构与性质。计算化学不仅能够补充与扩展那些通过化学实验获得的信息，在某些情况下还能够预测新的化学现象，因此被广泛应用于新药和新材料的开发中。

在 20 世纪 50 年代就利用计算机实现了半经验的原子轨道计算。在 20 世纪 70 年代，出现了很多高效的用于计算化学的计算机程序。迄今为止，在计算化学领域产生过两次被"诺贝尔化学奖"表彰的重大成果：1998 年的"量子化学中的计算方法"和 2013 年的"复杂化学系统的多尺度模型"。

3.2.6 计算生物学

计算生物学是应用数据分析、数学建模以及计算机仿真来研究生物系统的学科，它是一门交叉学科，融合了计算机科学、生物学、数据工程、应用数学、化学、遗传学等多个学科的知识。

20 世纪 70 年代，作为计算生物学基础的生物信息学开始出现，专注于分析生物系统中的信息过程。在当时，人工智能技术利用生物领域的大量数据和神经网络模型来生成各种算法。到了 1990 年，计算生物学中最著名的项目"人类基因组计划"启动，到了 2022 年，该项目已经达到绘制人类完整基因组的水平。除了帮助人类基因组测序外，计算生物学还用于建立精确的人脑模型、绘制基因组三维结构图、模拟生物系统等领域。

随后，大量的算法和软件促进了计算生物学的研究和发展。在这个过程中，很多数据工程技术得到了充分发展，包括无监督学习、监督学习、图像分析等。同时在计算生物学的研究领域内也出现了很多作为公共设施的开源软件。

3.3 工程方法的软件化

3.3.1 行业发展催生先进工程方法

从 1970 年到 1990 年，飞机工业的两大发展改变了飞机设计的工程方法。第一个是计算机辅助设计，它允许设计师快速修改和分析他们的设计。第二个是采购政策的变革，大多数航空公司和军事组织，特别是美国军方，采购政策从以性能为中心转变为强调飞机寿命周期的成本问题。这导致人们更加关注经济因素和一系列被称为"能力"的属性，包括可制造性、可靠性、可维护性等。在这样的背景下，美欧各国开启了诸多科研计划，推动了 CAX 技术在概念设计阶段的应用，催生了以多学科设计优化（Multidisciplinary Design Optimization，MDO）方法、基于知识的工程（Knowledge Based Engineering，KBE）方法为代表的诸多先进工程方法。

MDO 是一个工程领域，它使用优化方法来解决跨学科的设计问题。MDO 允许设计师使用集成多学科模型，对设计方案进行总体优化。MDO 广泛应用于航空航天工程领域，随着软件工具的成熟以及计算成本的下降，MDO 逐渐扩展到汽车工程与船舶工程领域。

KBE 是将基于知识的技术应用于工程活动中形成的一种工程设计方法。KBE 本质是基于知识模型的工程。知识模型采用知识表示技术来表达产品及其工程过程。标准化的知识模型使得不同系统和应用程序的集成更加容易。知识模型有助于存储和标记设计工件，以便可以轻松地再次找到和使用它们。建模过程中的形式化处理也使得知识模型本身更易于复用。清晰的知识层次结构使得系统维护更加简单。基于专家系统实现的 KBE 能够在一定程度上实现设计决策的自动化。

可通过两种路径实施 KBE 方法。第一种是使用基于知识的技术从头开始构建知识模型；第二种是在现有的 CAD 系统、仿真系统以及其他工程应用程序之上建立基于知识的技术层。

3.3.2 仿真驱动的工程设计

预测性工程分析（Predictive Engineering Analysis，PEA）是一种应用于复杂产品设计的工程设计方法，目标是让仿真驱动设计，从而预测产品行为，并建立流程以支持在产品交付后的数据收集与产品改进。通过闭环系统驱动的产品开发流程，设计者逐渐接近"一次就获得正确的设计"这一理想目标。

实施 PEA 时还需要增加一维（1D）多物理系统仿真的使用，允许多领域系统的可扩展建模。通过连接电气、液压与气压传动和机械子系统（包括控制系统）的经验证的分析模型块，以图形化的方式展示整个系统，帮助工程师预测复杂机电一体化概念设计的行为，无论是瞬态还是稳态。制造商拥有经验证的库，其中包含不同物理域的预定义组件。专业的软件供应商提供预定义组件。利用这些资源，工程师在概念设计阶段就能预测各种设计方案的性能，并通过调整模型参数可以获得不同的设计方案。模型可以有不同程度的复杂性，并且随着模型的优化可以达到非常高的精确度。一些允许进行实时模拟的组件对控制系统的开发及测试验证十分有用。

同时，PEA 实施需要在 1D 仿真、三维（3D）仿真以及控制系统仿真之间建立强耦合关系。已经在经典设计流程中证明了 3D 仿真对产品分析与验证的重要作用，在 PEA 方法中 3D 仿真依然不可或缺，它推动着工具开发商持续改进其在 3D 建模、流程、求解器等各方面的性能，同时，通过模型在环、软件在环、硬件在环等仿真方案的实施，可以进一步增强 1D 仿真、3D 仿真以及控制系统仿真之间的联系，以更好地支持机电软一体化产品的设计。

实施 PEA 时也需要将仿真与物理测试紧密结合。从传统的验证和确认，到更先进的预测工程分析的发展，意味着设计过程必须进一步向"仿真驱动"转型。但这也意味着物理试验的规模将变得比以前更大，需要在一个更加集成和复杂的测量系统中测试更多的条件和参数组合，该系统可以结合多个物理领域以及控制系统。此外，在其他开发阶段，将试验与仿真结合在一个协调一致的过程中，对于预测工程分析的成功至关重要。

实施 PEA 时还需要增加模型的真实性。模态测试又称为试验模态分析（Experimental Modal Analysis，EMA），它在纯机械系统的验证和确认中已经是必不可少的环节。作为一种成熟的技术，模态测试已应用于结构动力学、振动声学、振动疲劳分析等多个领域，通常通过相关性分析和模型更新来改进有限元模型。不过模态测试的传统应用背景多为故障排除。作为预测工程分析的一部分，模态测试必须不断发展，来增加模拟真实性并处理现代复杂产品的多物理性质，也必须有助于确定现实的模态参数、边界条件和负载。除了机械参数，模态测试还需要测量给定系统的不同的物理量，同时还需要具有验证多体模型和 1D 多物理仿真模型的能力。总的来说，支持仿真的一系列全新的试验能力变得很重要，并且在开发过程中要提前部署。

同时，在实施 PEA 时，需要使用仿真进行更有效的试验。随着复杂产品中参数数量及其相互作用的激增，试验效率变得至关重要，无论是在测试工具方面还是在关键测试用例的定义方面。测试和仿真之间的良好结合可以极大地减少总的试验工作量并提高试验效率。通过仿真可以预先分析哪些位置和参数可以更有效地测量某个目标，并研究参数之间的耦合，从而可以最小化传感器和测试工况的数量。仿真可以用来导出某些无法直接测量的参数。

PEA 方法的核心理念认为，设计与工程不仅是把想法变成产品的过程，而是贯穿整个产品价值链的数字主线的重要部分。当所有的工程活动都紧密集成在产品生命周期管理软件环境中时，才能实现需求与功能分析和性能验证之间的可追溯性，从而支持运行产品数据对工程设计环节的闭环，使模型成为实际产品的数字孪生。

3.4 波音公司的应用实践

波音公司在 777 和 787 机型的研制过程中全面采用工业软件，与传统方式相比，缩短了 2/3 的研制周期，降低了 50% 的研制成本，开创了航空数字化制造的先河。在新一代战神航天运载工具的研制和 C130 运输机的航空电子升级中，波音公司采用基于模型的定义和作业指导书（Model Based Definition/Model Based Instruction，MBD/MBI），缩短了 57% 装配工期，将数字化制造推向制造现场的转型升级与数字化发展这一更深层次。

波音公司的数字化制造发展历程，充分体现了工业软件在产品制造中无可替代的、巨大的推动作用。
- 1986 年，波音开始在已经交付的多架飞机机型上实施部件级的三维验证；
- 1991 年，波音 777 飞机全机研制开创性地采用三维数字化设计，用了 800 种工业软件；
- 2005 年，波音 787 飞机全机研制又开创性地采用 MBD 设计，用了 8000 种工业软件。

据此推断，目前波音在飞机的研发和制造过程中，使用的工业软件应该已超过 1 万种。

3.4.1 起步

1986 年，波音公司受法国达索飞机公司"隼公务机三维设计成功"的影响，启动了自己的飞机数字化设计验证计划，先后在 5 种成熟机型和新研机型上开展了数字化设计和验证，包括 757-46 段数字化预装配、767-200 驾驶舱三维制造过程、V-22（鱼鹰垂直起降飞机）管路电缆协调验证和 747-400 液压管路系统等。

由于当时的计算机软硬件条件的限制，大型 CAD 软件都是和大型计算机捆绑的专用软件，波音公司的数字化设计验证用的是 8 台 IBM 大型计算机，操作系统是 MVS，每台大型计算机只能连接 5～10 台用于三维设计的 5080 型号图形工作站，大致核算下来，每个三维设计工程师需要的软硬件投资就超过了一百万美元，成本极其高昂。

通过 4 年对三维设计、工艺和制造过程的学习、研究以及工程应用验证，波音公司形成了相关的规范和设计方法，对三维设计有了全面的认识和理解，也培养了一批相关领域人才。

3.4.2　腾飞

波音从 1991 年开始决定用全三维的数字化设计工具和方法，来完成新一代的双通道飞机（即波音 777）的研制。波音 777 整机设计是世界上第一个采用全数字化的设计手段完成的。

由于有了过去多年的三维设计基础，波音大胆启动了波音 777 的全飞机三维数字化设计。零件全部基于三维表达，数字化装配验证，数字化工装定义，300 万个零件全部采用三维表达。结果是波音 777 飞机研制过程中的工程更改减少 90%，首架飞机的组装过程就比已经生产了 24 年的 747 型号飞机更便捷，同类飞机的研制周期由通常的 10 多年缩短到了 4 年半。

该项目的硬件使用了 8 台大型计算机和 3200 台 UNIX 三维 CAD 工作站，以及两万台 PC 机，还采用了 800 个相互不关联的设计分析仿真工艺软件，形成了 14 个不同的物料明细表（BOM 表）。没有基于计算机的大型项目研制就无法产生大数据。可以说，大数据是从波音 777 的研制开始的。

这次取得的成绩非常明显。与波音历史上的同类双通道、200 座以上的大型飞机 767 相比，由于采用了三维数字化设计的方法，波音 777 仅用了 4 年半就实现了首飞，而且质量比以传统研制方法造了 24 年的第 400 架波音 747 还要好。质量好、周期短、自然效益非常高，波音 777 成为一架非常赚钱的飞机。

3.4.3　巅峰

2005 年 1 月 28 日，波音公司为波音 7E7 梦想飞机确定了正式的机型代号——波音 787。自此，该飞机被称为波音 787 梦想飞机。波音公司的 787 飞机项目是 21 世纪前 10 年数字化技术应用的经典项目之一。它实现了 135 个地点、180 个供应商的协同工作。产品全生命周期管理（PLM）作为波音 787 飞机项目中全球数字化设计、制造、测试、销售、市场化以及交付的协作平台，对波音 787 飞机实现全球化虚拟生产起到了关键性作用。

波音 787 飞机是波音公司在全世界外包生产程度最高的机型。从其研制、定型、转化到融资几乎都通过全球网络实现。在 787 飞机的设计和制造上，波音与其全球伙伴达成了史无前例的协同与合作，这使得 787 飞机成为波音史上完工最快、造价最低的一次。据统计，在波音 787 飞机的 400 多万个零部件中，波音公司本身只负责生产大约 10% 的部分——尾翼和最后组装，其余部分的生产是由全球 40 多家合作伙伴完成的。波音 787 飞机的设计由美国、日本、俄罗斯和意大利共同完成，研发和制造涉及美国、日本、法国、英国、意大利、瑞典、加拿大、韩国、澳大利亚、中国等多个国家和地区的顶级供应商。

3.4.4 技术加持

波音 787 采用的全三维数字化设计，起源于对波音 777 飞机研制过程中数字化设计问题的改进。由于波音 777 的数字化设计工作采用了 8 台大型计算机、3200 套 CAD 工作站和超过 2 万台 PC 机，因此每天上万人的工作在计算机上产生了巨量的数据，这些数据由大量的设计数据、零件模型数据、装配模型数据、管理数据和计算数据构成。

但是当时波音只有常规的文件管理系统来管理这些数据，文件管理系统是树状架构，而生成的飞机模型是立体的网状架构，靠常规的文件管理系统，第一无法管理天量的数据，第二无法管理飞机的构型和状态变化。因此，在波音 777 飞机的研制过程中，暴露了大量难以解决的协调问题。另外，从三维 DMU 模型中生成二维图样，给设计师带来了巨大的工作量，而这个工作量远远超出建立三维模型的工作量。

为了解决数据管理的问题，波音公司于 1994 年启动了 DCAC/MRM 项目，这个项目的核心就是数字化的飞机构型和控制、制造资源管理，这也是世界上第一个 PDM（产品数据管理系统）和 ERP 结合的应用。波音原本预计用 5 年时间完成这个项目，结果实施了二期，到 2003 年才完成，用了 10 年时间，投资超过 10 亿美元。

至于三维设计二维发图的问题，特别耗费人力、物力和时间，另外由于大量人工的介入，经常会出现错误，而图样拿给车间的工人看时，又会产生理解上的二次错误。1996 年，波音公司联合了全球 16 家公司，花了 7 年时间，推动美国机械工程师协会（ASME）建立了基于三维模型的设计、工艺和生产制造标准，这个标准就是 MBD（Model Based Definition），意思就是基于模型的定义，换句话说，就是在三维模型上表达设计、材料、工艺、生产制造过程、计量检测以及质量管理数据。

波音 787 就是在以上两个数字化基础项目成功的背景下开始研发的。有了 DCAC/MRM 项目的加持，波音建立了全球广域实时协同环境（Global Concurrent Engineering，GCE）；有了 MBD，波音 787 飞机就是全飞机全三维数字化设计了。全三维即取消生产过程中的二维图样、纸质的生产计划、手工的表单，并减少大量纸质的技术文档。研制过程全三维是 MBD 的核心所在，取消传统的二维图样，用全三维的 DMU 解决产品设计、工艺、生产制造过程中的复杂问题，这是一个重大的技术突破。

从此，计算机也能自动识别人类所认识的产品，可以帮助人类做大量的工作，减少了人类的脑力劳动和体力劳动负荷，直接把设计的三维模型重构，生成工艺模型，交给智能化的设备生产部门，又可以大量降低体力劳动的强度，结果既提升了产品的质量，又加快了研制进度，对复杂产品也大幅度降低了研制成本，这就是数字化的最高水平。

波音 787 飞机的几项核心技术，实现了全球广域实时协同环境（GCE）、MBD 的全面应用，以及在装配环境下进行上下游的关联设计。在此基础上，数字化生产开发成本减少了 50%，同时全部覆盖件使用复合材料，该复合材料占飞机结构质量的 50%，使该机型取得了极大的商业上的成功。

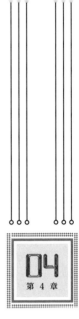

第 4 章 我国工业软件产业分析

据联合国工业发展组织的报告显示,我国的制造业综合竞争力已位居世界第二,仅次于德国;我国制造业的经济规模以及对世界经济增长的贡献已位居世界第一。很显然,下一阶段的发展必须是高质量的,高质量发展的重要表征就是提高人均增加值与利润。能否实现转型升级,这既取决于在双循环经济体系中对国际市场与国内市场的重塑,又取决于高级生产要素的投入以及资本的深化,还取决于对落后产能与冗余产能的清退。在这样的转型升级中,工业软件作为先进的工业中间产品与生产资料,工业软件产业作为供应这种生产资料的工业部门,要满足其他工业部门的迫切需求。工业软件产业自身的发展也面临着格外严峻的形势。

4.1 我国工业软件的分类

工业软件的本质是以计算机控制系统为核心实现的机器运行的自动化、机器操作的自动化以及工业组织各种工作过程的自动化。工业软件种类繁多,从产链的维度可以划分四大类，分别为研发设计类、生产制造类、运维服务类、经营管理类。

4.1.1 研发设计类：差距较大，核心技术缺失多

研发设计类软件主要包括计算机辅助设计（CAD）、计算机辅助制造（CAM）、计算机辅助工程（CAE）、电子设计自动化（EDA）及新兴的系统级设计与仿真软件等。目前，国内部分软件厂商虽然有了一定的产品和客户积累，但传统的国产研发设计类软件还存在整体水平不高、关键技术对外高度依存等问题。尽管国产新兴系统级设计与仿真软件整体水平与国外差距不大，但目前尚处于技术导入推广阶段与市场培育成长期，市场规模不大，因此暂归入CAE一并阐述。

1. CAD/CAM 软件

2023年，全球3D CAD软件市场规模约为83.9亿美元，由法国达索系统公司（Dassault Systemes）、德国西门子公司（Siemens）和美国参数技术公司（PTC）三家垄断，占据全球市场份额的60%以上。国内CAD软件市场规模约为6.9[一]亿美元，全球占比8.2%，95%以上的市场被国外软件所占据，主要有法国达索系统（32%）、美国PTC（18%）、德国西门子（18%）、美国Autodesk（20%）、美国Bentley（6%）等。国内CAD软件的公司主要有中望龙腾、山大华天和数码大方等，虽然出现了中望3D、SINOVATION等国内领先的产品，但是在功能上与国外软件相差较大，未能实质性地打破国外软件的垄断。

2. CAE 软件

2022年，全球CAE软件的市场规模约为92.1亿美元，国内市场规模约为5.19[二]亿美元，全球占比约为6%。全球CAE市场的12大厂商处于垄断地位，占据95%以上的国际市场，有美国的ANSYS、MathWorks，德国的西门子，法国的达索系统、ESI Group等。国外CAE软件覆盖范围广、功能完善，并逐渐在数据传输等技术上与其上下游产品打通，形成CAD/CAE/CAM/PDM一体化综合软件平台。

国产通用CAE软件有安世亚太PERASIM、英特仿真INTESIM、云道智造Simdroid、中船奥蓝托simWorks等，主要包括多款多物理场仿真及优化平

[一] 民生证券研报，2023年预计中国3D CAD市场规模为50.1亿人民币。
[二] 浙商证券研报，2022年中国CAE总市场规模为37.6亿人民币。

台软件和综合仿真及优化平台，相比于国外的通用 CAE 产品，国产软件在产品化、集成化和规模化上还有很大差距。专用 CAE 软件主要有大连理工大学开发的 JIGFEX、中国飞机强度研究所开发的 HAJIF、中国科学院数学与系统科学研究所开发的 FEPG 等，但这些专用 CAE 软件在覆盖度、成熟度、易用性等方面相比国外软件，也仍有较大差距。国产新兴系统级设计与仿真工业软件有同元软控 MWorks，已在一系列重大型号工程中验证与应用，并出口欧美，为国外大型工业软件厂商提供内核授权，整体水平位居国际前列。

3. EDA 软件

2022 年，全球 EDA 软件市场规模为 134 亿美元，国内市场规模为 15.9[一]亿美元，全球占比 11.9%。EDA 市场主要由美国 Synopsys、Cadence 和德国 MentorGraphics10 三家厂商垄断，他们占全球市场 60% 以上的份额，占国内市场 95% 以上的份额。2024 年 1 月 16 日，美国 Synopsys 宣布将以 350 亿美元收购 CAE 软件大厂 Ansys，该交易预计将于 2025 年上半年完成。华大九天、芯禾科技、广立微等国内 EDA 厂商占据国内市场的份额不足 5%。国内厂商以提供点工具为主，仅有华大九天一家可以提供面板和模拟集成电路全流程设计平台，其他的厂商只能提供某领域内的部分工具。而外企三巨头经过一系列的收购并购，基本打通了 EDA 全流程工具链，能够覆盖全领域的设计需求。相比之下，国内 EDA 厂商还需要进一步加快研发，以覆盖全领域的全流程设计平台。

4.1.2　生产制造类：高端乏力，细分领域有优势

生产控制类软件（PLC/DCS/SCADA）和制造执行软件（MES）是生产制造类软件的主体。

1. PLC/DCS/SCADA 软件

2022 年，全球 PLC 的整体市场规模约为 115[二]亿美元，中国 PLC 的整体市场规模约为 160.9 亿人民币，年增长率约为 5%；全球 DCS 的整体市场规模约为 188[三]亿美元，中国 DCS 市场规模约为 117[四]亿人民币，同比增长 5.2%；全球

[一] 华西证券研报数据，2022 年中国 EDA 市场规模为 115.6 亿人民币。
[二] 天风证券研报数据，2022 年全球 PLC 市场规模预计为 115 亿美元，中国 PLC 市场规模为 160.94 亿人民币。
[三] 太平洋证券研报数据。
[四] 太平洋证券研报数据。

SCADA[一]的整体市场规模约为 92 亿美元,中国 SCADA 市场规模约为 156.3 亿人民币,同比增长 12.5%。整体上,中国的 PLC、DCS 和 SCADA 软件市场规模约 434 亿人民币,其中工业软件份额占 50% 左右,约 220 亿人民币。国外流程制造行业的软件产品特色主要在于高效的先进控制功能和完善的产品线,可以提供从基础控制、优化控制、生产管理到仿真测试的一站式解决方案。而国内厂商规模相对较小,主要集中在中低端的细分市场,虽然单项产品具有不错的实力,但是缺少智能工厂整体数字化解决方案。

2. MES 软件

2022 年,我国 MES 软件市场继续保持较稳定增长,市场规模[二]增长至 57.2 亿人民币,同比增长 18%。MES 软件属于一种承上启下的工业软件:上接 ERP 或 PLM 软件,下接 PLC/DCS/SCADA 软件。目前国内 MES 软件产品种类较多,在流程型行业和离散型行业均得到了应用,但其在功能及行业侧重点上有所不同。MES 在离散型行业应用时,侧重对生产过程的管控,包括生产计划制订、动态调度、生产过程的协同及库房的精益化管理等。离散型企业由于设备种类不同、厂家不同、年代不同、接口形式与通信协议不同,在数据采集方面,比流程行业的难度要大。当前国内 MES 软件公司在某些细分领域具有一定的行业竞争优势,但与国外 MES 软件产品相比,在技术深度与应用推广方面还存在一定差距。

4.1.3 运维服务类:前景广阔,国外技术仍领先

全球维护、修理和运营(MRO)业务市场目前的复合年增长率(CAGR)为 1.72%,2022 年达到了 6600 亿美元的市场价值。2022 年,仅我国航空维修市场规模已达到近 100 亿美元,年复合增长率达到 8.6%,高于全球平均水平,具有广阔的市场前景。国外的国际大型科技或信息企业都有开发自己的 MRO 产品,同时相关产品在航空、能源、工程机械等领域得到了广泛的应用,主要包括 Oracle 公司的综合维护、维修和大修管理系统(ComplexMRO)、SAP 公司的 SAPMRO、Siemens 公司的 TeamcenterMRO、IBM 公司的 Maximo、AuRA 等。在国内,主要有北京博华信智科技股份有限公司基于设备故障机理、CPS、大数据分析、RCM 等技术研发的设备全生命周期管理平台、安徽容知日新科技股份有限公司开发的 iEAM 系统、北京神农氏软件有限公司开发的"SmartEAM 设备管理系统",以及北京瑞风协同科技股份有限公司研发的综合保障系统。国内有关 MRO 的产

[一] 国金证券研报数据。
[二] 国海证券研报数据。

品不论是在产品技术、功能还是在市场占有率等方面,都与国外的产品存在一定的差距。

4.1.4 经营管理类:份额占优,高端市场待突破

2022年,我国ERP的市场规模⊖达到620.6亿元。国内厂商占据70%的市场份额,代表厂商是用友、浪潮、金蝶、鼎捷等。国内ERP厂商的产品主要占据中小型企业的市场,大中型企业的高端ERP软件仍以SAP、Oracle等国外厂商为主,国外ERP厂商占国内高端市场份额的60%。国内ERP厂商起步较晚,以至于我国高端ERP软件的技术水平、产品能力和产业规模均与我国制造大国地位不相匹配。跨国企业、集团型央企和大型企业超过半数在使用国外ERP;在军工领域,浪潮和用友有ERP解决方案与应用案例,但核心业务模块(如供应链和生产管理)仍使用SAP公司的产品。

4.2 我国工业软件产业的现状

工业软件的发展本就是工业发展的组成部分,绝不能从实际的工业过程中割裂与孤立出来。工业软件是无形的工业产品,是对特定工业问题解决方案的编程与文档化。工业软件开发流程在所有的产业部门广泛存在,并且伴随着智能产品、智能制造、智能服务的发展而持续深化。工业软件在建模与仿真技术的基础上,凝聚了系统科学、计算科学、人工智能等诸多先进科学技术的发展成果,是新概念、新材料、新工艺的源泉,也是设计、试验、评估等工程技术进步的推手,是企业智力资本积累与深化的平台,更是产业组织与企业价值链运营的底座。毫不夸张地说,工业软件是能够体现当代最先进生产力发展水平的实务领域。

在过去,我国工业体系运行的大多数工业软件都是进口产品。我国的工业体系是工业软件的消费者而不是生产者,工业软件市场被外资主导。在大中华区活跃的大多数企业是工业软件的销售者与服务者,不管他们以什么样的面貌出现,都不是工业软件的生产者。

从工业从业者的视角看,我国工业软件的生产者与生产组织尚未如同那些被称为"大厂"的互联网软件企业那般,实现了工业化生产,而像是工业革命发生前的手工作坊与工程队。只需看能够对工业转型产生实质性作用的高端工业软件工业级的产能,就能以评价,评价的依据就是商品现货软件的销售情况。甚至

⊖ 广发证券研报数据。

不必引述各种市场研究报告，各种数据对从业者来说都是耳熟能详的。

从行业专用的范畴内看，在最先进的科学计算软件领域，我国的产能刚突破了零；在人工智能支持的创成式设计软件领域以及设计权衡空间探索软件领域，我国的产能仍为零；在能够直接支持细分工程专业的 KBE 软件及专业模型库领域，我国的产能只突破了零；在间接支持细分工程专业的多学科设计、仿真与优化软件、系统建模与仿真软件、基于模型的系统工程（Model-Based Systems Engineering，MBSE）软件领域，我国产能只突破了零。

从跨行业通用的范畴内看，在多物理场分析与仿真领域，我国的工业软件产能刚突破了零；在单物理场分析与仿真领域，我国具备了少量产能；在通用仿真器及模型校验领域，我国具备了少量产能；在三维 CAD 与二维 CAD 领域，我国具备了一定的产能；在 CAD 软件的核心技术如几何建模内核及约束求解器领域，我国的产能突破了零；在计算机辅助工艺规划（Computer Aided Process Planning，CAPP）、CAM、数控软件领域，我国具备了一定产能；在 EDA 软件领域，我国的产能突破了零。科学计算平台及算法库的产能，我国突破了零。在工程管理领域，我国各种工作流中间件产能过剩，但在各种业务模型、管理模型及相关的背景知识库等方面积累了一定产能。

4.3 推动我国工业软件产业发展的力量

推动工业软件产业发展有三种力量：计算科学及其在各领域的研究；IT 技术在工程及生产运营等方面的应用；软件厂商的技术开发和新产品开发等。

20 世纪 90 年代以来，我国作为后发国家充分吸纳了国外的先进技术和理念，在快速推进工业化的同时，也在并行地推进信息化，用三十多年的时间就建立了现代化的工业体系，为追求经济的高速和高质量发展创立了基本盘。然而，我国自主可控的工业软件产业目前也仍然十分弱小。推动我国工业软件技术发展的力量同样是来自于科学研究、技术融合、软件厂商以及用户的打磨，但是我国与国外呈现出截然不同的形态。

在软件厂商主导的工具软件市场，我国是外商占领市场形成的优势竞争局面，工具软件技术的进步主要依赖于外商投放新产品的安排。在 IT 技术和工业技术的融合应用方面，我国的工业企业主要作为引进、应用和吸收数字化技术的用户，围绕工业软件进行的技术开发主要是为了"用好"外商供应的工具软件，开发各种信息系统和数据库。尽管这样的需求培养了一大批掌握了一定深度工业软件技术的集成商和工程服务商，但他们要么是外商提供的各种工具软件及 IT 技术设施的广告商、操作工及维修工，要么是工业部门标准化资料及工程师口述资料的记录者、转述者、整理者，或者是国外理念、方法论及案例的布道者。工业部门的研究人员、工程师以及技术管理人员也会在工作中积累数量可观的工程算法、计算代码和流程改进经验，但这些技术和知识往往是特定于具体的工作任务、限定在很狭小的应用范围，并不会自发演变成工业软件的技术创新素材。科技界从计算科学出发的研究与技术开发，要么就直接奔向人工智能、大数据、虚拟现实等新兴技术，要么就止步于算法的实现和算例的验证，很少进入工业软件产品的转化轨道。即使有的研究人员能够以技术服务的方式将课题成果向工业界转化，来自课题成果的工业软件产品也很少见。从工业发展的角度看，我国的工业软件产业尚未进入以大规模生产、深度专业分工、大范围产业合作、高水平生产率和供应链效率为典型特征的工业时代，这一点与各种被称作"大厂"的互联网软件企业是不同的。

经济学家的研究表明，以新材料、新产品、新工艺、新场景的开发为主要内容的技术创新，以及由专业化带来的"报酬递增、成本递减、溢出效应"，是经济增长的源泉。不管是技术创新还是专业化，都极端依赖于工业知识的生产和积累。对于工业软件的出口方来讲，不管将多少工业知识通过编码注入工业软件商品，他们的工业知识在开发工业软件技术的过程中都是持续积累的，这些知识不仅能用于工业软件研发，也能直接应用于工业技术体系的发展。

4.4 我国工业软件产业发展的支柱

以计算机为出发点对软件分类，软件可分为基础软件、中间件和应用软件。应用软件提供的价值就是利用算力解决实际问题。工业软件属于解决工业问题的应用软件。正如不能抛开问题空谈解决问题的手段，不能抛开工业体系空谈工业软件。

工业的首要目的是为社会提供产品。为了生产产品，就需要在产品生命周期的各阶段执行活动、包括设计活动、制造活动和服务活动。为了使产品兼具高质量和经济性，工业革命以来，工业部门实施了一系列管理措施和标准化措施，不断增加产品的多样性，使产品越来越"质优价廉"。产品进步促进了需求提升，更高的需求又拉动产品进步，二者相辅相成。为了满足消费者日益增长的需求，工业体系也要不断进步。

在现代工业体系中，计算设备广泛存在，使得工业软件成为工业部门的重要关注点。在当代，先进生产力集中体现在信息通信技术（Information and Communications

Technology，ICT）体系中，先进的生产要素首先注入工业软件，然后通过工业软件重塑工业体系。

对于后发的工业体系来说，先进工业软件是舶来品，本土的工业软件业务集中于使用工业软件重塑工业体系的环节，活跃在这个领域的是众多的服务商与集成商。业务的效益从纵向看取决于对软件产品二次开发的深度，从横向看取决于实施软件集成的范围。前者的基础是垂直场景，而后者的基础是业务整合。

在过去的几十年里，工业软件跟随各种商品、设备、服务、管理学说一起涌入中国，在开放市场覆盖的范围内重塑了中国的工业体系。这种塑造体现于方方面面，最值得关注的就是对从业者的塑造，包括但不限于价格体系、观念、知识结构、技能等。

在市场经济层面，我国工业软件产业发展要从中国工业实践中获取的全面、系统、专业、精微的科技与管理知识体系，有以下赖以为生的四大支柱：第一，高端装备、技术、工业产品、设计等先进产品与服务的进口；第二，经过加工的各国先进工业理念；第三，对我国工业体系的深入理解；第四，业务正当性的各种公关、营销和包装活动的建立。

在世界百年未有之大变局中，我国工业软件产业的发展理念、方法论、组织结构等要自上而下地进行全面快速转型。

4.5 我国工业软件产业发展的战略机遇

当前，我国工业软件产业迎来了重大的发展机遇。工业软件作为我国的七大科技攻关重点之一，已经列入国家战略的发展规划。市场对工业软件热情高涨，几家成功上市的国产工业软件企业都迅速突破了百亿市值。

"软件定义一切"意味着工业用的软件和软件定义的工业这两个描述旧工业和新工业的概念之间的界限正在变得日益模糊，工业数字化转型正在深入推进。工业软件，就好比机械革命中的机床，电气革命中的设备，既是新工业的标志性产品，也是新工业革命的使能要素，直接影响国家能否成功实现工业转型升级的目标。

工业软件在工业社会的各个局部都有很重要的作用。在国家制造业创新体系建设方面，工业软件在创新扩散及开放体系构建方面能发挥一些作用；在工程设计人才教育及培训方面，工业软件能发挥一些作用；在工业企业的管理及运营方面，工业管理软件及各种定制的业务系统是实施科学管理的利器。工业软件已经深入到工业组织的方方面面，各级各类的工业管理者在工业软件的加持下，对行业进行监管和调控、对企业进行管理和运营。随着数字化转型的推进，工业数据及工业软件逐渐成为重要的工业资产，以工业软件为基础设施，在数字空间建立新的虚拟工业生态。

在工业产品生命周期的各个阶段，在预研和技术开发、需求和方案设计、工程研制、生产运维中，工业软件都在发挥作用。软件是智能产品的必要成分，要考虑机电软三类产品生命周期的融合，也就是人们常说的"PLM（Product Lifecycle Management，产品全生命周期管理）+ ALM（Application Lifecycle Management，应用全生命周期管理）= SysLM（System Lifecycle Management，系统全生命周期管理）"等。在各种工业软件的支持下，不断涌现出新形态的数字产品。

而工业软件产品自身的全生命周期，从科技基础和技术开发、需求与方案设计、开发与测试、运维与服务、升级等，也都需要支持工业软件产品开发体系的软件工具链及数据库、构件库和代码库。

工业软件的供需问题足够复杂。一是在于工业软件的产品分类问题；二是在于行业市场的供需不均衡问题。从工业产品的生命周期和工业组织运用管理，即从工业侧来看，对工业软件需求的强烈程度不同。从工业软件的生命周期来看，工业软件各个环节的供给能力也不同。美国的断供打破了国内原有的供需平衡，我国的工业软件市场必须找到新的供需平衡点。这就意味着需要一个长期的市场调整期，中国的工业软件市场正在从旧的均衡点向新的均衡点跃迁，这正是对未来施加影响的绝佳时机。投资者需要洞察未来工业软件市场新的平衡点在什么位置，以提前与"明日的主角"站在一起。

工业软件的需求是复合型的，可以从三种视角来看。第一种视角是工业软件的技术本质，将工业软件视作工业技术进步的成果。工业软件所体现的工业技术进步来自应用数字技术对产品及与产品相关的工业研究、工程、制造、运营、供应链等多个增值环节的改造，也就是通常所说的"数字技术在制造业中的应用"。数字技术在飞速进步，工业技术自身也在飞速进步，工业界对数字技术的应用需求也在迅速变化。从这个角度来说，工业软件是一个发展迅速的新兴技术领域。第二种视角是产品与市场视角，工业软件作为受欢迎的软件产品，具有不可忽视且日益增长的流通量和市场规模。第三种视角是"信创"的视角，将工业软件视作亟需施行国产化替代措施的产业领域。

工业软件的"前哨"早已吹响。中国工业软件产业的发展机遇，植根于中国制造业的庞大体量以及高质量发展的强烈需求。

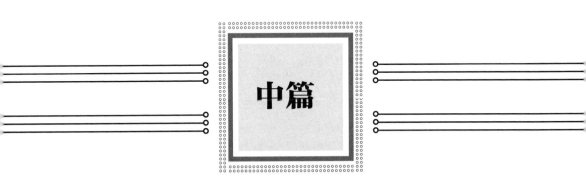

中国工业技术软件化发展之路

现代工业体系的内核是多层次的专业分工与协作。现代工业体系中既有工业产品全生命周期工程活动的链条,也有科学、工程、技术、商业的协作,还有知识技术在国家、行业、企业界的连续流动与增殖。

工程科学按专业领域划分,建立了数学、物理、电子等学科的理论和方法。工程科学的软件化产生了工业软件。而工业技术则是围绕工业产品的全生命周期为主线,以标准化、模块化、系列化为目标,形成的基础共性、行业通用、企业专用的技术体系。工业技术的软件化产生了工业APP等新一代工业软件,并为中国开辟了工业软件产业的全新路径。

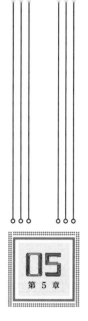

现代工业技术的主线：工业产品的全生命周期活动

5.1 工程师视角的工业技术

在工程设计过程中，工程师应用数学和物理学等学科来寻找新的解决方案或改进现有的解决方案。工程师需要精通相关学科的知识来完成工程设计项目。因此，工程师在其整个职业生涯中需要持续学习。

工程师的任务是识别、理解和解释设计的约束条件，并根据每个设计选项的优点进行权衡，选择最符合要求的解决方案。一般来说，仅仅完成一个技术上可行的设计是不够的，这个设计还必须满足约束条件和功能需求。约束条件包括可用资源、物理条件、技术水平、未来的改进与升级，以及其他因素，如成本、安全性、适销性、生产率和适用性等要求。通过理解约束条件，工程师可以推导出一个可行的产品或系统的生产和运行的极限规格。

工程设计需要利用科学、数学、逻辑学、经济学知识，以及适当的经验或其他隐性知识来寻找合适特定问题的解决方案。为一个问题创建一个合适的数学或科学模型，通常是为了分析与测试潜在的解决方案。一个工程设计问题通常有多个解决方案，因此在选择最合适的方案之前，必须对不同的设计方案进行评估与权衡。有学者认为，妥协（权衡）是低层次工程设计的核心，而更高层次的设计是那些消除导致问题核心矛盾的设计。

在大规模生产之前，工程师通常会尝试预测设计是否符合规格，预测方法包括：原型、比例模型、模拟、破坏性试验、非破坏性试验和压力测试等。试验可以确保产品按预期运行，但前提是试验复现了实际使用环境。

工程师必须确保产品符合预期的性能，在设计中就必须包含安全因素，以降低意外故障的风险。对不合格产品的研究称为取证工程。取证工程试图确定失败的原因，以重新设计产品，从而防止失败再次发生。需要通过仔细分析来确定产品失败的原因。故障造成的后果在严重程度上也各不相同，比如机器故障带来的轻微损失到飞机故障造成的重大事故。因此在产品的全生命周期中，要根据不同程度的故障和意外事故调整设计方案。

正如所有现代科学和技术一样，计算机和软件也发挥着越来越重要的作用。除了典型的商业应用软件之外，还有许多专门针对工程的计算机辅助应用软件。计算机可以用来生成基本物理过程的模型，这些模型可以用数值方法求解。CAD软件是该行业中使用最广泛的设计工具之一。工程师利用 CAD 软件能够创建 3D 模型、2D 图纸和设计的示意图。CAD 与数字样机（Digital Mock-Up，DMU）和 CAE 软件（如有限元法分析或分析元素法）一起支持工程师创建仿真设计模型，同时不必制作昂贵且耗时的物理实物原型。这些仿真设计模型允许检查产品和组件的缺陷，评估配合和装配，研究人体工程学，并分析系统的静态和动态特性，例如应力、温度、电磁辐射、电流和电压、数字逻辑电平、流体力学和运动学等。所有这些信息的访问和分发通常需要使用产品数据管理软件来组织。还有许多工具支持特定的工程任务，如生成 CNC 加工指令的计算机辅助制造（CAM）软件、生产工程的制造过程管理软件、进行电子设计的 EDA 软件、维护管理的 MRO 应用程序和用于土木工程的 AEC 软件。近年来，使用计算机软件来辅助产品开发已经被统称为产品生命周期管理，即 PLM。

冯·卡门说，"科学家研究世界的本来面目，工程师创造从未有过的世界"。科学和工程实践之间存在重叠，一方面，在工程学中，人们应用科学；另一方面，科学活动和工程活动都依赖于对材料和现象的准确观察；同时，两者都使用数学和分类标准来分析和交流观察结果；再者，科学家可能还要完成工程任务，例如设计实验仪器或建造原型；相应地，在开发技术的过程中，工程师有时会发现自己在探索新的现象，成为工程科学家。

在《工程师知道什么以及他们是如何知道的》一书中，沃尔特·文森特指出工程研究具有不同于科学研究的特征。工程和物理之间存在着真实的且重要的联系，就像任何科学领域都与技术有关一样。物理学是一门探索性科学，它寻求原理知识，而工程学将知识原理用于实际应用。前者将物理理解等同于数学原理，而后者测量相关变量并创造技术。对于技术来说，物理学是一种辅助手段，在某种程度上，技术被认为是应用物理学，如使用纳维尔–斯托克斯方程的数值近似值来描述飞机上的空气动力流动，或者使用有限元法来计算复杂部件中的应力。此外，工程研究采用许多与纯科学研究无关的半经验方法，如参数变化法。

如经典工程教科书《固体力学基础》中所述，工程学与科学大不相同。科学家试图了解自然，工程师则试图制造自然界中不存在的东西。工程师强调创新和发明，为了呈现一项发明，工程师必须把他的想法具体化，并设计出人们可以使用的某样东西。某样东西可以是一个复杂的系统、设备、小配件、材料、方法、计算程序、创新实验、解决问题的新方法或对现有方法的改进。因为设计必须是具有现实性和功能性的，所以必须定义它的几何形状、尺寸和特征数据。

过去从事新设计的工程师发现，他们没有设计决策所需的所有信息。最常见的情况是，他们受到科学知识不足的限制。因此，他们学习数学、物理、化学和生物。他们经常需要增加与专业相关的科学知识。工程科学就这样诞生了。尽管工程解决方案利用了科学原理，但工程师还必须考虑安全性、效率、经济性、可靠性、可施工性或易于制造性，以及所在环境、伦理和法律因素，法律因素如专利侵权或解决方案失败时的责任。

工程和艺术之间存在联系，例如，建筑学、风景园林和工业设计，甚至这些学科有时可能包含在大学的工程系中。例如，芝加哥艺术学院举办了一场关于美国宇航局航天设计艺术的展览；罗伯特·迈拉尔特的桥梁设计被一些人认为是有意艺术化的；在南佛罗里达大学，一位工程学教授通过国家科学基金会的资助，开发了一门连接艺术和工程学的课程；在著名的历史人物中，列奥纳多·达·芬奇是文艺复兴时期著名的艺术家和工程师，是联系艺术和工程的典范。

工程师的设计目标是工业产品，是通过以工业产品的全生命周期为主线组织和展开的，因此支撑工程设计的工业技术体系，也是按工业产品全生命周期为主线来建立的。本章选取了商用飞机、汽车和战术导弹这三种行业特征鲜明的工业产品，以产品生命周期为主线阐述工业技术体系的各类活动，并以此为基础建立工业技术体系的主线和全貌。

工业产品的全生命周期描述了产品"从诞生到报废"过程中经历的各种状态，

涵盖了概念、需求（要求）、方案、工程研制、生产制造、运维保障、报废（回收）等环节或阶段。

对高端复杂产品实施全生命周期管理，即从产品的系统特性出发，对产品从需求论证到报废的整个生命周期过程中各阶段及各环节的活动，实施前后衔接、持续不断、首尾呼应、协调统一的管理，最大限度地节省费用，实现最佳的投资回报率。

各种与产品相关的业务活动推动着产品状态的变化，通常从业务活动的视角对产品生命周期进行阶段划分，在进行市场分析活动时，通常将产品生命周期分为导入期、成长期、成熟期、饱和期与衰退期；在进行产业组织活动时，通常将产品生命周期分为研发、制造和服务三个阶段。我国装备采办管理制度将武器装备产品的生命周期分为宏观论证、立项论证、方案论证、工程研制、生产部署、运行维护和退役等七个阶段。集成产品开发体系将产品生命周期分为概念、计划、开发、验证、发布和生命周期管理等六个阶段。ISO15288-2015标准将产品生命周期分为方案、工程研制、批产、运行、维护、退役等六个阶段。我国的航空工业部门在使用标准时，通常将运行、维护和报废三个阶段合并考虑，作为交付后的服务阶段。本书则采用这种划分阶段的方式。

本章将产品全生命周期分为四个阶段。第一阶段为方案阶段，产品在方案冻结之后，进入第二阶段，即工程研制阶段。产品通过前两个阶段，完成设计定型以及生产定型，之后开始批量生产，即进入批量生产阶段，也就是产品生命周期的第三个阶段。最后一个阶段是产品运行与维护维修阶段，即产品在交付之后，还会经历客户的长期使用过程，在使用过程中，需要对产品进行日常的运行管理，为了避免产品出现故障后影响使用，还需要对产品有计划地进行日常定期维护、维修甚至大修，直至产品报废或者被回收。

5.2 方案阶段

复杂产品研发是在缜密的产品研发体系中进行的。由工程技术部门主导的产品开发过程是产品研发体系的核心。系统工程手册为定义产品开发过程提供规范和指导。

在我国的装备采办制度中，方案阶段主要对应的是立项论证和方案论证。在我国商飞系统工程手册中，方案阶段的技术过程包括市场分析过程、利益攸关方需求捕获过程、功能分析过程、需求分析过程、设计综合过程、安全性评估过程和需求确认过程。在 ANSI/EIA-632：2003 标准中，方案阶段对应系统设计过程，包含需求定义过程与解决方案定义过程。在 SAE-ARP-4754A 标准中，方案阶段对应飞机功能开发、分配飞机功能到系统、系统架构开发以及分配系统需求到组件过程。在 INCOSE 系统工程手册 V4.0 中，方案阶段对应利益相关者需求定义、系统需求定义、架构定义以及架构设计过程。在 ISO/IEC15288：2015 标准中，方案阶段对应利益相关者需要与需求定义、系统需求定义、架构定义以及设计定义过程。在 NASA 系统工程手册中，方案阶段对应需求定义过程和技术解决方案定义过程。

总的来说，不管具体的技术过程如何划分，方案阶段都必须包含需求设计、概念设计和方案设计。需求设计是为了得到满足客户需求的产品构想及顶层要求。概念设计是为了论证顶层要求的技术经济可行性，并得到产品的技术方案。方案设计是为了定义产品，得到足够详细的产品方案，指导工程研制的开展。

方案阶段完成的标志是完成了可演示的工程项目而不是完成了实验；确定了任务范围和性能要求；选择出了认为最佳的技术途径；进行过彻底的综合权衡分析；比较了所提议方案和其他备选方案的成本；做出了可信且可接受的费用与进度评估。

飞机产品在方案阶段一般要进行三轮方案设计，每一轮方案设计都有飞机方案生成[一]。第一轮方案设计得到描述产品构思、满足基本技术和主要性能指标的"初始总体方案"。第二轮方案设计是对初始总体方案进行优化，得到具有技术和经济可行性的多个方案，然后通过权衡分析和方案选型过程选出一个"基本总体方案"。第三轮方案设计是"初步设计"，对所选出的方案进行更详细的分析和优化，经过初步设计评审后进行总体方案冻结，为下一阶段的工程研制做好各方面的准备。总体方案冻结是方案阶段结束、型号正式"上马"的标志。

导弹的方案阶段也可以分成三轮。

第一轮是根据作战使用要求分析导弹的功能要求，定义导弹的构型空间，分析构型空间并缩减备选项，选定若干种基型导弹方案，进行概要的总体参数设计。

第二轮是权衡空间分析，建立导弹性能模型，协调各分系统关键性能参数并进行参数敏感度分析，确定最可行的基本方案，并对此方案进行细化迭代，最终得到性能满意的导弹系统方案。

第三轮是制订技术路标规划，确定将要被集成进导弹系统的高新技术及其攻关需求，开展子系统方案的总体概要设计。

㊀ 每一轮方案设计的名称在不同的飞机公司过程中的名称不同，比如说第三轮方案设计，有的叫"初步设计"，有的叫"提出构型"，有的叫"产品定义"。从横向上看，工程研制阶段之前进行三轮设计是普适的。

5.2.1 第一轮方案设计：需求设计

1. 飞机的需求设计

第一轮方案设计实际上是需求设计，即产品策划与构思。飞机制造公司基于产品构思，在与航空公司交流互动中确定"要不要研制新型号、研制什么样的新型号、通过什么途径实现"等问题。

产品构思反映的是飞机制造公司对飞机产品未来发展的认识。产品构思始于某种创新的想法，例如"飞翼"，然后再去寻求这种创意能够满足的某种使用要求，最后开发出相对应的产品、工艺等。很容易看出，新型产品的构思中往往包含着重要的技术创新。此外，产品构思中也经常包含着对关键技术的选用。

飞机制造公司往往有很多天马行空的构思，但这些构思客户并不一定喜欢。因此，需要由市场营销部门进行市场调研活动以获知客户的想法，并进行市场容量预测和竞争环境分析。

飞机公司如果能就一个构思与航空公司达成顶层要求的共识，这就是研发项目的第一个重大进展。这份顶层要求未来将发展为"飞机型号规范"。其中，对飞机的技术方面的要求包括重量、载客数、载货数、起飞场长度、满商载航程、使用寿命、飞机航速、飞机噪声、跑道承载、装卸特性等。

比达成顶层要求共识更大的进展是获得新飞机研制项目的启动客户。启动客户会深度参与新飞机的定义过程，在飞机研制成功后会率先购买一定数量的新飞机。

有了顶层要求甚至启动客户，飞机制造公司就可以组织设计师定义一定数量的初始总体方案，以验证顶层要求的合理性和现实性，为下一阶段的技术经济可行性分析做准备。

初始总体方案设计的关键设计工作包括机身剖面构型设计、客舱布置、货舱布置、驾驶舱构型设计、后体构型设计、机翼构型设计、发动机选型、发动机短舱构型设计、发动机控制系统选型、飞机外形设计等。

初始总体方案设计的关键分析及计算工作包括载油能力计算、重量计算、ACN⊖计算、POP⊖计算、性能计算等。每个关键设计工作或分析计算工作都包含非常具体的专业技术内容。以机身构型剖面设计为例，具体的设计过程可分为10个步骤，分别是：选定标准人；确定座椅尺寸；确定客舱过道数目；确定客舱地板结构高度；确定货舱的装载形式及货舱高度；确定客舱内轮廓线及框内轮廓线；

⊖ ACN 是飞机等级号的英文缩写，表示飞机对具有一定强度的地基或基础上的道面作用的一个数字，规定为该飞机作用于道面的推导单轮质量的两倍，由飞机制造商提供。

⊖ POP 是飞行员操作程序的英文缩写。

剖面设计调整；设计乘客头顶行李箱；确定框的结构高度；确定机身剖面外形等。

机身剖面外形是飞机取得商业成功的非常关键的因素。空客 A300 的成功很大程度上就得益于对飞机剖面外形所做的正确选择，使飞机每排可以安装 8 个座位，在货舱中能装得下满足工业标准的 LD3 集装箱。波音 777 市场上的成功也说明了在机身剖面、装载量与客户舒适性之间达到最佳协调的重要性。我国的运 -20 飞机通过巧妙的剖面外形设计，解决了 99A 重型坦克的装载问题。

总之，飞机总体初步方案的设计作为支持市场调研和产品策划活动的技术工作，不仅需要大量的学科专业知识做支撑，更需要对飞机产品技术及其未来发展的深刻理解，能够快速、准确地在航司关心的"卖点"与实现卖点的"技术构型"之间建立联系。

2. 汽车的需求设计

汽车工业的全球化融入程度很高，产业链很成熟、市场很开放，每个主机厂都有非常完善的过程管理体系和基础资源，能够对汽车产品的生命周期进行非常详尽细致的描述，包括整车开发中的技术工作职能和各阶段的样车。

整车开发技术工作的职能角色非常清晰。在车企中，从事技术工作的角色包括工程开发验证类和制造类。

工程开发验证类角色负责整车开发所有的设计和试验活动，细分为系统及零部件设计、计算、电子电气设计开发、造型、试验等。制造类角色负责生产设施规划、中试和预生产工作安排、制造工艺、样车试制等业务，细分为制造规划、制造工程和试制等。

系统及零部件的设计可以按照系统及零部件如发动机、变速器、悬架、转向、制动等划分角色。设计人员是产品开发的主力人员。计算角色主要负责整车、系统及零部件的仿真分析，是整车及系统的性能分析与性能目标达成的责任单位，责任一般包括性能计算、结构强度刚度模态计算和热力学计算等。电子电气设计开发角色主要负责电子、电气、电控乃至车载软件的设计开发。造型角色主要负责产品的内外饰开发。试验角色主要负责整车、系统及零部件的功能、性能、可靠性和耐久性试验。制造规划角色主要负责生产设备、自制件工装的规划、设备调试和验收等。制造工程角色主要负责可制造性分析、工艺方案制定、中试和预生产管理等。试制主要负责对标车型拆解分析、样车试制及试制过程的质量问题协调等。

各阶段的样车用途也非常清晰。方案阶段的"骡子车"和"A 样车"；工程研制阶段的"B 样车""C 样车"和"PT 样车"；批产或伴产阶段的"量产车"等。

骡子车主要用来粗略验证一些结构、功能和性能。A 样车主要用来验证整车及各系统的尺寸结构及可装配性，测试整车及各个系统的功能和性能，从而进行整车数据标定，在认证节点十分紧迫的情况下用于整车的认证试验。B 样车主要用来对整车及系统性能进行复验，对整车及系统的可靠性及耐久性进行试验，对整车及系统进行标定，支持整车的认证试验。C 样车主要用来验证整车的装配工艺性，进行性能复验、可靠性及耐久性补充试验，以及管理层试车，还会进行参加车展等以展示为主的新车推广活动，也会进行整车及动力总成标定，以支持制造、物流及售后骨干人员培训。PT 样车主要用于验证主要自制件的制造工艺、整车的装配工艺，以及生产系统的制造能力和通量，支持展车、试乘试驾，以及质保路试和用户试验，也支持生产一线的人员培训等。量产车就是按照设计的生产节拍在整车生产线上生产出来的商品车。主要用于商品销售、量产性能评价和标定数据优化。

3. 导弹的需求设计

相对于商用飞机和商用汽车，导弹或制导兵器的零部件数量较少，但复杂度更高。导弹的方案设计非常难，主要体现在以下几个方面：

导弹的市场很封闭，产品的使用要求来自军事部门；专业技术体系很封闭，很多主要的技术领域比如毁伤、推进等在导弹产品之外的应用场景十分有限；产品的使用环境很复杂、使用要求非常严苛，对导弹性能提出了非常高的要求，这决定了新一代的导弹武器产品一定要集成很多高精尖技术，技术开发及技术集成的难度都非常大。

在第一轮的需求设计过程中，军方根据对作战能力的需求得到对导弹系统的作战使用要求，这是导弹总体设计的任务输入。作战使用要求一般包括性能指标、费用指标和作战指标。设计师使用质量功能展开（Quality Function Deployment，QFD）等工具分析导弹的弹体、推进、制导控制、作战效能、后勤保障等各方面的主要特性对满足作战使用要求的影响。这是"聆听客户的声音"。

与此同时，设计师从工程的角度出发，构建满足作战使用要求的导弹方案空间。这个步骤就是开脑洞、给配置，比如推进剂类型，可以选固体的、混合的或液体的，发动机形式可以选固发的或超燃冲压的，弹身类型可以选旋成体、乘波体或复合升力体，弹体材料可以选玻璃纤维、碳纤维、铝合金或钛合金钢等。这样每个导弹构型项都可以有多种选项，通过排列组合可以得到非常多的备选方案，可以构建"形态矩阵"表示这些方案，这代表了"工程的声音"。

接下来就要缩减方案空间，设计师根据前期工作以及以往的设计经验，判断选型的依据，比如说主要考虑弹体还是推进，然后结合基型导弹的历史数据和任务分析，得到几个备选方案。

得到备选方案后，构建选型决策矩阵并借助特定的评估工具对备选项进行排序，最终选出作为后期开发基线的初始总体方案，并进行总概要体参数设计。

总体概要参数设计主要通过一系列的计算工作完成，包括外形参数计算、气动特性计算、动力系统计算、导弹质量计算等。

5.2.2 第二轮方案设计：概念设计

1. 飞机的概念设计

在第二轮方案设计阶段，飞机设计和发动机设计有明显的产业分工，相应的方案设计工作有以下两条明显的主线。

一条主线是动力装置与机体的匹配。发动机厂商应提供所选发动机的性能数据、安装手册、型号说明、安装图以及所选发动机需要的飞机配置的指示系统和其他成品附件的建议。飞机制造公司、发动机厂商以及相关单位需共同协调设计配置与动力装置各系统的内部设备、短舱外形、动力装置的安装系统等。

一条主线是飞机方案设计，从初始总体方案出发，经过一系列的技术工作，得到能够提供比较准确的性能、成本及其他全生命周期动态特性数据，以支持多个方案的选型。本轮设计最突出特点就是"从综合到分析到优化"的持续迭代。

首先是进行总体参数设计与优化。根据初始总体方案并参照已有飞机，对气动性能及重量进行估计，然后根据估算结果对飞机执行指定任务的总重、推力、燃油量、机翼面积等参数进行估算，俗称"定参数"。然后就有了更加详细的三视图，供各技术专业进行初步的专业分析。

在大型机构中，对飞机的各种分析往往由各技术领域的专家进行，包括气动分析、重量分析、推力分析、操稳分析等。分析往往是针对确定的方案而进行的，从分析中得到的信息可以启发设计者更好地修改设计。

分析的结果可用于新一轮的定参数，然后再进行方案性能计算，再分析，再定参数。在这样的迭代中，经常会使用优化技术。经过不断迭代，设计与分析逐渐扩大到几乎所有的技术专业，每个专业都应该通过分析以保证设计方案在专业范围内满足了设计要求。

本轮设计要拿出多个技术方案，并分别论证其可行性。然后选定一个满足飞机总要求的基本方案，这是飞机研发过程中非常重要的一个战略决策过程。这个决策的依据包括拟采用的关键技术、全生命周期成本、大部件运输方案、制造和工装方案等。

本轮设计的关键设计（综合）工作包括飞机总体参数设计及优化（权衡研究）、气动布局设计及优化、几何外形设计、总体布置与协调、结构初始布置与强度预估、驾驶舱总体方案设计、主动控制与电传操纵总体方案设计、机场适应性与起落架漂浮性设计、主要电子电气系统构型方案、主要机械机电系统构型方案等。

本轮方案设计的关键分析工作包括重量与平衡分析、气动力分析、性能操纵性稳定性与飞行品质分析、强度估算、成本分析及使用经济性分析等。

在技术工作之外，还需要进行新技术、新材料、新工艺、新标准应用的可行性研究，确立设计原则以及确定需要进行技术攻关的关键技术。同时，需要制订研制力量配置方案、研制组织构建方案及前期实施方案，还需要进行设计手段、试验、试飞和生产条件建设规划，以及总体布局定义文件编制等工作。

本轮设计不仅严重依赖设计者的知识经验，更依赖数字化设计技术的应用。最典型的应用场景包括多学科优化与设计技术在飞机参数设计及权衡研究工作中的应用、数字样机技术在飞机几何外形设计及总体布置与协调工作中的应用、计算流体力学（Computational Fluid Dynamics，CFD）技术在气动布局设计及气动力分析中的应用、飞行仿真技术在飞机总体性能操稳及飞行品质分析中的应用等。其他常用的数字化设计技术包括基于模型的定义、飞机总体参数数据库、飞机重量数据库、气动力工程估算技术、虚拟现实技术等。

2. 汽车的概念设计

对于汽车来说，在概念设计中，工程开发验证类的角色要完成竞品技术对标分析、确定先行技术整合方案、完成产品需求规格书与开发范围策划、协助完成关键供应商合作意向书、提出对标样车的采购需求等。制造类的角色要完成初步的制造方案报告。

再往下细分，设计类的角色要进行产品技术对标分析；确定模块化开发策略；细化整车、系统及零部件的技术方案，完成整车特征清单；发布第一版物料清单（Bill of Materials，BOM）；从技术角度确定关键零部件的候选供应商；发布骡子车的设计数据。计算类的角色要完成性能对标分析，骡子车的初步计算分析；初步确定整车性能目标。电子电气类的角色要初步确定架构开发供应商资源。造型类角色要完成造型趋势分析报告和创意草图，并确定造型方向。试验类角色要编制对标试验分析计划，并完成骡子车整车及零部件的试验。制造规划类角色要确定生产地点及主要工装、设备。制造工程类角色要完成骡子车的可制造性分析及新技术的可制造性分析。试制类角色要完成骡子车的试制以及对标车型的拆解分析，用来进行重量测量和成本估算。

3. 导弹的概念设计

对于导弹来说，本轮设计首先要做的就是在初始方案的基础上，充分探索导弹方案的权衡空间，研究关键性能参数对导弹性能的影响。这种分析的基础是构建大量的机理模型，常见的机理模型类别有导引头探测和识别性能模型、导航性能分析模型、飞行控制性能分析模型、导弹动态特性模型、速度–射程–飞行时间–发动机推力分析模型、初始质量影响分析模型、增速段末速影响分析模型、机动性能影响分析模型等。性能指标的提升与优化方法密不可分，在这个时候还要做很多与优化相关的工作，比如实验设计（Design of Experiments，DOE）、参数敏感性分析、响应面分析等。

本轮方案设计最显著的特点就是难，不确定的因素非常多。任何复杂产品的方案设计都很难，但导弹武器的方案设计尤其难。很多时候，性能提升的空间在于对科学机理更透彻的认识，有非常多的计算与分析任务交织在设计过程中，技术攻关和方案设计工作紧密结合。设计工作的水平与综合分析优化一体化数字环境的条件保障密切相关。

5.2.3 第三轮方案设计

1. 飞机的第三轮方案设计

对于飞机产品，本轮方案设计从上一轮得到的"基本总体方案"出发，进一步细化、迭代和开发飞机方案，最终在整机层面上冻结飞机方案。

在这一轮方案设计中，关键的技术工作过程包括总体布局设计与协调、全机及主要部件的详细气动力设计、建立全机和部件的几何外形数学模型、进行风洞试验和全机气动力工程计算、重量和平衡控制、飞行力学分析和计算、噪声控制、结构强度分析与计算、航空电子电气系统初步设计、航空机械系统及机载设备初步设计、推进系统初步设计等。

总体气动布局设计和协调，主要包括三项工作内容。一是确定和论证总体气动布局，对机翼、机身、尾翼、操纵面、发动机短舱、吊挂及起落架等大部件进行详细设计。二是完成各种总体设计图及相应的论证报告，包括飞机三面图、客舱布置图、框距开口图、蒙皮分块图、全机口盖图、地面机动图、驾驶舱仪表板布置图、分舱图、全机及部件结构布置图、全机交点图、动力装备安装图及地面服务车接口图等,还要完成部件平面形状的定义图。三是基本完成全机协调工作,包括驾驶舱、起落架舱、旅客舱、电子设备舱、货舱以及管路、导线的大致走向等重点区域的协调。

全机气动力详细设计要充分利用CFD技术实现高速机翼、高升力增升装置、推进系统与机身一体化设计等先进气动力技术。

几何外形设计要建立全机和部件的几何外形数学模型,完成全机和部件的理论图,为风洞模型和工厂型架制造提供精确的几何外形数据。

结构强度方面的工作包括飞行载荷的初始计算,全面展开地面载荷、应力、刚度、气动弹性、疲劳和颤振等方面的工作,进行结构的初步设计与分析,包括主要结构打样图、传力路线分析等。

在本轮的方案设计过程中,除上述技术工作之外,飞机制造商还要编写各种设计指令文件和工艺材料规划文件,建立展示样机、工程模拟器和用于协调的数字样机,以及准备申请型号合格证,建立质保体系并进行安全性、可靠性和维修性的初步设计等。

在通过初设计评审后,就要冻结总体方案并组织落实,主要的工作包括冻结总体方案,编写总体布局定义或型号详细说明书,提出飞行试验要求与规划,实施试验条件、新工艺及其他生产条件,制订设计工作分工和工作包等。

在本轮的方案设计中,设计工作全面开展,设计部门、制造部门和使用部门都要参与进来,适航也要逐步参与进来,共同开展并行工程。

本轮的方案设计工作依赖于数字样机技术、CFD技术、飞行器建模与飞行仿真技术、有限元分析技术等数字化设计技术的充分应用。

2. 汽车的第三轮方案设计

对于汽车产品,需要对产品策划阶段制定的技术方案和目标进行细化设计,得到多个方案,并从中选出最优方案,进而锁定技术方案、造型方案和详细的性能目标。

在本轮方案设计中,关键的设计工作有以下几个方面。

1)锁定整车构型信息,进行"车身-悬架-动力总成"的大总成匹配协调。

2)确定风阻、操纵稳定性、动力特性等关键性能目标。

3)完成并冻结3D数据模型,包括整车结构设计方案确定,绘制骨架模型,布置大总成及通用件,冻结关键特征点,专用件3D设计、仿真分析及优化,完成数字样机检查,3D数据冻结等。

4)完成所有产品设计失效模式及影响分析(Design Failure Mode and Effects

Analysis，DFMEA)，编制特殊特性清单，确认系统及零部件性能目标。

5) 进行汽车造型开发，绘制产品效果图、计算机辅助造型（Computer Aided Styling，CAS）面数据、全尺寸模型，进行造型空气动力学分析及计算，进行造型结果的工程及工艺可行性初步分析等。

在本轮方案设计中，关键的计算工作包括尺寸链及间隙计算，整车动力性、经济性及动力总成匹配计算，热管理计算，NVH（Noise、Vibration、Harshness，噪声、振动与声振粗糙度）计算，碰撞安全计算，结构强度、刚度、模态、疲劳计算，子系统匹配分析计算和车身气动计算等。

本轮方案设计完成后，就可以冻结整车设计方案，发布 A 样车工程数据，进行 A 样车的试制和试验。A 样车工程数据主要包括工程图样、DFMEA 文件、汽车特殊特性清单、设计检查表、采购件技术协议、法规符合性自查表以及电子电气技术文件等。

3. 导弹的第三轮方案设计

导弹方案的设计，有两个重要内容。

一是重点关注导弹作为飞行器的性能。在总体性能设计的基础上完成对导弹气动外形、结构布局和推进系统的设计，并通过计算对导弹总体性能参数进行验证。在这个过程中要算出导弹的总体设计参数、气动外形参数、结构布局参数、推进系统参数。这些参数间的关系非常复杂，气动外形约束了结构布局的部位安排，部位安排反过来又会影响气动外形，气动外形和部位安排又约束发动机的长度和质量，三者又共同影响弹道。这是个由粗到细、反复迭代的过程。

二是关注导弹作为精确制导武器的性能，即制导精度和杀伤概率。这个阶段主要进行制导控制系统、导引系统和引战系统的方案设计，并对获得的总体性能参数进行评估，以确认全面满足战术技术要求。

对于导弹来说，在本轮方案设计中要做技术路线图规划的工作，以及安排关键技术的成熟度提升计划和型号项目开发的技术计划。本轮方案设计的技术工作主要是进行分系统的概要设计。分系统概要方案设计是为了给下一阶段的分系统方案设计提指标。

以制导系统概要方案设计为例，设计的输入信息来自方案论证以及总体方案设计的对应部分。制导系统概要设计的工作包括制导控制系统总体设计、制导部件指标分配及制导控制系统建模、飞行控制系统参数设计与优化设计、制导控制系统精度分析、制导控制系统鲁棒性设计验证等。在这个过程中，要建立制导控制系统的原理性数学模型，给出制导控制系统原理结构图，进行理论弹道设计及计算、飞行控制律设计及计算、动态补偿规律设计及计算、控制弹道方程式推导及控制弹道计算、精度计算等。在此基础上提出制导设备任务书及有关接口参数的协调要求。

方案阶段完成的标志是完成了关键技术攻关，完成总体方案论证报告并通过评审，确定了初样机研制要求。

5.2.4 方案阶段的重要性

1. 方案阶段承接工业技术创新

工业技术创新的成果需要通过新产品开发项目才能转化成商品和服务投放到市场。在方案阶段要决定产品开发项目拟采用的新技术和新工艺，有时还要通过方案阶段的工作推进新技术的技术成熟度。在集成产品开发（Integrated Product Development，IPD）体系中，推崇技术开发项目和产品开发项目的"分离"或"互锁"，是为了降低产品开发项目的不确定性并缓解风险。这种理念适用于技术水平很高、专业分工很细的技术环境。

在武器装备研制过程中，往往通过预研项目为新型号研制储备新技术。

武器装备研制中的预先研究项目，是为研制新型武器装备或改进现役及老旧武器装备提供技术储备所采取的科研措施，目的是为武器装备型号研制做好前期的技术准备，并提供配套的关键技术。预先研究通常包括应用基础研究、应用研究和先期技术开发三方面内容。

应用基础研究是对新思想、新概念、新原理的探索性活动，目的是为装备产品研制提供新的技术理论基础。研究成果通常以科技报告、论文、科技论著的形式提供。

应用研究是探索基础研究在军事方面应用的可行性及实用性的科学活动，目的是为武器装备研制提供技术基础。研究对象一般不涉及特定系统，通用性较强，一般以可行性报告、试验报告、试验样品、原理样机等成果形式为决策机构提供技术信息。

先期技术开发是在技术可行性分析的基础上，通过专用元器件或分系统原型研制、测试试验、计算机仿真、先期技术演示等方法，验证武器装备可行性和实用性的研究开发活动，目的是为武器装备研制提供技术依据，这类研究一般属于近期项目或具有型号研制背景的项目，通常以部件、分系统原理、示范性工艺流程、验证或鉴定性试验报告等成果形式为武器装备型号研制提供可靠的实用技术。先期技术演示是先期技术开发的核心，其目的是验证预研成果的成熟性与实用性，保证向武器研制部门输送合格的产品。

在民品研制过程中，也有大量的先期技术开发项目。以汽车工业为例，车企定义的技术通常是指一些具有较为领先理念的核心零部件、控制策略、工艺、材料等。一般都是通过项目的方式推进技术开发。技术开发项目可以很大，涉及很多部门或产业链上下游的材料供应商、零部件供应商、生产厂，也可以很小，小到一个人就能独立完成。

2. 方案阶段连通市场与技术

按照 IPD 产品开发体系的建议，方案阶段需要市场管理体系和工程技术体系的对接。从工程设计的角度看，工程技术体系立足于产品开发，与市场和技术资源对接。市场、方案和技术资源这三个方面直接决定了产品的形态。

市场是客户的代表，客户的需求是源源不断的，市场的需求收集是常态化的、持续的。技术和平台管理是技术环境的代表，技术来自预研、引进、标准化、技术货架及技术平台。

对于产品开发来说，从风险管理的角度出发，技术应该是可用的资源，而不是在本项目内要通过攻关解决的问题。因此，技术体系也可以看作一个常态化的资源供给机制。技术开发项目完成后，技术体系应该作为资源供产品开发选用。

产品开发是也是通过项目方案进行的，方案阶段的任务是通过工程设计将可用的技术转化为满足客户需求的产品。这里面包含了两种转化，先是将客户需求转化为产品功能需求，明确产品要为客户带来的效用，产品需要做什么事，这是卖点分析；然后是将产品功能需求转化为技术需求，明确实现产品功能的模块和实现该模块的技术特性，这是技术点分析。

以导弹方案设计为例，经过卖点分析后会得到这样的描述："客户需要的武器系统中包含火力打击系统，火力打击系统的核心是导弹系统，导弹系统具有直瞄射击、超视距攻击的能力，需要有远射程、高精度、发射前及发射后目标锁定、末段寻的、手动或自动跟踪目标的功能。"而经过技术点分析后会得到这样的描述："上述功能由导弹制导的子系统实现。制导子系统包含图像导引头、弹载计算机、捷联惯导装置、弹载光纤组合件、弹载端机等部件（功能模块）。图像导引头的主要技术特征是总体集成优化技术、国产化小型化成像探测器技术、高精度平台稳定与控制技术、数字视频处理技术、复杂背景条件目标识别与跟踪技术等。"

站在产品方案设计的角度，市场提供需求，这个需求转化为产品的开发目标。技术提供手段，这个手段转化为产品的物化实现。产品是目标和实现的结合体，一半是"商品式样"，一半是"产品式样"。

商品式样是体现客户愿意为产品买单的"效用"和"满足感"的东西。导弹例子中体现这一点的是"导弹系统具有直瞄射击、超视距攻击的能力，能够实现火力打击"。对于汽车零部件来说，应可以给主机厂带来喜悦感、给车载系统提供必要功能和性能。

产品式样是基于商品式样转换成的可物化实现的表现形式，需要描述功能、性能、可靠性、外观、美感、重量等品质属性。在汽车零件的领域中，产品式样是将汽车主机厂要求的商品式样转换成定量数据，考虑整车环境和市场环境，充分研究安全系数和余量，以实现实物落地的式样。在导弹例子中，就是图像导引头及其包含的探测器、光学镜头和稳定平台等组件。在整个产品开发过程中，上游的产品式样是下游的商品式样。

在 IPD 产品开发体系中，常用 \$APPEALS⊖分析模型和 BAFF⊖分析模型支持这两种转化，得到商品式样和产品式样"是什么"的答案。但是对于工程技术体系，这种答案只是开篇。接下来的工作带着共同的标签：并行交叉，反复迭代。

3. 方案阶段融合创意与技术

方案阶段是整个产品开发过程中非常困难且重要的阶段。方案设计之所以难，是因为既要通过设计活动，以尚存于构想中的产品去协调代表着社会的市场与代表着物质的技术之间的关系，还要发挥工程的力量，在具体的问题点上跨越人文、艺术和科学的壁垒，将技术创新的力量转化为对人类生活的改善。

这是一个星光璀璨的领域，不管是否隐姓埋名，事实就是几十个人的小组可以决定一个行业的水平甚至影响一场战争的走向。以战术导弹为例，方案设计涉及系统总体设计、空气动力学、推进系统、结构、性能、制导与控制、导引系统、引战系统、系统效能、成本等多个领域，每个技术领域需要 2～4 名设计师，整个设计小组约 20～40 名设计师，整个设计小组在总设计师的领导下工作。这样的小组如被"飞鱼"击沉的谢菲尔德号以及被"海王星"击沉的莫斯科号，都是相当强的存在。

这是一个"不惟上只唯实"的领域。导弹好不好，打了才知道。总体要对分系统提指标。方案设计做不好，提出的指标不合理，分系统往往不会接受总体的"瞎指挥"，经常演变为分系统"向上"协调总体。

⊖ \$APPEALS：价格（\$ Price）、可获得性（Availability）、包装（Packaging）、性能（Performance）、易用性（Ease of use）、保证（Assurances）、生命周期成本（Life cycle costs）、社会接受程度（Social acceptance）。

⊖ BAFF：包含好处（Benefits）、优势（Advantage）、功能（Function）、特性（Feature）的一种产品特性分析方法。

这是一个蕴含着"杠杆"的领域。方案阶段以 5% 的投入决定了产品 80% 以上的品质。方案阶段埋下的"坑",到了产品开发后期可能要付出成百上千倍的代价才能勉强填平。即使不相信改善方案阶段可能带来的收益,也一定要了解忽视方案阶段将要付出的代价。

5.3 工程研制阶段

武器装备的工程研制阶段是武器装备由方案到实物的转化过程。工业部门通过竞标获得有关武器装备的研制权利,并接受武器装备管理部门的指导与监督,按合同提交合格的新产品。进入工程研制阶段,武器装备就开始了全面研制。

经过工程研制阶段,应该产生三个方面的结果。一是产生满足委托方要求的,可供部队试验或试用或直接使用的少量产品;二是产生与之相配套的设备、技术材料;三是能够为生产部署进行技术资料准备和技术储备。

在工程研制阶段,工业部门根据获批的《武器装备研制任务书》进行设计、试制及科研试验。除了飞机和舰船等大型产品,武器装备产品一般要经过初样机和正样机两轮研制。一般来讲,初样机的重点是功能正确、结构协调;正样机的重点是性能达标、品质优良。

5.3.1 详细工程设计、工艺设计、试制和试验

工程研制阶段的工程设计必须包含以下三个方面的设计内容。

(1)详细工程设计。工程研制阶段的详细工程设计,就是完成系统、分系统、设备、零部件等生产所需要的图纸,研制系统软件,形成产品规范、工艺规范和材料规范。

(2)保障要素设计。进行综合保障要素的详细研讨,部分要素如备件、试验设备、技术手册等,要提前设计并生产出来,以保障研制试验和使用试验的进行。

(3)试验方案设计。在工程研制阶段的试验主要有研制试验、使用试验和保障试验,这些试验都需要事先进行方案设计。

经过工程研制阶段得到的武器装备系统,不仅要满足系统性能的要求,更要满足系统效能的要求以及寿命周期和费用的要求。要保障性能、效能与可靠性、维修性、保障性,以及进度、费用占比之间的优化平衡。

系统级的设计权衡工作是在方案阶段进行的,因此在工程研制阶段最重要的是落实《技术规范》《研制计划书》以及《研制任务书》规定的内容。

在进行了若干轮工程设计到试制再到试验的迭代和必要的评审后,就可以进

行设计定型。设计定型后，再经过小批量生产并投入部队试用，就可以进行生产定型。

战略武器的研制，一般结束于设计定型。常规武器装备的研制，一般结束于生产定型。卫星和空间航天器的研制，在设计定型后，还会经过很长时间的、好几轮的运行与改进。

在工程研制阶段，数字化技术的应用已经成为最基础的条件保障要求，MBD技术引用和用仿真代替试验是其中最典型的应用场景。

MBD起源于通过三维设计技术实现的数字样机。

工业发展史就是实物制造的历史。爱迪生试错法是根据设计蓝图和生产工艺造出实物产品，反复实验、测试，来满足产品的功能和性能要求。计算机和软件的出现改变了这一切。1980年，达索公司三维交互设计软件CATIA之父弗朗西斯·伯纳德（Francis Bernard）开创了曲面设计及简单实体设计，造型功能强大，通过操作光笔在计算机屏幕上用三维曲面和简单的实体的表现形式，远远超过过去的表达形式，奠定了世界工业设计从二维图纸到三维建模的转变。

随后，达索公司使用简单的三维建模技术生产了飞机零件部件组件。1986至1990年间，波音公司使用三维建模技术进行飞机装配验证，并形成了大量初步规范来指导三维设计的使用。随着计算机性能的提高，集成电路的小型化，以及计算速度的提高，UNIX工作站出现，三维设计成本大幅降低。

1990年，世界第一台数字样机波音777研制启动，波音777的结构件300多万个、标准件1500多万个，采用了全三维数字化设计技术和预装备技术，3000台三维设计工作站做零件设计，还有200台做装配设计，取代了过去新飞机设计需要成千上万人的手工画图工作。通过全三维数字化设计，波音777飞机研制周期缩短了40%，减少了50%返工量。低价生产出来的777机型的质量却比已经生产了400架的747机型质量还好，成为历史上最赚钱的飞机。

1999年，中国"新飞豹"飞机要求在两年半时间飞上天，因此研制周期只有常规进度的一半，传统的设计手段满足不了要求，最后决定采用全三维数字化设计、数字化装配，做出中国的全数字化设计的飞机。从组织到技术的突破，使得新飞豹原本两年半的设计周期缩短为一年，新飞豹总计54000多个结构件，43万个标准件，工程更改单由常规的六七千张减少至1082张，最终，新飞豹按要求的两年半时间飞上了天。新飞豹比波音777晚了九年，但是新飞豹的数字样机已相当于波音777的水平。新飞豹是中国第一架全机数字样机，也是中国数字化的开始。

2004年启动的波音787项目中，波音公司基于网络建立了关联单一数据源的核心流程框架，通过全球协同工程平台（Global Collaboration Environment，GCE）全面应用MBD技术，将三维的产品制造信息（Product and Manufacturing Information，PMI）与三维的设计信息共同定义到产品的三维数字化模型中，使CAD和CAM实现了高度集成，将工程人员从二维工程图纸中解放出来。波音公司作为上游企业，在合作伙伴中全面推广使用MBD技术，使波音及其主要承包商全面过渡到了MBD技术体系。

5.3.2 用仿真代替试验

搭载两名宇航员的SpaceX猎鹰九号（Falcon 9）运载火箭成功升空，并实现在海上回收一级火箭。SpaceX快速崛起的背后，也必须从数字样机说起。三维模型最重要的是机械结构，该结构包括静力、动力、强度、疲劳等性能，以前这些性能是要靠实验来检测的，现在利用三维数字化模型进行虚拟实验。猎鹰九号成功的核心就是用三维数字化建模的方法注入材料数据，然后通过大量的仿真分析软件，用计算、仿真、分析或者称为虚拟实验的方法来指导、简化、减少甚至取消物理实验，这就是智能制造的高层次问题。

火箭发射出去后扔掉的捆绑火箭，靠爆炸螺栓和主火箭连接，到一定高度后引爆螺栓释放卫星，这使得贵重的金属结构爆炸以至于不能回收使用。马斯克想用机械结构的强力弹簧实现弹射分离，从而回收火箭。历史上大量的相关实验，但受限于早期计算机能力、软件、材料，都没有成功，但产生了大量的实验数据。马斯克的弹射分离实验用了NASA的大量公开数据，利用计算机建模仿真，分析强力弹簧的弹射、弹射螺栓，没有做一次物理实验，最后弹射螺栓分离成功，火箭外壳的回收大幅度降低了发射的成本。

5.3.3 供应商、主机厂和工程师

1. 零部件设计交给供应商完成

从行业分工的角度看，零部件的详细设计工作一般由供应商体系完成，主机厂或总体负责结构装配、系统集成、样机试制和试验。

在我国武器装备生产领域，从工程研制阶段开始便采用构建供应链的模式，与分系统、配套单位及供应商展开协作，这体现了我国军工行业工业基础从垂直一体化转向横向一体化的巨大进步。

我国武器装备的层次结构一般划分为系统、分系统、设备/单机、部件/模块、零件/组件/元件这五层。IPD中提出了七层产品货架的概念，将产品的层级

结构划分为系统、子系统、整机、单机、部件、组件、器件/芯片/原料。产业链就是依据产品的层级结构形成的，主机厂的供应链也是围绕产品的层级结构构建的。

方案阶段通过系统设计将要求分配到分系统的硬件和软件。工程研制阶段则要设计并试制下层的零件、部件，然后集成为设备、分系统乃至系统。因此，如果说方案阶段要看总体的系统工程能力，那么工程研制阶段主要看的是分系统和配套单位以及整个产业链的产品实现能力。

IPD 对这一点进行了区分，不同的产品层级，开发过程是不同的。一般来说，系统和子系统走定制过程；单机和整机走产品开发过程；共享部件和组件走平台开发过程或技术开发过程；器件及技术的开发走技术开发流程。

接下来以商用飞机为例，根据 ATA 手册的标准分解飞机产品结构。

飞机产品的分解分为系统和结构两个部分，其中，结构部分的机体，由机身、尾翼、机翼三个部段组成；机翼由蒙皮、长桁、大梁、翼肋、壁板、固定件等零部件组成。系统部分包括环境、航电、电气、客舱、机械、推进等。而每个系统又可以划分为若干个分系统，这是系统和分系统的层级。

在导弹武器系统中，导弹和武器站都可以看作系统，也可以进一步划分为若干分系统。以导弹的飞行控制系统为例，导弹的飞行控制系统由导引头、引信、捷联惯导装置、飞行控制器、发动机点火控制器、舵机、弹载端机及光纤组成。其中，导引头、引信、捷联惯导装置、舵机、弹载端机及光纤都属于模块/组件/设备这一层级，有专门的厂商从事这些产品的研制工作。

导引头又可以分成探测器、光学镜头和稳定平台，这就属于零部件层级了，也有专门的厂商从事这些产品的研制工作。

做导引头的厂商又会从其他厂商那里采购各种标准件、传感器、材料、电子元器件等，有时候还会将一些非标准件的加工工序如金属件切削，外包给其他厂商。

2. 主机厂做整机样机和产品验证

主机厂在全部零部件设计完成后，要进行试制、试装配和样机试制等工作。

以汽车为例，在工程研制阶段，主机厂一般要进行三轮样车试制。一轮是用于设计和验证的 B 样车，这是第一版主体采用模具件装配出来的样车，装配地点通常为试制车间。一轮是用于生产准备的 C 样车，是采用工装样件（Off Tooling Samples，OTS）认可样件，在中试车间装配出来的样车。一轮是用于试生产的原型（Prototype，PT）样车，是第一版采用生产件批准程序（Production Part

Approval Process，PPAP）零部件装配形成的样车，装配地点为正式生产线。

以航天单机产品初样机为例，在设计、工艺、试验验证等方面都应产出符合要求的成果。

（1）在设计方面

按飞行条件完善产品研制技术要求，细化产品的功能、性能参数和指标要求，明确产品使用限制条件、工作环境约束条件、接口要求等。完成产品工程样机的设计和验证工作，形成相关设计成果；针对产品工程样机完成可靠性建模、预测、产品故障模式与影响分析、飞行环境适应性分析等相关可靠性设计分析工作。

产品设计须符合研制技术要求：工程样机通过试验考核验证，表明各项功能性能指标能够满足飞行要求；通过鉴定级飞行条件试验，检测参数与所确定的产品功能、性能参数一致，实测指标与考核要求吻合，以证明符合研制技术要求。

形成符合过程要求的设计文件，包括设计任务书、技术要求、接口文件、技术说明书、原理图、安装图、明细表、产品规范（技术条件）、地面设备配套表、可靠性预计报告、产品故障模式与影响分析报告、飞行环境适应性分析报告等。

（2）在工艺方面

按照飞行要求完成产品工程样机的工艺设计和验证工作；完成产品设计的工艺性审查，完成后续产品生产的工艺设计工作；完成专用工装的设计、制造和验证工作。产品工艺经鉴定试验验证，能够实现设计要求。应形成的工艺文件包括产品工艺流程及配套工艺规程、关键工序明细表、专用工艺装备明细表、专用工艺设备设计文件等。

（3）在试验验证方面

完成产品地面试验验证工作，包括性能试验（如电性能试验、物理性能试验等）、鉴定试验（如温湿度环境试验、加速度试验、振动/冲击试验、声试验、真空放电试验、微放电试验、热真空/热平衡试验、温度循环试验、压力试验、检漏试验、电磁兼容试验、磁试验、空间辐照试验等）、可靠性试验（如环境应力筛选试验、可靠性研制/增长试验等）、寿命试验（如1∶1寿命试验、加速寿命试验等）。

形成试验验证文件，包括工程样机各类地面试验大纲、试验方案、试验规程、试验监测记录、试验报告等。确定产品验收要求、验收试验方案和验收试验技术条件。有初步策划的产品飞行试验考核方案。

3. 靠工程师群体的执行力

不管是主机厂还是供应商，在工程研制阶段起主要作用的都是工程师的执行力，它依靠工程师群体的专业技能，能够体现工程技术体系的实力。

绝大多数工程技术人员的战场就在工程研制阶段。在军工企业，重要的分系统技术负责人可能会是副总师，单机产品和重要的模块的技术负责人可能会是主任师，然后就是分布在各专业技术领域的主管设计师以及干"杂活儿"的设计员。他们每天的工作，可能是做各种协调（协调指标、协调项目计划进度、协调供应商）、各种设计计算、各种图、各种分析建模仿真，以及跑车间、跑现场、做试验、写报告等。

可以对这些工程师做个简单的画像。

综合专业的工程师，他们的专业离总体更近，天然具备成为总师的潜力，除了本专业工作外，还要负责与总体的协调工作，比如飞机技术体系中的气动专业和性能专业，战术导弹技术体系中的导航、制导与控制以及推进专业，雷达技术体系中的电磁场、天线以及信号处理专业，核电技术体系中的压力容器及热工专业，车辆技术体系中的动力以及造型专业，通信技术体系的网络协议专业等。还有一类工程师，他们从事的是可靠性、安全性、保障性等工程综合以及质量专业的工作。近年来随着数字化技术的飞速发展，还有一类工程师专门从事数字化技术在设计制造中的应用研究。此外，就是从事试验、试制的工程师。

详细设计类的工程师，一类是做结构设计的工程师，涵盖结构、振动与冲击、复合材料等专业；一类是机械类的工程师，涵盖机、电、液、气等多种专业；再一类是所谓的精密机械、仪器仪表等工程师，涵盖光、机、电、热、磁、气、量子等专业。

电子类工程师通常分为做软件的和做硬件的。近年来，随着FPGA、微处理器以及其他芯片的大量应用，基于特定操作系统做嵌入式开发的工程专业人员越来越多。随着越来越多的产品追随F35战机、苹果手机、大疆无人机以及特斯拉汽车的脚步，朝着"智能网联"的方向发展，有越来越多的工程师投身于为智能网联产品开发应用软件的行列。

生产制造类的工程师做工艺设计、工装设计、产线设计和工厂设计。

5.3.4 赋予产品高质量

工程研制阶段是赋予产品高质量的关键时期。工业企业是否具备"造质量"的能力，要看三方面的工作。

1. 建设质量管理体系

质量管理工作体现于对质量管理体系的建立与实施。各行业的主机厂都建立了质量管理文件体系和过程体系，供应商想和主机厂做生意，就必须符合主机厂的质量管理体系要求。

为了消除贸易壁垒，促进经济发展，从整体上全面提高新兴市场经济体的产品质量，1979年，国际标准化组织（ISO）成立了质量管理和质量保证技术委员会（TC176），负责制定质量管理和质量保证方面的国际标准，形成了1987版的 ISO 9000 系列标准。该标准在发展历程中经历了多次改版，特别是从 2000 版 ISO 9001 开始提出了过程方法，并将其纳入质量管理原则加以贯彻，使得全球质量管理步入系统管理阶段。

一般工业企业通过对 ISO 9000 系列标准的贯彻，建立自身的质量管理体系，但这只是最低的要求。一些行业的质量管理组织为了满足本行业质量管理体系的要求，纷纷采用"A+B"模式，在 ISO 9000 的基础上增加本行业质量管理体系的特殊要求。航空行业一般遵循 AS 9100《质量管理体系 – 航空、航天和国防组织的要求》，汽车行业一般遵循汽车制造商协会（International Automotive Task Force，IATF）制定的 16949《汽车生产件及相关服务件组织的质量管理体系要求》，通信行业一般遵循 TL 9000《通信电子行业质量管理要求》等。我国军工行业一般也都要进行 GJB 9001 和 GJB 5000 的贯标及认证。

2. 落实质量设计准则

应用和贯彻能够提升产品质量的设计理念和方法。其中对设计理念和方法的应用体现在设计过程、设计准则、工作步骤等方方面面。常见的能够提升产品质量的设计方法有质量功能部署（QFD）、6 西格玛设计、田口方法、面向 X 的设计等。

以田口方法为例，田口方法强调产品品质的提高不是通过检验，而是通过设计。其基本思想是把产品的健壮性植入到产品设计以及工程和制造过程中，通过控制源头质量来抵御大量的下游生产或顾客使用中的杂讯以及其他不可控因素的干扰，这些因素包括环境湿度、材料老化、制造误差、零件间波动等。田口方法不仅提倡充分利用廉价元件来设计和制造高品质的产品，还强调使用先进的试验设计（DOE）技术来降低设计试验费用。

田口方法提出了"三次设计"的理念。第一次设计是系统设计，选择一个基本的模型系统，确定产品的基本结构，使产品达到所要求的功能，包括材料、元件、零件的选择以及零部件的组装。第二次设计是参数设计，对各零部件参数进行优化组合，使系统的参数值实现最佳搭配，使产品输出特性的稳定性好、抗干扰能力强、成本低廉。第三次设计是容差设计，进一步分析导致产品输出特性波动的原因，找出关键零部件，确定合适的容差，并在质量和成本二者间取得平衡。

3. 应用产品保证技术

针对技术风险，运用技术工具进行产品保证。这一点强调的是与产品特性密切相关的技术工作。比如汽车行业对五大质量工具的运用。这五大质量工具分别是产品质量先期策划（APQP）、潜在失效模式与效应分析（FMEA）、测量系统分析（MSA）、统计过程控制（SPC）、生产件批准（PPAP）等。这五大质量工具主要源自北美三大汽车制造商（其中 FMEA 起源于航天国防），在最开始的时候只要求一级和二级供应商推行，后来发展到要求全供应链推行，再后来就扩展到其他行业。

再比如航空、航天、国防、医疗、核电等行业特别强调产品的可信，通过建立产品保证技术体系来确保产品的可信。可信是指产品在需要时完成规定功能的能力，包括可用性、可靠性、可恢复性、维修性和保障性，以及某些情况下的其他特性，如耐久性和安全性等。在产品研制过程中充分考虑了各种风险并实施了控制风险的措施，才能让工业企业相信自己的产品是可信的，才能在产品推广过程中有充分依据使客户相信产品是可信的，但最终还是要通过产品的运行来证明。

尤其是对于高精尖技术行业如航天、战术导弹、高端医疗设备等，产品的高风险主要指的是较高的技术风险，像质量风险、计划风险、成本控制风险等管理风险主要也是由较高的技术风险引起的。我国航天专家总结了六类引发技术风险的特性因素：新技术特性，对新技术没有吃透；综合技术特性，局部影响了整体；动态特性，对机构产品的动力学特性分析不够；敏感特性，对生产过程敏感，比如装弹的过程中头发丝掉进舱段会造成大事件；离散特性，不同批次产品质量不一致造成风险；时效特性，由于各种理化效应随时间积累造成产品偏离鉴定状态。

为了有效识别和控制技术风险，以航天行业为代表，产品保证技术体系蓬勃发展。航天产品保证技术体系包含质量保证、可靠性保证、安全性保证、维修性－测试性－保障性保证、空间环境适应性保证、电气－电子－机电元器件保证、材料－机械零件－工艺保证、软件产品保证、地面支持设备保证等技术领域。

此外，产品质量的提高离不开各种数字化技术的应用。比如说全三维数字样机技术能够支持产品整体和局部的协调，系统仿真和动力学仿真技术能够支持产品动态特性的分析，多物理场仿真技术能够支持产品内部和外部环境分析，有众多基于机理模型的专业分析软件可用于故障和失效的分析。

5.4 批量生产阶段

批量生产阶段的业务主体是各类工厂。

在批量生产阶段，通过对生产活动的管理，将指定品质、规格的产品按指定的成本、指定的数量、交付日期生产出来。

依靠工厂拥有的由技工和设备组成的工艺技术体系，才能实现产品的批量生产。正是由于对工厂运营效率的不懈追求，才赋予了产品快速流通的经济性。

5.4.1 工厂的工艺技术体系

工厂的技术工作就是生产，生产即通过提供制造技术，接收（产品）工程信息，加工物料，实现产品交付。工厂的制造技术体现为各种工艺以及实现工艺的设备。据统计，离散制造业实现大规模生产的常见工艺（不包含特种工艺及电子制造技术）不到 140 种，其中包括 6 种固态切割加工工艺、21 种板材加工工艺、10 种连续长度材料加工工艺、19 种薄壁中空件加工工艺、11 种其他态转固态加工工艺、16 种复杂形状及表面制品加工工艺、40 种表面处理技术。每种工艺都关联着投资成本、单位时间产量、表面质量、形状类型、尺寸、精度、相关材料等多种指标。

工厂要在主机工程研制阶段开始之前，做好前期导入工作，至少要让工程设计部门清晰地知道工厂可用于本项目的工艺技术信息和资源信息。在进入批量生产阶段后，工程设计部门也要与工厂开展"联络工程"，确保恰当的设计变更。在汽车行业，这一过程也叫伴产。

5.4.2 制造基准信息：以 BOM 为中心

众所周知，制造业的产品链、生产链、供应链交汇于工厂，进来的是信息和物料，出去的是交付的产品及产品技术信息。其中，产品链和生产链也常常被合称为工程链。工程链和供应链的交叉点是物料清单（BOM），设计意图通过被称为工程变更的信息更新来体现，并被传入制造系统。方案段有 C-BOM，工程研制段有 E-BOM，用于制造的有 M-BOM，用于销售进行产品配置的有 S-BOM，用于运维保障的有 R-BOM 等。整合 BOM，就能整合整个工程链的信息，所以有句话叫"得 BOM 者得天下"。

除 BOM 外，工程部门还要向工厂传递记录制造方法的信息，这是工程主文件，其中包括物料、工艺、工艺路线、特别说明的必要设备等信息。工厂要生成设备主文件，详细记录与实现制造方法的工艺相关联的设备信息。

BOM、工程主文件、设备主文件共同构成了新产品开发项目的基准信息。在工程设计部门和工厂之间维持基准信息的一致性是设计与制造协同的关键。

5.4.3 工厂规划与运营

工厂的生产管理活动主要由以下六个方面构成。

1）制订生产计划及其他基本计划。根据产品数量和交付时间制订生产计划，确定产能及人员计划。

2）基准信息管理。对物料信息、产品构成信息、工程及设备相关信息等生产管理基准信息进行管理。

3）物料需求计划。根据生产计划信息、产品构成信息、库存信息来计划零部件与原材料的需求数量和时间。

4）采购管理。配合生产活动，从供应商处获得品质合格的零部件与原材料，并按必要数量在必要的时间以较为经济的成本购入。

5）库存管理。在必要的时候，将必要的物料，以必要的数量供应给必要的场所，需要维持合适的库存水平。

6）工程管理。通过对工程进度的把握，调整日常的生产活动，让生产活动顺利进行并开展生产活动的管理。

除此之外，在有的新产品开发项目中，还会涉及新工厂规划、建设与投产。工业还有以下几种分类。

1）按照升级方式分为离散制造行业和流程工业，离散制造行业的工厂有很多设备，可以通过局部更新来升级。流程工业的工厂本身就像个一体化的"大设备"，大多数时候通过提升原材料的状态以及提高设备的运转率来升级。

2）按照人员配置分为流水线式生产和单元生产。流水线式生产在输送带周围配置多个单能作业者，当作业对象流过来时，作业者按照分配给自己的工作进行单一作业。单元生产是在被称为单元的工作场所配置了很少的多能工，可以完成非常复杂的工作内容。

3）按照生产设备布局可分为流程式布局和功能式布局。流程式布局是按照生产过程中的加工顺序进行设备排布的方法，也就是生产线。生产线的各个环节都有专用设备，物料从生产线的第一个环节流动到最后一个环节，基本是直线流动，不考虑作业顺序及等待时间。功能式布局则是将设备按加工功能集中排列，成为各种专业技能者集合在一起的加工中心。

4）按照物料采购方式可分为推动式生产和拉动式生产。推动式生产是根据生产计划采购物料，拉动式生产是根据实际需求只生产可以卖掉的部分产品，实际消耗多少物料就领用多少物料。

5）根据库存储备的时机分为预测式生产与接单生产。预测式生产是指在接到订单之前进行生产，制备成品库存的生产方式。接单生产则在接到订单前不进行生产，只准备物料。

人员、设备、采购、库存是工厂运营人员日常需要考虑和决策的问题，工厂的总体特色在长期的运营中体现。在工厂规划时，就需要考虑工厂最重要的总体特色应该是什么，是绿色、柔性、智能还是互联？然后据此设计和配置先进制造模式，有计算机集成制造（Computer-Integrated-Manufacturing，CIM）、协同、精益、敏捷、智能、绿色等模式，再根据所选制造模式的要求进行工厂设备及技术选型。

5.5 产品运行与维护阶段

对于制造商来说，产品运行、维护及回收属于产品的售后阶段，在 IPD 体系中称作"生命周期服务阶段"。在新技术的支持下，制造企业通过服务化转型，能够在运行和维护阶段发现业务增长的"新蓝海"。

5.5.1 厂商积极提供运维服务

对于大多数民用产品来说，厂商提供的运维服务往往是出于质保的考虑。然而，对于燃气轮机、航空发动机、风电设备、高端机床等高端复杂装备产品而言，由于其技术密集、价格昂贵，客户自己难以承担设备的运维，出问题之后往往由制造商或第三方派人维护。因此，制造商在进行产品开发时，不仅应采取面向综合保障的设计手段，还应该积极考虑引入智能网联产品的特性，通过小型传感器、嵌入式软件及通信设施在必要时向维修方发送数据，为维修方远程运维及预测性维修提供条件。预测性维护是很多工业互联网平台的守门业务。

根据雷神公司的研究，武器装备产品在方案设计、研制开发、生产、使用和维修阶段所需的费用分别占整个武器装备全生命周期费用的 3%、12%、35% 和 50%，但各阶段对整个武器装备全生命周期费用的影响分别为 70%、15%、10% 和 5%。装备研制早期的设计工作决定了装备全生命周期费用，在最终设计结果确定时，大约 90% 的全生命周期费用已确定。这一方面说明了包括维修在内的产品特性要从方案阶段就纳入考虑。另一方面也说明了武器装备的运维业务拥有巨大的市场空间。

以美国为例，武器装备的维修保障是美国国防部的重要业务。根据 2012 财年数据，美国国防部拥有约 64.5 万维修保障人员，负责约 1.48 万架飞机、8000 枚战略导弹、38.66 万辆地面车辆、256 艘舰船及其他装备的维修保障。这些维修保障人员中约 7% 为基地级维修联邦文职雇员，约 90% 的人员为现场级维修保障人员。

美国的军工企业也积极争取武器装备运维的业务份额。维修保障是以洛克希德·马丁公司等为代表的军工企业拓展军品产业链、保障企业持续获得收益的重要业务之一。

美军也积极支持军工企业进入装备维修保障领域。可以充分利用合同商的专业技术队伍和保障基础设施，减少军方必须维持的训练设施和人员，显著提高武器系统保障的时效性和经济性。而对于新服役的、技术复杂的武器系统，军方往往无法及时建立成建制的保障力量，或者其保障需求会超出建制保障力量的能力范围。在伊拉克战争中，为保障美军大量先进指控系统的使用，美国一些重要的防务合同商向前线派遣了大量专业技术人员，为其生产的系统提供维护、修理和备件供应。

我国的武器装备管理部门在 2015 年也出台了一系列的政策组合，积极促进民营企业充分参与武器装备维修业务。

5.5.2 运维的模式与技术

公开资料显示，美军的武器装备运维技术位于世界领先水平。美军非常重视武器装备维修维护技术的发展，并在此基础上开发了"基于性能的保障""基于状态的维修"以及"自主保障"等三代运维模式。

技术创新正在改善维修作业。

美国海军航空兵研究的大间距、大面积热成像无损检测（LASLAT），可以在离开飞机被测面 1.5-15 米处检测，检测面积大大增加。瞬时覆盖面积约为 0.36 平方米，总检测面积可以达到 36 平方米，通过 3～4 小时的工作，对 81 个小矩形区域进行成像处理，最后通过软件处理拼接成一幅完整图像。

美国海军水面作战中心开发的体力增强系统（HAS），原理类似于昆虫或甲壳类动物身体的外骨骼，具有支撑和保护作用。实际是一套穿在人身上的辅助机械系统，对使用者提供防护，并增强使用者的负重和运动能力。

传统的装备测试无法检测到外场可更换单元的间歇性电路故障，如焊接点裂开、绕线松动、连接头松动等。美国 Universal Synaptics 公司研制的"间歇性故障检测和隔离系统"可以解决这个问题。该公司开发了一种神经网络模拟仪器，能够同时对数以千计的电路进行独立、持续地跟踪，并探测和记录所有超过 20ns

的电路不连续状态。美国空军和海军也研制了类似的系统。

飞机上有许多螺钉、埋头铆钉，传统方法是用电钻钻掉它们，这种方法损伤率高，费时费力且易产生许多尖锐的金属屑。美国空军使用 Perfect Point 公司研制的手持式放电加工工具，能够大大减轻这些问题。

（1）基于性能的保障

2000 年 3 月美国国防采办大学在 1998 年发布的《国防授权法案》基础上发布了《基于性能的保障——项目经理的产品保障指南》，提出基于性能的保障策略——PBL 策略，这是国防部首选的产品保障策略。该策略要求将装备系统保障任务委托给一个或多个产品保障主承包商，负责实现武器装备特定的性能指标。

美国实施基于性能的保障（Performance Based Logistics，PBL）以来取得了显著成效。阿富汗战争期间，美国海军的辅助动力装置和空军的联合监视目标雷达系统（Joint Surveillance Target Attack Radar System，JSTARS）都采用了 PBL 模式，并取得了良好效果。在伊拉克战争中，实施 PBL 和全生命周期系统管理的项目超过 12 个，如 F-117 和 F/A-18E/F 战机、JSTARS 和通用地面站、C-17 战术运输机等运维保障的水平均超过了作战需求。

在基于性能的保障的基础上，美国国防科学委员会提出了利用外部人力资源理论，认为充分利用民间资源和社会力量，不仅可以优化资源配置，为军队节省大量人力、物力和经费，还可以提高保障效率。例如，海湾战争期间，共有数百家合同商的 9200 名人员为美军提供了价值达 2846 亿美元的各种保障。在伊拉克战争中，美军 49% 的装备保障任务由合同商提供。

（2）基于状态的维修

基于状态的维修（Condition Based Maintenance，CBM）策略是美军在 20 世纪末 21 世纪初开始大力推行的一种维修思想，目的是将以信息技术为代表的各种高新技术应用到维修的全过程，从而提高维修工作的效率与效益，实现维修方式的全面变革。CBM 是在传统状态监控和故障诊断技术的基础上，综合了多种先进技术，准确判定部件的实际状态，并据此决定更换或维修的过程。如 3D 打印和计算机数控机床，在需要时可以提供独特的零件，从而减少对供应链的需求，解决零件在供给过程中的时效性问题。

"CBM+" 是一种预测性维修，可实时监控装备的状态，准确判定部件的实际状态，预测设备的初始故障和剩余寿命。在出现维修需求时才开展维修，节约不必要的维修费用。信息化装备本身就具备实现 CBM+ 的软硬件条件，如在设计时就嵌入了高性能传感器和嵌入式诊断能力，配备高性能的信息系统有利于数据的快速传输和高效处理等。

（3）自主保障

自主保障（Autonomous Logistics，AL）是美军在开发第四代战斗机 F-35 时提出的一种创新性维修保障模式，它通过一个实时更新的信息系统，将任务规划、维修训练和维修保障作业等各种要素集成起来，对武器系统的状态进行实时监控，根据监控结果自主确定合适的维修方案，在装备使用期间预启动维修任务规划和维修资源调配，在最佳时机进行维修，确保武器平台保持良好的状态。

美国空军建立了 F-35 飞机的"预测与状态管理"系统，其采用了多传感器数据融合、基于模型的故障征兆检测与分析、剩余寿命预测、装备状态实时监测等多种先进技术。据估计，采用这些系统后，装备的维修人力将减少 20%～40%，保障规模将缩小 50%，出动架次率将提高 25%，使用与保障费用将减少 50% 以上。

美国陆军在 M1A2SEP 主战坦克（艾布拉姆斯）、M3 战车（布莱德利）等装备上应用了第三代便携式维修辅助设备（一种在维修点上使用的移动计算机设备），不仅能在显示器上显示查找、诊断、隔离、排故这一整个维修过程，还能自动申请所需备件，并根据获得的装备状态数据指定维修计划，实现故障诊断、故障隔离、备件申请和维修规划的有机结合。美国海军提出了自动化后勤环境的构想以及相应的关键技术，并在海军航空兵 F/A-18、V-22 等飞机和海军战斗群中加以应用，对降低这些装备的使用和保障费用，以及提高其战备完好性和机动部署能力成效显著。

5.5.3 高端运维：航天器在轨服务

随着马斯克"星链"系统的成型与应用，人们忽然意识到近地空间已经形成了规模可观的"人造卫星带"。当空间站和卫星等航天器需要运维和保养的时候，该怎么办？这就是航天器在轨服务技术要解决的问题。

"在轨服务"的概念在 20 世纪 60 年代就已经提出了，由于技术水平的限制，当时的在轨服务仅限于通过航天员对部分航天器故障部件进行在轨维修与更换。1973 年，美国航天员在空间站上利用太空行走技术进行了太阳帆板的释放和临时太阳防护罩的展开等维护操作，演示了在轨服务的可行性。随后进行了一系列的在轨服务活动，其中包括利用航天飞机对哈勃空间望远镜进行在轨维修，以及对国际空间站进行在轨组装与维护等著名案例。2007 年 3 月，由美国国防高级研究计划局（Defense Advanced Research Projects Agency，DARPA）负责的轨道快车计划进行了飞行试验，成功进行了电源和姿控计算机可替换单元的在轨更换以及燃料的直接传输，综合演示了无人自主在轨服务的各项内容。2019 年 10 月 9 日，诺斯洛普·格鲁曼集团全资子公司太空保障公司的 MEV 1 号航天器成功发射升空，并在 2020 年初与一颗使用了 18 年的通信卫星对接，对该卫星进行延寿，并担当该卫星的推进器，这是成功进行的第一个商业在轨服务业务。

美国的戴维斯蒙山空军基地拥有全球最大、最著名的"飞机坟场"，保存着 6000 多架空军退役飞机。如今，近地空间充满了空间碎片，据美国军方统计，目前的近地空间大约有 3.2 万个各类人造物体，因为星链计划，这个数据急剧增长，其中只有 1900 个是正常运行的卫星，其他都是各种空间碎片及失效的卫星。欧洲宇航局正在研究如何将这些空间碎片通过在轨服务技术搬运到某条较低的"墓地轨道"。

航天器在轨服务已经成为商业航天的新热点，无数空间技术公司涌入近地空间的星辰沙滩上"淘金"。

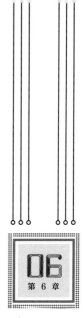

现代工业技术的要义：标准化、模块化、系列化

6.1 没有标准化就没有现代工业

第一次工业革命之后，商品经济迅猛发展，市场竞争日益激烈。在这样的背景下，工业部门必须持续提升生产效率、推动技术进步，这是形成大规模生产方式的历史背景。在第二次工业革命期间，机床设备、测量手段和加工工艺的进步，使机械加工精度持续提升，为零件互换性奠定了技术基础。以泰勒的"科学管理"为开端，出现了致力于提高工厂生产效率的工业工程学科，在"后工业化"时代，这些学科持续输出先进制造模式基础理论。在各种标准化组织的牵头下，标准文件的制订，树立了全行业关于质量和技术的标杆，标准的贯彻落实，提升了全行业的质量技术水平。时至今日，标准化已经深入工业体系的方方面面，是现代工业的重要特征。

6.1.1 互换性为大规模生产筑基础

标准化的开端，是通过解决零部件的互换性问题，破除了制约动力机械和机床设备释放生产能力的落后生产方式，促成了大批量生产方式的实现。

第一次工业革命的三项主要变革是动力、机器、工厂。蒸汽动力代替了人力、水力和畜力；生产能力强和产品质量高的机器取代了手工工具和简陋机械；大型的集中的工厂生产系统取代了分散的手工业作坊。马克思说"大工业必须掌握它特有的生产资料，即机器本身，必须用机器生产机器。这样，大工业才建立起与自己相适应的技术基础，才得以自立"。

随着机器生产逐步代替手工作坊式生产。在当时，相对先进的机器设备与落后的加工方法之间形成了矛盾：一方面，在工厂里大量采用动力机床等加工设备，另一方面，零件加工还是采用单件配制的方法，效率十分低下。在这样的背景下，互换性生产方式也就呼之欲出。

互换性思想的萌芽在很早之前就出现了。战国时期，大量生产的青铜十字弓，触发器机构的零件就具有互换性。宋、元时期的活字印刷术已经包含互换性思想的萌芽。1104 年，在意大利威尼斯共和国的兵工厂，用制造好的零件可以实现在装配线上以每天一艘的速度装配船只。

为近代工业大规模生产奠定基础的互换性生产方式始于枪支制造。当时，枪支的一个零件损坏也需要技术熟练的工人花很长时间修配，有时甚至会导致整支枪报废。18 世纪中期，法国人瓦里尔和格波瓦首先将机械同一部位的零件制造得几乎完全相同，做到了 50 支枪拆卸后，将同类零件堆放在一起，然后从每堆零件中任意取一个零件就能组装出一支枪来。1798 年，曾经发明了轧棉机的惠特尼接下了美国军方 15000 支步枪的生产订单。他在制造这批步枪的过程中开始试行酝酿已久的互换性生产，具体措施包括大量使用专用机床、使用有利于快速检验的样规代替卡尺，以及大量使用夹具等。1801 年，他在美国国会表演了使用可互换零件快速组装步枪的场景，引起巨大反响。

到了 19 世纪中叶，通用机床已经大量普及，随着织布机、缝纫机和自行车等机械产品大批量生产的需要日益增强，互换性生产迅速扩大到一般机械制造业。

1849 年到 1854 年间，柯尔特和鲁特组织了左轮手枪的互换性生产。他们设计了很多半自动机床，制造了大量量规，使用了大量专用夹具和定位装置，在各个零件的各个工序中都采用了互换性原则，解决了复杂零件的大批量生产问题。

零件互换性生产方式通过 1851 年的伦敦世界博览会传遍欧洲，被称为"美国制造系统"。自此，互换性生产方式逐渐被世界主要工业国接受并采用。

对于机械零件的某个尺寸而言，是通过制定和贯彻尺寸公差标准、限制尺寸制造误差来保证其互换性的，这就使尺寸标准化变得重要起来。世界上第一个针对具体产品尺寸的标准出现在螺纹紧固件的生产中。在19世纪以前，螺栓和螺母都是成对使用的，甚至同一台机床制造的螺栓也不能互换。1841年，英国技师惠特沃斯建议全部机床生产者都采用统一尺寸的标准螺纹。英国工业标准协会接受了这一建议，制定了螺纹顶角为55°的螺纹标准；1864年，美国工程师塞勒提出了顶角60°的螺纹标准，该标准成为通行的公制螺纹标准。1872年，30国计量会议接受了将法国提出的"米原器"和"千克原器"作为计量统一标准。

从1801年惠特尼使用互换性方法制造枪支到1902年英国纽瓦尔公司编制出世界上最早的公差与配合标准，中间隔了100年的时间。在此期间，工业界对提高机械加工精度的理论和方法进行了艰苦探索。

美国企业家福特心怀"制造人人都买得起的汽车"的志向，在1913年开发了世界上第一条流水线，将装配底盘所需的时间从原来的12h30min减少到2h40min，生产效率大幅提高，到1927年一共生产了1500万辆T型车。福特汽车流水线采取的技术措施主要有：分析加工过程，将加工过程拆分为一系列单一工序；按加工顺序排列机床，缩短材料的搬运距离；用特殊的专用机床代替通用机床；实现零件的互换性生产，量规和夹具附属于机床，减少人为误差；在机床之间采用工件传送带，装配则采用装配传送带等。

福特的汽车流水线是继19世纪美国枪支生产首创大批量生产方式之后，首次在大型产品上实现大批量生产。福特的大批量生产模式是以刚性自动化为特征的，即产品固定、工序固定、设备固定，在较长时间内不做调整。

大批量生产带来了超前的速度和效率。两次世界大战强化了对速度和效率的追求。美国能高效率、大批量生产武器是反法西斯战争能取得胜利的重要因素之一。粗略的数据统计：从1941年底美国参战直到战争结束的三年多的时间里，这个国家一共生产了1400万支各类轻武器、260万挺各型机枪、19.3万门各类火炮、410亿发不同种类的弹药、8.6万辆各型坦克、240万辆卡车、50万辆军用吉普车、29.7万架各型战机、8800多艘各型战舰、5600多艘的大型商船等。

时至今日，互换性的概念已扩展为"一种产品、过程或服务代替另一种产品、过程或服务，且能满足同样要求的能力"，涵盖了功能互换性和几何互换性。产品同时符合功能互换性和几何互换性，两个产品才能做到互换通用。可互换表述为在满足同样使用要求的条件下，通过一定的途径或方法可以使某一产品单元不加任何改变或修改就能代替另一产品单元。互换性原理是支持通用化、模块化、系列化的基本原理，也是产品能被重复使用和共同使用的基本条件。

6.1.2 品种控制提高经济效益

卡柯特定律描述了品种简化和批量增加带来生产成本下降的现象，解释了现代大规模生产带来经济效益的机理。

20世纪初，美国福特汽车公司对汽车零件的品种数及批量与生产成本之间的关系做了统计和回归分析。后来，法国标准化协会主席卡柯特将这一关系概括为卡柯特定律。卡柯特定律的具体内容为对于材料费不占成本主要部分的产品，每种产品制造的相对成本与其品种简化比或批量增加比的 0.25～0.3 次方成反比关系。可以很容易定性地解释这一现象。现代工业生产是采用机器和相应工艺设备的大协作生产，它的生产效果取决于自动化程度、生产批量、协调和管理的有序度，其成本则取决于加工工时和效率、材料消耗和能源消耗。每一批零件的加工工时都包含着构成净成本的辅助时间，包括消化和熟悉图纸及加工需要的时间，工具、材料领取时间，机器校验、运输时间，安装和调整工具时间，试加工时间，其他停机时间等。随着品种简化或批量增加，分摊到每个零件的辅助时间将大幅降低，单个零件的加工时间减少、成本降低。随着品种简化、批量增加，更便于采用先进的工艺方法，因而材料消耗、能源消耗及管理费用也同时降低。

1922至1928年间，美国商务部所属的简化应用局开展了一场以简化为中心的合理化运动，以简化产品范围。以电灯制造业为例，由于电压和灯座的简化，电灯的式样从1900年的5500种简化到1923年的342种。蒸汽锅炉由130种简化为13种，农用车由1200种简化至90种，钢板的尺寸和种类从1819种简化至262种，金属工具的式样和种类减少了46%等。刚刚从一战废墟中爬起来的德国也在同一时期开展了"以少数形状的产品代替多种形状，以最少努力获得最高效率"的产业合理化运动。

6.1.3 有标准时间才有科学测定的生产率

1776年3月，亚当·斯密在《国富论》中第一次提出了劳动分工的观点，并指出劳动分工对提高劳动生产率和增进国民财富作用巨大。分工对劳动效率的提升体现在以下三个方面：第一，劳动者的技巧因专业而日进；第二，由一种工作切换到另一种工作，通常需损失不少时间，有了分工，避免工作间切换就可以免除这种损失；第三，许多简化劳动和缩减劳动的机械发明，只有在分工的基础上才成为可能。

第一台可编程机械计算机的设计者查尔斯·巴贝奇也是科学管理的先驱。他在1832年发表了《论机器和制造业的经济性》，提出了在科学分析的基础上探索企业管理的一般原则，制定了"观察制造业的方法"，对作业时间、研究与开发的绩效、原材料、成本、工具、技术等诸多问题进行了研究，并进一步发展了亚当·斯密关于劳动分工的理论，分析了分工能提高劳动生产率的原因，并指出了脑力劳动也应该考虑分工。

世界公认的工业工程开端是美国人泰勒《科学管理原理》的出版。1881年，泰勒开始在米德维尔钢铁厂进行劳动时间和工作方法的研究，他是世界上第一个使用秒表测定工人作业时间的人。1898年，在伯利恒钢铁公司大股东沃顿的鼓动下，泰勒以顾问身份进入伯利恒钢铁公司，此后他在伯利恒进行了著名的"搬运生铁块试验"和"铁锹试验"。此外泰勒还对每一套动作的精确时间做了研究，从而得出了一个"一流工人"每天应该完成的工作量。这一研究使堆料场的劳动力从400~600人减少为140人，平均每人每天的操作量从16吨提高到59吨，每个工人的日工资从1.15美元提高到1.88美元。1901年，泰勒离开伯利恒钢铁公司，不再同任何工业公司来往，只从事不收取报酬的管理咨询、写作和演讲工作，推广科学管理。1903年，《工厂管理》正式出版。同年，他在美国机械工程师协会的年会上宣讲《车间管理》。1906年，《论金属切削技术》正式出版。1909年，泰勒发表《制造业者为什么不喜欢大学生》，并在伊利诺斯大学演讲《论成功之道》。这年冬天，泰勒受哈佛大学企业管理研究生院院长盖伊的邀请，到哈佛讲授科学管理，这一工作一直持续到1915年他去世。1910年，洲际贸易委员会举行东部铁路公司运费听证会，科学管理开始广为传播。1911年，《效率的福音》发表，同年《科学管理原理》正式出版。

正如泰勒自己所说"没有测定就没有管理"，为了科学地测定生产率，泰勒建立了"标准时间"的概念，这是工业工程领域的基础性概念。标准时间是指在正常条件下，一位受过训练的熟练职工以规定的作业方法和工具，完成一定质量和数量的工作所需的时间。在管理过程中，标准时间化繁为简，把不同的工作对象、不同的作业人员、不同的工作条件统一起来，以时间这样一个相同的度量单位来表示，使得生产计划、设备规划、成本预测及控制等工作简便易行。标准时间在管理中起的作用可以与货币在经济活动中起的作用进行类比。以标准时间为自变量，制造业的综合生产率被表示为制造方法 M、职工绩效 P 以及设备利用率 U 三者的函数。

在标准时间的概念基础上，美国在1915年后的十多年里发展出了各种工业工程技术。一种是沿着泰勒"时间研究"的路线，致力于"作业时间"的测定；另一种是以吉尔布雷斯夫妇开展的"动作研究"为基础，进行作业方法研究，寻求工作的"唯一最佳方法"。这些工作奠定了工业工程学科的基础，为之后各种先进制造模式的识别与发现创造了条件。

1926 年，通用汽车公司柔性大规模生产的斯隆系统在与福特的竞争中占据了上风。斯隆系统的核心理念是以互换性部件的大量生产为前提、通过部件共通化来增加产品种类，推出多种产品型号并快速更新。至此，以大规模生产为特征的美国制造系统基本确立。

丰田生产方式和精益生产是日本制造模式的代表，其两大支柱是准时化与自动化，可以上溯至时间研究和方法研究。日本制造系统的形成与美国的工业工程有不解之缘。早在 20 世纪初，日本的上野洋一就赴美师从泰勒学习工业工程，回国后将时间研究带入企业应用，取得了一定效果。二战后，丰田汽车公司的大野耐一赴美学习工业工程，并将其与丰田汽车的经营理念相结合，创造了举世闻名的丰田生产方式。大野耐一曾在访谈中表示，丰田生产方式就是丰田的工业工程（Industrial Engineering，IE）。此外，在 20 世纪 50 和 60 年代，日本工业界在拥有赫赫有名的质量管理专家戴明和朱兰后，还聘请了工业工程专家巴恩斯和蒙德尔。他们培养的学生推动了质量和 IE 在日本的广泛传播，为日本 60 年代钢铁及造船等重工业的复兴做出了重要贡献。

6.1.4　国家推动标准化为各行业确立技术规则

伴随着大规模生产方式在全世界的普及，尤其是两次世界大战对大规模生产方式的强化，在 20 世纪上半叶，建立了一批国际性的标准化组织，标准化也由企业行为上升为国家行为。

1906 年国际电工委员会（International Electrotechnical Commission，IEC）正式成立并运行，总部位于英国伦敦，著名的英国物理学家开尔文任第一任主席。国际电工委员会是世界上最早的国际性标准化组织，其成立有力推动了国际电工标准化工作的开展，同时也对国际标准化工作产生了重要影响。随后，荷兰、菲律宾、德国、美国、瑞士、法国、瑞典、比利时、奥地利、日本等国相继建立了国家标准化组织。

1926 年，拥有国家标准化组织的 25 个国家成立了国家标准化协会国际标准化联合会（International Standards Authority，ISA）。1927 年，美国总统胡佛得出了"标准化对工业化极端重要"的论断。

第二次世界大战之后，各国开始恢复经济，特别是发达国家为扩大出口和占领国际市场，开始了激烈的竞争。当时英、法、瑞等国在进入国际市场时，无论在产品质量、科学技术还是经济实力等方面，都不能同美国相提并论，为此，须尽快成立一个权威性的国际机构，制定国际标准，以协调各国标准的差异对贸易的影响。1946 年 10 月，中国、澳大利亚、奥地利、比利时、巴西、加拿大、智利、丹麦、芬兰、意大利、印度、墨西哥、荷兰、新西兰、挪威、以色列、波兰、南非、瑞典、瑞士、英国、美国、苏联、法国、匈牙利等 25 个国家的 64 名代表在伦敦举行会议，决定成立国际标准化组织（ISO），并起草了章程，1947 年 2 月，国际标准化组织正式成立，美国著名的标准化活动家霍华德·孔利任第一任主席。

现在，世界上已有 100 多个国家成立了国家级的标准化组织。标准化活动由企业行为上升为国家管理行为，进而成为全球性的事业，活动范围从机电行业扩展到各行各业，标准化从生产的各个环节、各个分散的组织以及各个工业部门，扩散到全球经济的各个领域，由保障互换性的手段，发展成为保障资源合理配置、降低贸易壁垒和提高生产力的重要手段。

标准化的对象，从宏观层面看，是现实问题或潜在问题；从中观层面看，是产品、过程或服务，这里可以将产品继续细分为原材料、中间产品（零部件）、制成品、系统等；从微观层面看，就是具体的产品、过程或服务。

标准化活动的总体目的是获得最佳秩序，促进共同效益。具体到每一项标准化活动，都有其特定目的，这些目的通常涉及相互理解、可用性、互换性、兼容性、相互配合、品种控制、安全、健康、环境保护、资源利用等方面。

标准的特点是共同使用并且重复使用。某文件只有具备被大家共同使用并且多次重复使用的特点，才有可能需要形成标准。标准的功能是为各种活动或其结果提供规则、指南或特性。标准产生的基础是科学、技术和经验的综合成果。标准是对人类实践经验的归纳和整理，是充分考虑最新技术水平并将其规范化的结果。标准是具备技术属性的文件，其中的条款是技术条款。

标准是公认的技术规则。标准是按照规定的程序经协商一致而制订的，一方面在标准形成的过程中具有代表性的专家会参与其中，最新技术水平会被充分考虑，相对成熟的技术中可量化或可描述的成果会被筛选出来并确定为标准的技术条款；另一方面经过利益相关方协商一致而通过的标准，会被各方高度认可，发布的标准可以公开获得，并且在必要的时候，标准还会通过修正或修订与最新技术水平同步。因此，可以说标准是公认的技术规则，但这种技术规则往往滞后于最新的技术水平，标准只是及格线。

6.2 模块化大规模提高产品研发生产效率

模块化能大幅提高产品研发生产效率。从工程设计的角度看，模块化设计提高了产品的可变性，在架构及设计规则保持稳定的情况下，只需要改变特定模块就可以使产品具备新功能。从产业分工的角度看，模块化促进了大量专业模块供应商的成熟与发展，推动了围绕主机产品形成的供应链，进一步形成了产业集群。当产品接到新需求时，如果可以通过更换模块满足需求，且能够很快找到合适的商业货架产品，则能够极大加速定制功能的研发。模块化的关键是管理耦合，设计结构矩阵（Design Structure Matrix，DSM）是十分有效的耦合工具。

6.2.1 模块化体现系统设计

模块化是为了使复杂系统能够快速应变而采取的一种措施，系统可以通过换装不同的模块改变系统功能。构成产品的组件在保持系统完整性和正常功能的前提下能够很容易地被分离和重新组合。非模块化的产品，如果某个组件需要被另一种组件替换，就必须对替代品进行修改和调整，与此同时，其他组件也要进行相应的修改和调整，才能保证系统完整性。

理解模块化的概念需要具备系统思维。模块化的基础是模块，模块是由零部件或元器件组合而成的具有独立功能、可大批量单独制造的标准化单元，能够通过不同形式的接口与其他单元组成产品，且模块可分、可合、可互换。模块具有层次性，高层次模块可以包含低层次模块；模块之间通过接口等连接方式建立联系，这种联系也体现了设计规则。在产品设计中，常通过架构体现设计规则，只要符合架构标准就可以对各种模块进行混搭匹配，而不必对产品的其他组件进行修改和调整。

模块化是一种特殊的设计结构，其中，参数和任务结构在模块内是相互依赖的，在模块间是相互独立的。模块化任务结构可以通过任务执行过程的模块化来实现，这一过程需要设计者将设计参数划分为可见参数和隐藏参数两类。可见参数又称作设计规则，需要在进行模块化设计任务之前预先确定，其影响是全局的。而隐藏参数仅影响单独模块，可以由设计者自主决定。这就是为什么在架构设计时可以使用黑盒模型，而在模块设计时须采用白盒模型。

在 IBM 360 系统的设计中，对设计规则的详细说明以及对设计过程的模块化是通过"自上而下"的方式进行的。几个天才工程师艾姆达尔、布罗、布鲁克斯组成的核心团队，构想、设计、执行并强化了设计规则。

一旦设计规则以集中式、自上而下的方法得到说明，每个模块只要遵守共通的设计规则，其内部的设计就能以分散化的方式相互独立。这就使得每一个模块能够同时以多种方式而不是单一任务的方式进行设计。然后从中选择最好的设计构成最终产品系统。这就是鲍德温所说的"模块化设计创造了选择权"。正是基于这种机制，模块化带来了开放式设计和生产，不但产品结构具有了更大的柔性，而且每个模块都可以有多个生产厂商进行基于设计规则的"锦标赛"式竞争。

美国国防部就将充分体现了模块化设计策略的自适应车辆制造（Adaptive Vehicle Make，AVM）项目归类到开放制造体系中。

模块化设计通常有两种实现方式。一种是为了完成复杂产品或工程的设计任务，自顶向下地进行系统分析与设计，在架构设计环节设计模块的功能、接口及模块间的组合方式。另一种是通过标准化措施，对多种产品进行功能分析，提炼共性功能，据此设计模块，不仅是为了满足某个产品的需要，还追求在更广泛范围内的通用。此时，模块可视为基础模块、通用模块和专用模块。基础模块可以跨产品系列通用，可不断产生派生、变形产品；通用模块是为某种产品或某项用途而专门设计与制造的模块；专用模块是根据产品或系统的特殊要求而特殊设计的模块。

6.2.2 模块化促进知识分工

中国古代修长城使用的城砖、毕昇活字印刷术使用的"活字"等都是模块化产品的雏形。20世纪五六十年代的组合机床、组合夹具、组合仪表等都是模块化在机电工业的应用。英国在20世纪60年代应用模块化概念开发了武器系统；美国由于集成电路的发展首先设计了标准电路模块，美国海军于20世纪70年代开始大力推行这一技术。

现代模块化设计解决的是复杂产品或系统的设计制造问题。如果将所有产品按照从简单到复杂的顺序排成一个谱系，在这个谱系上会先后出现两个点。越过了第一个点进入的区域，单一个体就无法制造某种制品。越过了第二个点进入的区域，单一个体就无法理解某种制品。解决第一个区域的问题需要的是劳动分工，解决第二个区域的问题需要的是知识分工。模块化设计首先解决的是那些需要知识分工的问题，然后扩散到解决劳动分工的问题。从计算机产业开端，然后从电子行业逐渐扩散到汽车、航空航天、互联网、家用电器、轻工业品等各个行业。

20世纪60年代，IBM的360计算机通过模块化设计，在未来的几十年中塑造了计算机产业的形态。由于预想到IBM 360系统的设计过程必然十分复杂，整个设计过程按计划分解成了一系列独立的子系统，这些子系统通称为模块。每个模块的设计必须遵照某些明确的共同规则，以确保这些模块能构成一个和谐、完整的系统。这些规则被称为"设计规则"。设计规则是360系统成功的关键。

IBM以及硅谷小型创业企业群的历史表明，一旦设计规则确立，就没有必要将模块化设计的各个任务小组整合成一体化组织。整个系统的改进可以通过各个独立模块的改进，或者用更好的设计模块替代这种改进的实施超出了IBM公司的组织范围。从IBM公司离开的工程师和一些新成立的小企业专门从事模块的开发。这些公司往往聚集在特定的地方，以便于交换信息从而使他们的模块产品相互适应演进的设计规则。这样，一个由 IBM 公司主导的高度集中的垂直一体化产业结构，开始转变为由一群独立公司组成的联系松散且纵向分散的"模块族群"，他们是由控制着整个系统的设计规则联系起来的。据统计，到 1980 年，模块族群的市场价值已经超过了 IBM 公司的市场价值。

美国哈佛商学院的副院长鲍德温教授在书里讲述了 20 世纪 90 年代太阳微系统公司通过模块化策略获得成功的故事。这个公司的核心战略是掌握技术控制权，他们将技术看作是"开展竞争性游戏的竞技场"。他们不断地将自有技术向市场释放，这里面不仅有共享协议、精简指令集、计算机芯片架构，还有人们耳熟能详的 Java 平台。他们利用来自商品货架的软硬件设计高性能计算机。使他们将关键组件外包出去的推动力正是模块化策略，他们的竞争对手阿波罗计算机公司也同样采用了模块化策略，但由于太阳微系统公司比阿波罗计算机公司更加模块化，所以太阳微系统公司取得了成功。

考虑到资本市场的参与，由于优胜者很容易通过 IPO 或被细分市场中的领导企业高价收购等方式获得巨额回报，这就使致力于同一个模块的众多企业内部迸发出极大地研发热情。正如鲍德温所说，计算机产业集群的根源在于计算机的模块化设计，硅谷现象的形成是模块化策略的成功。

斯坦福大学的青木昌彦教授在研究中发现，日本的汽车和电子制造业在 20 世纪 90 年代末逐渐落后于美国的重要原因之一是受到了模块化策略的冲击。日本学者对信息产业和汽车制造业的模块化研究逐渐形成了"比较产业论"。日本学者浅沼万里指出，日本汽车产业竞争力的源泉就是核心企业和零部件厂商之间基于模块化设计的合作关系。日本的汽车企业将全部供应商召集在一起，共同商讨确定一般的设计规则，然后由供应商自行设计图纸，并由核心企业认可之后进行生产。这样不仅整个产品系统的各个模块的设计能够同时进行，而且可以使供应商对各自的模块负责；不但确保了零部件质量，而且大幅缩短了系统改良的周期。

6.2.3　模块化关键在于处理耦合

复杂产品的设计，不在于单纯解耦合的问题，而在于管理耦合的问题。耦合源于组件间的相互作用接口，常见的相互作用包括空间协调、物料流、能量流、信息流、结构连接等。从技术方案的角度讲，为实现越来越苛刻的功能和性能，以及提供越来越高的产品质量，需要在设计中加入很多耦合特征。从工程过程的角度来讲，在实施设计模块化策略及划分最小工作包的时候，需要对设计信息进行解耦合，同时也可以提高模块及工作包内部的内聚性。要想恰当处理耦合问题，需要能够深入理解设计的微观结构，包括设计结构和任务结构。设计结构矩阵（DSM）就是用来描述设计结构的工具，能够绘制设计参数中的层级关系和相互依赖关系。

设计结构矩阵是美国加州州立大学萨克拉门托分校的唐纳德·斯图尔特教授在 20 世纪 70 年代创造的术语，他首先采用矩阵来表示设计变量及设计任务交联的网络，并在此基础上创建了设计结构矩阵方法（DSM）。斯图尔特教授发现这种方法在处理复杂产品的设计信息时非常有用，能够有效解决与设计过程相关的诸多问题。麻省理工学院的团队于 1989 年在研究复杂系统设计制造问题时选用了 DSM，并在随后的 20 世纪 90 年代将这种方法推广应用于 NASA、波音、普惠、通用汽车以及英特尔等多个大型工业集团，在多个场景中展示了 DSM 能够帮助人们更好地设计、开发和管理复杂的工程系统。

1. DSM 可用于产品架构设计

美国福特汽车公司的环境控制系统部门在 1994 年采用 DSM 工具研究了福特轿车和卡车环控系统各组件间的空间、材料、能量、信息相互作用构成的网络关系。这是历史上第一个基于产品特征的 DSM 模型，是第一次将 DSM 应用于产品组件及组件间相互作用的网络。他们在研究中发现，应提高部分组件相互作用的内聚性，将他们设计成模块，而另一些组件间的相互作用应通过产品或系统级的集成来实现。分析发现，应该将属于动力总成部门考虑的与发动机相关的传热系统纳入环境控制系统来考虑。在这项研究之后，福特汽车的环境控制部门进行了重组，并显著改善了环境控制系统的设计。

1998 年，美国普惠发动机公司的工程师运用 DSM 对 PW4098 发动机项目的系统工程及系统集成方面的议题进行了研究。商用航空发动机的研制是一个高度复杂的过程，需要数百名工程师对各子系统及部件同时开展工作。PW4098 喷气发动机分为 9 个子系统，分别是风扇、低压压缩机、高压压缩机、燃烧室、高压涡轮、低压涡轮、机械部件、附属装置和控制装置等，这些子系统由 54 个主要部件组成。为了捕捉尽可能多的部件间的依赖关系，研究者访谈了项目中所有的系统工程师，询问他们基于空间协调、能量流、材料流、结构连接性以及信息流等五种相互作用的组件间接口，从而建立了 PW4098 喷气发动机体系结构的 DSM 模型。研究结果表明，风扇、低压压缩机、高压压缩机、燃烧室、高压涡轮和低压涡轮等 6 个子系统更适合进行模块化封装，而应该在机械部件、附属装置和控制装置这 3 个子系统中投入更多精力来设计跨子系统的组件接口。

2001 年，研究者对美国国防部及 NASA 在 20 世纪 90 年代中后期实施的 7

项空间机器人项目进行了 DSM 应用研究，以探索 DSM 在获取产品架构的完全系统视图、识别组件技术成熟度影响以及系统组件技术风险等方面的应用前景。他们在产品架构 DSM 的基础上构建了技术风险 DSM，以此确定了几组高技术风险领域，并识别出产生高风险的具体接口。其中一项结果显示，进入－下降－着陆（EDL）阶段具有最大的任务风险，安全气囊是最危险的 EDL 组件。

2007 年，研究者在美国施乐公司创建了 iGen3 数字印刷系统的完整 DSM 模型，他们使用这个模型分析新技术注入带来的工程变更。他们将 iGen3 数字印刷系统的 2000 个零件分成了 84 个部件，考虑了物理连接、物料流、能量流和信息流等四种接口，最终识别出 572 个物理连接、45 个物料流、167 个能量流、165 个信息流，并在此基础上构建了新技术注入后的 DSM，发现新技术注入后会带来 15 个部件变化，有 33 个物理连接变化、0 个物料流变化，以及 7 个能量流变化和 32 个信息流变化。基于这项研究，施乐公司决定将新技术作为 iGen4 数字打印机的一部分在 2008 年推出，因其高水平的性能，iGen4 数字打印机获得了多个奖项。

2008 年，研究者使用了产品系列化管理软件 Synerg 进行了柯达一次性相机产品的模块化设计研究。利用软件内置的 DSM 聚类算法，对多种一次性相机的 DSM 进行分析，识别出系列产品的基础接口（所有产品具备）、通用接口（部分产品具备）、专用接口（特定产品具备），改善了柯达一次性相机产品的跨接口管理和跨模块管理问题。

2. DSM 也可用于研发组织设计

1992 年，通用汽车动力总成部门进行了小型 V8 发动机的研发。他们将发动机分解成 22 个主要部件，因此产生了 22 个多功能部件团队（Component Team，CT），每个 CT 负责设计一个部件及其工艺制造系统。这 22 个 CT 又被组合成 4 个子系统工程团队。在这个项目中，他们使用 DSM 来改善研发团队的组织结构，希望可以在团队内部及团队之间实现更直接和明确的沟通，以此提高通用汽车动力总成系统工程过程的有效性。这是通过汽车公司第一次根据产品研发团队内部的通信交流需求进行的复杂技术项目。研究发现，最初的组织机构划分方式只能处理项目中的部分交流需求，有一部分交流需求并没有在子系统团队内部得到妥善处理，这就导致了在项目的系统集成阶段问题频发。研究团队建议在传统的组织结构中引入一个系统集成团队（Integration Team，IT），并将每个 CT 分配给一个或多个子系统团队或系统集成团队。新的研发组织很好地支持了项目的推进，使整合阶段变得"最为顺利"。

总之，模块化能够很好地支持复杂系统设计中的知识分工，这取决于对产品设计结构的深入理解和全面掌握，在此基础上定义良好的设计规则，实现对组件间耦合的有效管理。实践表明，DSM 是支持模块化设计的有效方法。

6.3 系列化促进产品持续改进

最初的产品系列化是参数级的，通过系数数列改变产品的某个参数来实现产品的多样化，其中最著名的就是法国人勒内尔发明的"优先系数"。对产品系列化的考虑也体现在设计中，比如在商用飞机设计中，出于系列化的考虑，对机身部段采用等截面设计等。这些系列化的考虑主要是为了合理确定产品品种规格，以最少品种满足多方面需求，以及规划产品发展方向，加强各类产品尺寸参数间的协调等。现代的产品系列化措施，主要通过货架技术、产品线规划以及产品型谱设计等措施，面向大规模定制，以客户为中心促进产品的持续改进。

6.3.1 采用货架技术加速新产品上市

货架技术是将可共享的技术、功能模块和产品按照一定的层级结构进行统一管理。共用构建块（Component Building Block，CBB）是在不同产品、系统之间共用器件、组件、模块、技术及其他相关设计成果，如符合规范的接口、结构等。货架是经过评估上架的 CBB 集合。货架技术和共用构建块是产品周期优化法（Product And Cycle Excellence，PACE）及 IPD 产品开发方法中典型的技术管理形式，能有效缩短新产品开发时间，加快产品推向市场的速度。

英特尔自 2004 年第三季度开始推动 CBB 市场计划，希望通过统一的笔记本电脑零组件规范，缩短笔记本电脑开发工时，提高新产品开发的弹性，让区域市场零售品牌笔记本电脑上下游从业者都能有成长空间。这样一来不仅保有了量产规模条件，也能让消费者有了更多选择。

中国航天科工集团第三研究院在 2015 年实施了科研管理创新措施，将核心技术变成货架产品。在他们的设想里，核心技术应该被整合成具有一定完整性、先进性和重复性的知识，这些知识一旦固化，就像摆在货架上的货物，供研发人员借鉴和使用，可以将它们拼搭成导弹或其他产品。这就是将核心技术平台化，然后共享，以提高效率和质量，降低研发的时间、人力和制造成本。这种行动的基础是以市场和客户为需求导向，利用信息化手段优化和固化研发流程，实际内容是将设计方案、图纸、样件、产品说明书等整合在一起，供再次设计时使用。据介绍，综合射频与测控技术研究室于 2014 年针对 6 个产品型号开发了包括数字接口、采编器、发射机、图像处理器等零部件在内的遥测组合货架产品，以前需要一年时间才能完成这种组合的设计制造，现在 4 到 5 个月就足够了。同时，由于实现了标准化生产，一台遥测组合产品，可以最多比原来节省 10 万元，而标准化也使得产品质量更加稳定。任务规划中心之前研发一个型号产品的软件大概需要两年时间，在货架技术的帮助下，4 到 6 个月就能完成核心部分软件的编程。

上海发电机厂在完成空冷 GVPI 系列 80MW～250MW 多个机型发电机的设计、制造和型式试验的过程中，通过对基础性科研项目所形成的货架技术进行及时的成果转化，以计算工具、参数化程序等方式形成了包括铁芯片间压力分配计算工具、整体灌胶固定的定子绕组端部模态计算参数化程序等多种实用工具和程序。科研货架技术的转化成果起到了提升开发效率、降低产品风险等关键作用。

中国航天科工集团第六研究院 389 厂认为，技术货架和产品货架的建立，是工厂隐性知识显性化、技术和产品标准化、规范化的进一步体现。他们按照技术标准保障工程要求，推动技术货架和产品货架建设，先后开展了工厂现有技术和产品的梳理、货架框架的讨论确定、技术货架和产品货架评价规范及管理办法的制定等工作，并通过与六院的兄弟单位交流探讨，取长补短，最终将发动机生产制造过程中的 71 项技术、27 项产品正式列入技术货架和产品货架。

生物科学领域的镁伽公司建立了平台型技术研发团队，把共性的技术货架化，基础功能模块化。每当进入新的应用场景，都可以先在货架上选择相应的通用技术。镁伽公司 60% 的技术是标准的、通用的，25% 的技术是通过调整软件参数或流程来实现配置的，15% 的技术是专门定制开发的。例如在核酸检测中，镁伽公司利用机器人解决了核酸检测过程中最危险的一环，即把样品从咽拭子管提取出来并转移到深孔板里（此后就是裂解过的核酸，不再具有传染性），这极大降低了一线检验人员的感染风险。这样一台机器人每天可以完成 1.2 万管样品处理的工作量，在 10 混 1 的检测标准下，每台机器人每天可以完成 12 万人的样品处理。这样一款产品，从立项、设计图纸、供应商加工到组装调试，一共只用了 25 天时间，这里面绝大多数模块都是以前已经成熟落地、货架化了，拿来即用。基于核酸检测项目的经验积累和货架技术，镁伽随后又推出了超高通量全自动病毒核酸检测系统，实现了从样本进到结果出的全自动病毒核酸检测，在生命科学实验室自动化领域，突破了受国外垄断的"卡脖子"困境。

中电太极公司打造共性基础产品，共建太极技术能力"一张图"。建立了 CBB 产品货架，形成了多项 CBB 成果，实现了研发、推广等多层级的资源和成果共享，从构建核心能力到打造能力体系，运用产品和技术共享平台，实现了知识重用，快速、高质量地满足了客户需求。

6.3.2 建立产品型谱降低技术风险

产品型谱是用最少数目的不同规格产品，构成能满足可预见的全部使用要求的产品系列。产品型谱规划了产品的发展和应用方向，是产品工程的核心要素。

国外航天企业推行航天产品的系列化、通用化，并在此基础上实现了主要航天产品的产业化生产。按照系列化思想，研发并固化了一系列高适应性、长寿命、大功率、多频段的卫星公用平台，促进了卫星平台所属单机和部件的系列化、专业化开发，并逐渐形成了以系列型谱为指导，技术相对成熟、质量稳定、可供卫星设计选用的商业现货产品。这样一来，可以降低技术风险，集中技术力量满足与任务密切相关的特殊要求。

21 世纪初，美国空军在与洛克希德·马丁公司签署的新一代卫星研制合同中，首次提出了全面采用现货产品的相关要求。同一时期，欧洲也有超过 120 个项目、近 200 颗卫星采用了现货平台及现货产品。卫星、火箭等航天单机产品型谱是现货产品选用的重要依据。美国 NASA 成立了快速航天器开发办公室，负责面向未来任务的航天器及其部件的快速灵活的采办。为支持这一目标，他们编制了 RAPID X 系列航天单机产品型谱。当任务方选用型谱内的产品以及供应商开发任务飞行器时，采办流程可缩短至 6 到 8 个月，航天器交付周期缩短至 24 到 36 个月。

我国的航天企业从 2004 年开始推行产品化，专业产品研制单位从以型号研制为中心向以产品研制为中心的方向转变，正在建设独立于型号研制体系之外的产品研制体系。产品型谱的建立与推广是建设产品体系的关键。航天企业主要针对航天基础产品建立型谱，其中包括系统级产品和单机产品。

在建立产品型谱时，最关键的任务是选择描述产品的特征参数。例如对于卫星平台产品，主要的技术参数包括平台名称、平台代号、平台描述、适应任务类型、适应轨道类型、平台质量、燃料量、承载能力、姿控方式、姿控测量精度、姿控指向精度、定点位保精度、推进方式、设计寿命等。

在进行新产品开发时，可以研究产品型谱，并根据产品的技术指标，进行系统级产品和单机产品的选用，并在此基础上提出补充研发需求，确定系统集成方案。

6.3.3 规划产品线瞄准细分市场

产品线是"一组产品，共享一组共同的、可管理的功能，以满足选定市场或选定任务的特定需求"。在产品线间共享的内容包括市场策略、整体设计、零件、工具、制造工艺、质量控制程序等。

企业面向行业市场的全部产品构成产品线，产品线中面向某个细分市场的全部产品就构成产品族。产品线为企业提供了利用产品相似性实现范围经济的机会，这是因为使用相同工艺生产多种产品更节约成本。复杂产品设计领域基于这种理念，发展出了成组技术，逐渐形成了产品线工程以及更高效的基于特征的产品线工程，并形成了 ISO 26580 国际标准。

美国陆军开发了战场训练转型（LT2）产品线，这是针对作战训练系统实施的产品线工程实践。LT2 产品线包含了四种作战训练系统产品，能够支持从单兵级到旅级、从纸靶到自动化复杂靶再到两军交火的作战训练任务，以及美军全球 150 多个靶场的全年训练演习。据项目办公室评估，这种产品线工程的实施已经为美国陆军在作战训练系统开发方面节约了超过 3 亿美元的成本，并将在未来的 2 到 5 年内继续节省 2 亿美元。

由洛克希德·马丁公司开发的"宙斯盾"作战指挥系统已经成为美国国防部实施产品线工程的典范。在洛克希德·马丁公司，大约有 1500 人在为宙斯盾项目工作，他们维护着超过 10 万个宙斯盾武器系统需求及超过 1000 万行的源代码，每一次重大升级都会涉及数百万行的源代码。在实施产品线工程之前，宙斯盾是一系列独立的项目，每个项目都与宙斯盾中的一艘或数艘舰艇相关，都拥有相互独立的管理结构、评审小组、流程、工具、项目计划、体系结构，以及多个需求和源代码库。这为需求、维护和升级工作带来了大量的冗余工作。从 2000 年开始，来自军方和技术团队的多种力量向宙斯盾系统施加影响，促使其迁移到产品线结构。在开放体系架构和商业现货软硬件模块的基础上，洛克希德·马丁公司的产品线工程以"产品配置器"和"通用资源库"为支柱，将软件开发团队视为"产品线工厂"，通过产品线治理交付和维护宙斯盾系统。由于在宙斯盾系统取得了巨大成功，美国海军已经着手开发通用的产品线架构，并将产品线工程措施扩展到所有的水面舰艇部队。

根据集成产品研发体系的理念，企业要面向多变的市场需求持续改进产品，关键是做好产品线路标规划。企业需要根据产品战略的节奏持续改进产品，不断推出新的产品版本。可以根据市场定位和开发平台的不同将产品划分为若干个 V 级版本；每个 V 级版本可以按计划向市场发布若干个 R 级子版本，每个 R 级子版本包含若干个特性，共同形成具体的版本。企业在进行产品规划时，首先要在行业市场中选择本企业的目标细分市场，即为产品线选择若干个产品族，这是产品线规划。针对每个产品族规划若干个产品型号，未来逐步启动产品型号的开发和推广工作，这是产品族路标规划。将一条产品线的各个产品族路标规划整合后，就形成了产品线路标规划。

货架技术、产品型谱和产品线等系列化措施，促进了技术开发和产品开发成果的积累和流通，使企业能够灵活应对需求的变化，实现产品的持续改进和精准投放。

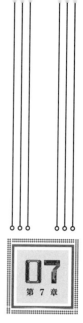

第 7 章

现代工业技术体系的层次

7.1 基础共性的工业技术

基础性的工程分为两类,一类是设计所有产品都需要用到的机械工程、电子工程、软件工程等;另一类是执行工程活动需要用到的设计、制造、试验、生产、运营等。

机械工程将物理、数学原理与材料科学相结合,设计、分析、制造与维护机械系统。机械工程是最古老、应用最宽泛的工程分支之一,包括力学、动力学、热力学、材料科学、结构分析、电学等核心专业领域。机械工程师通常使用 CAX 技术和产品生命周期管理工具来设计与分析工厂、工业设备和装备、传热与冷却系统、运输系统、飞机、船舶、机器人、医疗设备、武器等。机械工程师正在复合材料、机电一体化和纳米技术等领域推动机械工程学科的发展。机械工程还与航空航天工程、冶金工程、土木工程、结构工程、电气工程、制造工程、化学工程、工业工程等其他工程学科有不同程度的重叠。机械工程师也可以从事生物医学工程领域的工作,特别是在生物力学、输运现象、生物机电、生物纳米技术和生物系统建模等方面。

电工、电气、电子（3E）工程是以电学和电磁学为主要基础的庞大工程领域，包括半导体器件、集成电路、计算机、电路系统、电机工程、电力工程、电信工程、射频工程、信号处理、仪器仪表、光电池、电子学、光学和光子学等。这些领域与其他工程分支重叠，产生了大量的交叉学科，包括信息技术、嵌入式软件、电力电子、微波与电磁场、纳米技术、电化学、可再生能源、机电一体化与控制、电子材料等。

软件工程是"科学技术知识、方法和经验在软件设计、实现、测试和文档化过程中的系统应用"。软件工程研究用于计算机软件及嵌入式软件开发的系统方法，涉及软件生命周期过程的定义、实现、评估、度量、管理、变更和改进。软件工程大量使用软件配置管理和版本管理，并在整个系统生命周期中维护配置和代码的完整性和可追溯性。1984年，在卡内基梅隆大学设立了美国国防部资助的软件工程研究所（Software Engineering Institute，SEI），随后建立了SEI软件过程计划，旨在理解和管理软件工程过程，该计划引入了以过程成熟度等级为核心的软件开发能力成熟度集成模型（Capability Maturity Model Integration for Development，CMMI-DEV），定义了美国政府评估软件开发团队的方法。国际标准化组织持续收集业界普遍接受的软件工程最佳实践，并将其编纂为持续更新的"软件工程知识体系"。软件工程的专业领域通常按照软件工程过程分为需求、设计、构建、测试、代码分析、维护、软件质量管理以及软件配置管理等。

制造工程以核心的工业工程和机械工程技能为基础，加入了来自机电一体化、商业、经济和企业管理的重要元素，应用制造系统研究的成果，整合了不同的设施与系统。制造工程的现代研究包括产品组件生产制造和产品集成涉及的所有中间过程，致力于尽可能以最有效、最高效、最经济的方式将原材料转化为能够大规模生产的产品。制造工程领域是在20世纪早期从工具与模具的专业领域中发展起来的，在二战后，随着数控机床与工厂自动化、先进的质量控制方法、计算机集成制造系统、协同制造系统、全球化生产制造、增材制造、工业机器人等领域的发展迅速兴起，已经成为先进工业国家技术创新体系的重要基石。

工业工程是现代制造业务的核心领域，通过设计、开发与实施各种生产要素的集成系统，来优化制造业务中复杂的过程、系统与组织。在工业工程领域内已经开发了精益制造、敏捷制造、协同制造等多种制造系统理论，以实现制造过程中的各种"流"，以及有效协调劳动力、原材料与人员，提高技术系统或制造组织运行的效率与质量。在二战后的工业发展过程中，工业工程形成了运筹学、系统工程、制造工程、供应链工程、工程管理、方法工程、金融工程、人机工程、安全工程、物流工程等多个分支领域。

7.2 行业通用的工业技术

现代工业的每个行业是围绕着某类产品谱系组织的。行业通用的工程学科是围绕着特定工程对象构建的知识体系。主要的行业性的工程学科包括航空航天工程、船舶工程、汽车工程、核工程，材料学、土木工程、军工技术等。

航空工程研究大气层以内的飞行器，航天工程研究外层空间的飞行器，包括各种火箭、卫星、探测器、空间机器人、空间结构与空间机械等。航空和航天交叉的领域是近地空间。空间飞行器不仅要承担非常苛刻且剧烈变化的多物理场效应，还要承担极端的重量限制和可靠性要求。航天工程师不仅要从事非常复杂的航天器设计任务，还要从事航天任务规划以及航天器运行与维护等非常复杂的工程领域，航天工程对科学探索能力和工程创新能力都提出了严苛的要求。

在航天工程基础上发展起来的一个重要的面向未来的工程领域是行星工程。行星工程是以影响行星环境为目的的技术开发和应用。行星工程包括多种方法，如造地、播种和地球工程。造地指的是改变其他星球，为地球生命创造一个可居住的环境。播种指的是将生命从地球引入其他可居住的星球。地球工程指的是应用在地球上已经验证过的工程方法对地外星球的气候进行工程改造。这些方法都包含具体的技术体系与伦理。

船舶工程研究船舶以及海上工程设施的设计、建造与施工、试验、操作、维护、升级、评估等。其专业领域涉及流体静力学、流体动力学、船舶的漂浮性与稳定性、船舶航行阻力与推进、造船材料、船舶结构、舱体布置、造船、船舶建造等。与船舶工程联系紧密的工程分支还有轮机工程和海事工程。海洋覆盖了地球四分之三的表面积，与之相关的工程领域要研究海洋环境、海上机械、海上建筑、跨海桥梁与隧道、港口、深海电缆、水下机器人、海床与钻井设施等，要面临水力负荷、海水腐蚀、海水污染、极地环境、波浪洋流、打捞回收等各种严苛工程挑战。

汽车工程是研究摩托车、汽车、坦克等各种车辆的设计、制造、操作与运维的工程分支。汽车产业是世界主要工业国家的支柱产业，已经形成了清晰成熟的工程技术体系。汽车工程的主要专业领域包括车身与底盘、动力与传动、车辆安全与认证、NVH（噪声、振动、通过性）工程、汽车电子、车辆性能、操纵质量、耐久性与抗腐蚀、成本工程、装配可行性、供应商质量管理、工厂建设以及新兴的智能网联汽车与自动驾驶等。现代汽车的很大一部分附加值来自智能系统，这是当代汽车工程创新的前沿。因此，机电一体化设计在汽车工程中的重要性日益凸显，以软件实现的智能系统的配置与性能优化、系统集成、系统控制、组件/子系统/系统级验证等过程也逐渐成为汽车工程流程的固有组成部分。在这样的背景下，"双V"模型也在汽车工程领域得到了广泛采用，其中一个V处理包括机械系统、电气电子系统、传感器、执行器在内的多物理系统工程，另一个V处理控制工程、控制逻辑、软硬件以及嵌入式软件的实现与验证。

核工程研究核裂变、核聚变以及其他基于核物理的亚原子过程应用。涉及反应堆、核电厂、核武器的设计、建造、运行与维护，还研究核医学、电离辐射、核安全、传热、核燃料、辐射防护与测量等相关技术。

军事工程是"工程师"一词的发源地。根据北约的定义，军事工程是指为塑造物理作战环境而进行的工程活动，包括路线侦查、架设通信设施、突破地形障碍、架设舟桥、爆破拆除、建造防御设施、反简易爆炸装置、营房环境保护、工程情报以及军事搜索任务的工程支持。在多域战的背景下还涉及外太空、网电空间、海洋环境方面的工程。需要在前线炮火中执行此类任务的士兵也被称作"战斗工程师"。军事工程活动不包含维护、修理与操作车辆、船只、飞机、武器系统及设备的各种机师和枪炮官的活动。

军用技术是明显带有军事性质、缺乏有用或合法的民用用途、未经专业训练会造成严重危险的技术。军用技术通常由科学家与工程师联合开发，专门用于武装部队的战斗。负责武器系统的设计、开发、试验以及全生命周期管理的工程领域通常是军备工程以及武器系统与运用，它们集成了机械工程、电气工程、机电一体化、航空航天工程、材料工程、化学工程、生物工程、核工程等多个工程技术领域的研究成果。在12世纪之后，世界军事技术的中心逐渐从中国转向西欧。在前两次工业革命期间发生的欧洲民族国家之间的战争以及殖民战争，使近代军事理论和军队的雏形得以形成，许多影响重大的军事技术都是由发明家及其团队完成的。20世纪以来，英、美、德等国的军方已经认识到军用技术的发展需要更多地依赖于由政府资助的大型研究中心，于是像托马斯·爱迪生与弗里茨·哈勃这样的工业发明家也参与到军用技术的开发中。二战期间由大规模科学与工程研究产生的核武器、雷达、喷气式航空发动机、近炸引信、先进潜艇、航空母舰以及其他制胜武器对战争进程的推动，加强了世界各国政府对军工科研的极端重视，在战后及冷战期间形成了苏式重工业体系与美式军工复合体等军工科研生产综合体，持续推动了军工高精尖技术的发展。大多数高科技与新兴技术领域都是直接来自军工科研。

虽然从人类文明的早期就发展了十分成熟的建筑技术，但"土木工程"一词直到18世纪才被创造出来，用来将民用的工程与军事工程区分开。1747年，第一所教授土木工程的学校——法国国立路桥学院建立。1818年，土木工程师学会在伦敦成立，十年后获得英国皇家特许，正式承认土木工程师是一种职业。在其章程中，土木工程的定义是"为人类的使用和便利而引导自然界巨大能量的艺术，为促进国家的生产、交通、内外贸易而服务,用于道路、桥梁、沟渠、运河、码头的建设,用于港口、码头、防波堤和灯塔的建设,用于商业动力机器,用于机械的建设和应用,用于城镇的排水。"土木工程包含建筑、岩土、结构、施工、环境、建材、场地、规划、勘测、路桥、公共设施、给排水等多个专业领域,还要考虑地震、气候、海洋等多种因素。土木工程涉及多种要求职业资格认证的工程师职位。

突破性的材料进步可以推动新产品甚至新产业的创造,成熟的行业也需要大量的材料科学家来进行渐进式创新,并随时解决当前使用中的材料与工艺问题。科学家与工程师的研究领域主要包括材料设计、材料工业化生产的成本效益权衡、材料加工方法、材料分析方法、材料属性等。此外,材料科学家与材料工程师还需要参与到冶金与化工等领域,以便从初级矿产中提取材料并将其转化成有用的形式。材料学包含了无定型金属、生物材料、陶瓷工程、铸造、复合材料、腐蚀工程、电子材料、材料取证、金属成型、冶金工程、纳米材料、塑料工程、表面工程、玻璃材料、焊接等多个专业领域,是现代工业的基础。

7.3 企业专有的工业技术

企业 Know-how,即"知道怎么做",被称作是"专有技术""程序知识"以及"诀窍",它是一个关于如何完成某事的实践知识的术语,与表示命题与事实的"知道是什么"、表示科学原理的"知道为什么",以及用于沟通交流的"知道是谁"相对应。它也经常被称为"街头智慧",以作为"书本智慧"的对立面。认识论学者认为,Know-how 通常是隐性知识,很难通过写下来或说出来的方式转移给另一个人,这是与能够用文字、符号及其他形式记录下来的"显性知识"是不同的。

从知识产权的角度看,专有技术是技术转让的一个组成部分,与专利、商标和版权等其他知识产权共存或分立,是一种具有经济价值的资产。专有技术可以被定义为以技术数据、配方、标准、技术信息、规格、工艺、方法、代码簿、原材料、所有信息、知识、协议、贸易惯例和秘密及其改进等形式秘密持有,能够许可特定公司的专业人员积累技能和经验以帮助被许可人制造和使用目标产品,并为其带来竞争优势。被许可人进一步可以得到关于目标产品的操作、维护、应用以及销售或报废的私有专家知识支持。

Know-how 是一种淡化的专有技术,因为即使只参观一家制造厂,也能为客户代表提供关于产品如何制造、组装或加工的宝贵见解。Know-how 也用于展示技术。展示计划的扩大是技术援助协议的典型内容,其中许可方公司向客户的现场和非现场人员提供实质性的培训计划。

工程学知识体系如图 7-1 所示。

对已有技术创新成果的转化与利用，推动技术成熟，开发用于交付使用的型号产品以及投入市场流通的工业产品及服务。
高密度研发密集型产业
航空航天飞行器及相关设备制造
科学研究与发展
医药制造
软件产品出版
计算机、电子产品、光学产品制造
工业技术装备及工业设备制造
中高密度研发密集型产业
武器弹药及军用车辆舰艇制造
IT及其他信息服务业
汽车制造、轨道交通及其他物流载具制造
化工及化学产品制造
医疗设备制造
电力设备制造
中密度研发密集型产业
机械工业及其他制造业
橡胶、塑料及其他非金属制品
机械加工行业
造船
机械维修
工程建设
其他产业
设计、计算/分析/建模&仿真、原型/样机、试验&评估、绘图/可视化/文档化/数据化、项目管理
研究作为终端产品（主机）的技术系统，以及作为技术系统构成部分的子系统、零部件、元器件、原材料、关键物理/化学/生物效应及现象，进行技术发明，开发新产品、新工艺、新的技术应用场景
行星工程
核工程
航空、航天
生物医药
医疗设备
计算、信息处理、数据处理、人工智能、软件
航海、轮机、海洋工程
兵器、弹药、武器、毁伤、爆炸
车辆
工程机械
动力机械与传动、新能源设施设备
工业装备、工业设备、工业技术
机电设备、电力设备、电力电子电气
工业电子、仪器仪表、工业网络、嵌入式系统
机器人
导航制导探测、光电、微波、电磁、综合电子信息系统
通信、网络、电信设备
计算设备
石油、石化、天然气
科研设施
建筑、路桥、市政、水利
轨道交通
家用电器、消费电子
食品、农业、林业、园艺、水产、养殖
服装、珠宝、首饰、配饰、轻工日用
出于实用目的应用科学知识，开发技术原理与关键效应，为工程与技术开发提供理论
能源与动力工程
安全工程
环境工程
声学工程
热工工程
仪器工程
机电工程/光电工程/微机电系统
微电子工程
系统工程
光学工程
电子工程
电气工程
工业工程
制造工程
通信与网络工程
机械工程
材料工程
纺织工程
信息、计算与软件工程
储能工程
控制工程
土木工程
化学工程
生物工程
形式科学
逻辑学、数学、统计学、物理学、化学、生物学、地球科学、天文学、医学、药剂学、农业科学、计算科学、工程科学…

图 7-1 工程学知识体系

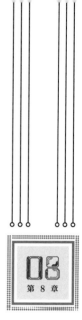

第 8 章

中国的工业技术软件化

自第三次工业革命以来,现代工业逐渐形成了工业母机和工业软件两大支柱。工业母机又称工作母机,是用于生产制造工业产品的机器。工业软件是制造工业产品所使用的软件。

百度百科对工业母机的定义为:工业母机或工作母机是制造机器和机械的机器,又称工具机,主要有车床、铣床、刨床、钻床、镗床、磨床、制齿机等。工业母机制造业为各类工业提供各种机械设备,是构成现代工业的心脏,是机器制造业主要生产品之一。工业母机类制造业是整个工业体系的基石和摇篮,处于产业链的核心环节,决定着一个国家或地区工业发展水平和综合竞争力。

百度百科对工业软件的定义为:工业软件指在工业领域里应用的软件。工业软件除具有软件的性质外,还具有鲜明的工业特色。其源于工业需求,也生于工业企业。业界比较公认的第一款工业软件,是 1957 年出现的一款名为 PRONTO 的数控程序编制软件,由 CAD/CAM 之父 Patrick J. Hanratty 博士在 GE 工作时开发。20 世纪 60 至 70 年代诞生了很多知名工业软件,基本上都是工业巨头企业根据自己产品研制的迫切需求而自行开发或重点支持的。例如,美国洛克希德公司开发的 CADAM，美国通用电气公司开发的 CALMA，美国波音公司支持的 CV，法国达索公司开发的 CATIA，美国 NASA 支持的 I-DEAS 等。

到了第四次工业革命，随着工业的智能化发展，产生了工业技术的软件化需求。工业技术在百度百科上的解释非常简单：工业技术是为达到一定目的，利用自然规律所采取的一系列合理的手段。通俗地讲，工业技术就是制造工业产品所需的技术、知识、工艺、流程、方法等。

在过去，工业技术和知识不能独立发挥作用，必须经过人这个环节来学习和掌握，然后再通过人去操作工业母机和工业软件。

工业技术软件化则是一场人机革命，通过将工业技术、工艺经验、制造知识和方法进行显性化、数字化和软件化，形成海量工业 APP，从而实现人机重新分工。机器将代替人从事更多知识性工作，而人将更多地从事创造性工作。如果说工业母机和工业软件代表了生产工具的升级，那么工业软件化就是知识性技能向机器的转移，从而让机器可以分析数据、预判错误、自我调整、适应变化。图 8-1 清晰地表明了工业技术、工业母机、工业软件以及工业产品的相互关系。

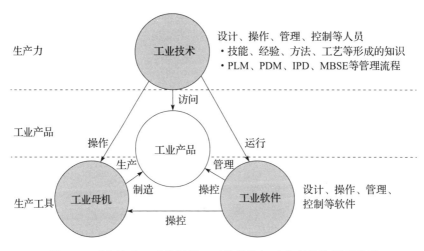

图 8-1　工业技术、工业母机、工业软件与工业产品的相互关系

工业 APP 基于工业互联网，承载工业知识和经验，满足特定需求，是工业技术软件化的重要成果。工业 APP 的出现加速了工业知识的积累，促进了工业向数字化、网络化、智能化的发展。工业互联网为工业 APP 的发展带来了强大的活力和增长机遇，基于全新架构和理念开发出来的工业 APP，为工业软件的研制、应用与发展提供了新的技术路径与应用实践。工业 APP 的数量、效果、用户下载量，目前已经成为工业互联网平台是否成功的关键指标。

工业母机和工业软件作为工业 3.0 的代表性技术，也恰恰是我国与西方工业强国的主要差距所在。在新一轮工业革命中，工业技术软件化是我国突破工业母机和工业软件卡脖子困境的最重要的机遇和抓手。工业技术软件化，是在现实条件下，充分利用西方工业强国的成功经验，在学习与合作的基础之上，打破西方对中国的工业强国发展过程中的"围追阻截"，从而走出一条不脱钩、不追随、自适应，充分利用中国体制优势、人才优势、基础设施优势、供应链优势、市场优势，与西方工业软件领域列强进行差异化竞争的道路。分而不离、学精舍赘、融会贯通，后发制胜。

8.1 工业技术软件化：源于中国的产业赛道

工业技术软件化的趋势一直存在于科技发展的大潮中，在制造业信息化、企业信息化、企业软件化、两化融合、工业 4.0、智能制造、工业互联网、数字化转型等这些行业热点中，都有工业技术软件化的助力和加持。

索为公司在 2016 年最早提出了"工业技术软件化"。提出这一术语最初的动因，是为了解决如何沉淀、积累、转化和高效利用工业技术（知识）。

工业技术软件化是工业技术、工艺经验、制造知识和方法的显性化、数字化和系统化的过程，它支配着整个工业的价值链体系，从需求分析、产品设计、试制试验、工艺设计与生产、交付与运行服务到回收的全过程管理。这是从人类使用知识向机器使用知识的转化过程。工业技术软件化，是以工业需求定义工业软件需求、以软件生产过程拉动知识生产过程的系统创新，目的是改善工业技术知识的供给侧，提高创新设计能力，推动产品创新和软件创新的融合发展。

作为中国人独创的术语，工业技术软件化的提出，贴合了"两化融合"的时代背景，顺应了发展自主工业软件、中国制造业产业升级等重大需求，融合了工业互联网、知识工程、软件工程、工业大数据、人工智能等先进技术发展成果，凝聚了行业共识，并迅速得到了业内专家和相关领导的认可。

2016 年 9 月 24 日时任工信部副部长、中科院院士怀进鹏在第十八届中国科协年会上强调"工业技术的软件化，是中国制造业走向强国的必由之路"。

2016 年 12 月 28 日，工业和信息化部印发《软件和信息技术服务业发展规划（2016 — 2020 年）》，指出围绕"深入推进应用创新和融合发展"的重点任务，实施"工业技术软件化推进工程"。

2017 年 11 月，国务院《关于深化"互联网 + 先进制造业"发展工业互联网的指导意见》发布，文件提出实施百万工业 APP 培育工程：到 2025 年，形成 3～5 个具有国际竞争力的工业互联网平台，培育百万工业 APP，实现百万家企业上云，形成建平台和用平台双向迭代、互促共进的制造业新生态。

2017年12月15日，中国工业技术软件化产业联盟成立，"工业技术软件化"从此走上了生态化发展道路。

2018年4月27日，《工业互联网APP培育工程实施方案（2018—2020年）》印发，文件在系统研究制约工业APP培育基础性和系统性问题的基础上，提出了未来三年工业APP培育的总体要求、主要任务和保障措施，明确了工作推进时间进度。

工业技术软件化概念在中国的发展历程如图8-2所示。

图8-2　工业技术软件化概念在中国的发展历程

8.2　工业技术软件化的定义

工业技术软件化凝聚了业界对推动中国制造业转型升级的共识，提供了工业领域与信息化领域全面融合的黏合力，是两化融合的重要抓手。尤其在数字经济时代的人工智能等新技术背景下，将工业技术（知识）软件化，让工业技术（知识）"植入"软件，开发机器可以识别和处理的应用程序，这已形成发展工业软件的一条新赛道和新动力，并开启了由人使用知识向机器使用知识的新篇章。

本书对工业技术软件化给出如下定义：

> **工业技术软件化**是将工业技术（知识）或工业大数据挖掘成果，按照结构化描述、系统化组织、模型化表达、场景化应用和生态化演进原则，转化成工业软件的一种动态技术过程和方法。

工业技术软件化开启了由人使用知识到知识通过软件驱动和定义机器的新篇章，是符合中国国情的工业软件发展新路径。

工业技术软件化这种将工业技术（知识）转化为软件的科学方法，包含了一系列过程、技术与工具。这种方法可以将现实世界的显性知识、隐性知识以及数据挖掘成果转换成软件，从而实现对工业技术、知识的解耦。

工业技术软件化是一种动态技术过程。在长期、持续的知识复用中，工业技术（知识）是不断被发现、积累、应用与创新的（如新模型、新算法等），用来描述、组织、表达工业技术（知识）并转化为软件的技术，在不断变化（如新建模语言、新建模方式、组件化技术、微服务和容器技术等）。

工业技术软件化是一种长期的技术与市场培育过程。这个培育过程涉及诸多领域的技术与市场因素，必须按照技术与市场的发展规律有所作为，不能期待一蹴而就。

明确了工业技术软件化是一个过程后，还需要澄清该过程的结果。工业技术软件化的结果是多种形态的工业软件，主要包括：商业化工业软件、自用软件、定制软件、工业 APP 以及工业软件平台等。

8.3　工业技术软件化参考架构

工业技术软件化是将各种工业技术（知识），通过描述、建模、软件化形成多种形态的工业软件，并将其投入工业应用的过程。基于庞大的工业技术群体和新技术的应用，可以构建工业软件新生态，开启机器使用知识新模式，最终形成工业软件发展新路径。

图 8-3 所示为工业技术软件化参考架构。在这个参考架构中，工业品生命周期内的工业技术（这是一个交叉整合空间）是工业技术软件化的主线，主要通过数据 –

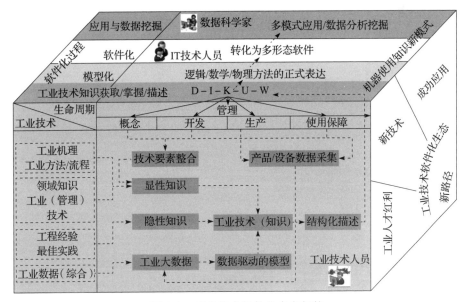

图 8-3　工业技术软件化参考架构

信息－知识－理解－智慧（Data-Information-Knowledge-Understanding-Wisdom，D-I-K-U-W）路径获取并掌握。软件化过程和相关技术是关键，可以指导人们（尤其是工业技术人员）经过对工业技术（知识）的结构化描述、模型化表达、软件化等过程，形成多种形态的工业软件，投入工程中开展广泛应用，通过应用数据的闭环反馈形成新的工业技术（知识）。通过工业技术软件化生态，为我国发展工业软件提供新路径和新动力，是工业技术软件化在当前阶段的主要目标。

8.3.1 工业技术积累是基础

工业技术软件化是将工业技术转化，形成多种形态的工业软件，这核心是工业技术（知识）。

工业技术在生命周期的不同业务环节如需求、方案、设计、仿真、工艺、试验、生产计划、控制、监控、数据采集、资源管理、问题反馈、MRO、回收等表现为相应的工业机理、工业技术（知识）、管理技术、工程技术、工程经验与最佳实践，以及各种工业大数据和模型。

工业领域的知识按照其属性可以分为隐性知识、显性知识以及工业大数据三大类，软件的本质就是一种"逻辑"，因此，工业技术软件化并不对那些讲不清楚、缺乏逻辑的各种经验和直观判断等隐性知识进行软件化。要将工业技术和知识转化为不同形态的工业软件，必须对这三种类型的工业知识采用显性化、内化与大数据分析等方法，进行分析、归纳、总结，之后转化为可描述的、有逻辑的工业技术（知识）。

可以用于软件化的工业技术（知识）包括以下几类。

- 各种基本原理、工业机理、数学表达式、经验公式。
- 业务逻辑（包括产品设计逻辑、CAD建模逻辑、CAE仿真分析逻辑、制造过程逻辑、运行使用逻辑、经营管理逻辑等业务逻辑）。
- 数据对象模型、数据交换逻辑。
- 行业或专业知识。
- 数据模型（经过机器学习和验证的设备健康预测模型、大数据算法模型、人工智能算法模型、优化算法模型等）。
- 人机交互知识等。

实施工业技术软件化，需要持续整合企业知识资源。企业既需要关注整体平台的搭建，包括知识的采集、存储、挖掘、模式提炼、共享交流、效果测评以及制度建设等，也需要强调知识在应用场景与业务系统中的协同，如设计、验证、使用等活动，应聚焦于各种业务系统的运营过程，从系统中获取知识，在运用过程中创造新的知识，并将这些知识返回到知识库中，纳入生命周期的管理。

8.3.2 软件化过程与技术是关键

工业技术人员如何将自身所掌握的工业技术（知识）转化成为软件，软件化过程和相应的技术是其中的关键。

具体而言，是将那些能说清楚、具有清晰逻辑的工业技术（知识），通过结构化描述、模型化表达、软件化等过程，形成多种形态的工业软件，并投入工程中开展广泛应用。不同形态的工业软件在应用中所产生的数据，将与产品生命周期采集的各种运行数据一起，作为工业大数据，通过数据建模、分析，形成可信的数据驱动模型，用于定性判断和趋势发现，形成新的知识。每一个过程都有相应的技术和工具支撑，尤其是一些新技术，如低代码化技术，为工业技术人员将工业技术转化为软件提供了新的实现路径。

8.3.3 构建工业软件生态是目标

虽然工业技术软件化概念提出的最初动因是要降低复杂工具软件使用门槛，解决高端装备研制过程中的知识积累和应用问题，随着时间的推移和各种新技术的发展，工业技术软件化被赋予了更多的期望，发展工业软件生态，开辟我国自主工业软件发展新路径和新动力，是当前阶段的主要目标。我国发展过程中的工业技术人员红利，以及新技术的不断应用，为通过工业技术软件化实现工业软件生态发展提供了有效保障。

工业技术软件化倡导以工业技术人员为主导，多种主体共同参与。低代码化和组件化技术，有助于让工业技术人员低成本地实现软件开发，大数据与 AI 等新技术的应用，以及工业互联网平台的发展，为这个生态的形成提供了加速器，而市场应用才是这个生态发展的决定因素。工业技术软件化倡导将个人所掌握的工业技术（知识）通过软件化解耦，用于更广范围的重用，体现个人价值，而由工业技术人员完成的工业 APP，将更加符合工业使用需求，将有助于破解我国工业软件在市场应用的"魔咒"。

8.4 工业技术软件化的解析

8.4.1 工业技术软件化的方法论

工业技术软件化是一种基于认知闭环，将工业技术（知识）转化为多形态工业软件的持续发展方法，这一转化过程实现了工业技术与软件技术的融合。

工业技术软件化过程基于对世界认知的闭环过程，从获取与掌握各种工业技术开始（包括已经认知清晰和未知领域的知识或数据），历经了结构化描述过程、系统化与模型化过程、软件化过程、多形态软件应用过程，以及获取应用过程数据，并基于 AI 与大数据分析进行定性判断趋势分析的获取与掌握工业技术过程等 6 个过程。

工业技术软件化方法论如图 8-4 所示。

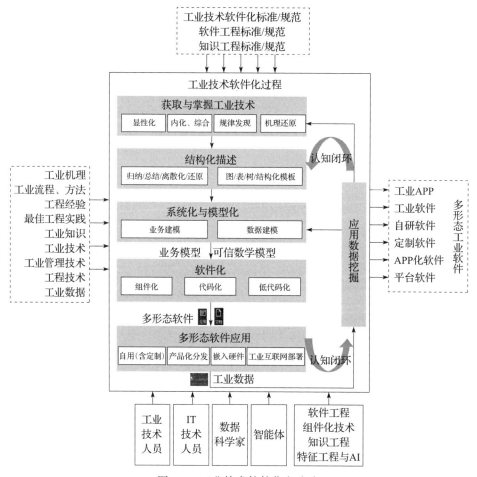

图 8-4　工业技术软件化方法论

工业技术软件化输出的是各种不同形态的工业软件，包括以产业化（或商业化）为导向的一般工业软件，工业 APP 及 APP 化的工业软件、以自用为目标的自研工业软件或外包定制工业软件，以及工业软件平台。

工业技术软件化使能项包括四类主体和相关技术。其中四类主体涵盖工业技术人员、IT 技术人员、数据科学家、智能体，相关技术包括软件工程、组件化技术、知识工程、特征工程与 AI 等。

工业技术软件化约束项包括工业品生命周期范围约束和相关的标准与规范约束，这里需要特别强调的是，工业技术软件化关注的工业品设计、生产、运维保障以及管理的工业过程，不包括工业品流通和消费的环节，工业技术软件化只关注工业技术（知识）范畴，其沉淀封装与转化的对象也仅限于工业技术（知识）。

8.4.2 工业技术软件化的完整逻辑

在工业技术软件化的整个内涵中，工业技术与知识是基础，多形态工业软件是载体，软件化是关键，它完成了工业技术与 IT 技术的融合，应用是根本目标。

工业技术软件化的 4 类主体——工业技术人员、IT 技术人员、数据科学家和智能体，围绕工业技术软件化的 6 个过程利用不同的工具与技术，将工业技术融合到软件载体中，投入不同应用场景，并应用所产生的数据，通过大数据处理分析与人工智能技术，实现对未知领域的趋势预测与机理还原的完整闭环逻辑。

基于认知闭环，可以将工业技术软件化的完整逻辑分解为两条主线，一条主线是基于已有工业技术（知识）的软件化形成的多形态软件；另一条主线是基于多形态软件应用数据，基于数据分析与数据建模形成的可信数字模型，再通过规律发现及机理还原，得到领域知识工业机理。两条主线形成完整的认知闭环。工业技术软件化的完整逻辑如图 8-5 所示。

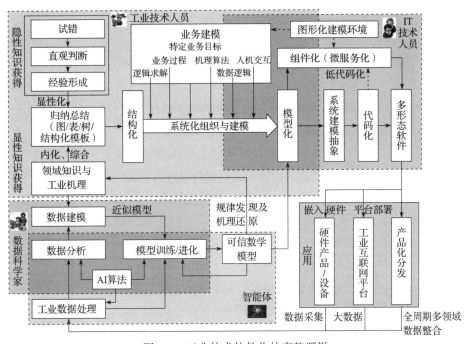

图 8-5 工业技术软件化的完整逻辑

在第一条主线中，通过对隐性知识的显性化、显性知识的内化与综合，采用归纳总结等方法，利用图、表、树以及结构化模板，将这些工业技术（知识）进行结构化描述。

基于特定业务目标，对相关的工业技术（知识）进行系统化组织与建模，利用图形化建模环境，完成业务过程建模、逻辑求解建模、机理算法建模、数据逻辑建模以及人机交互界面封装建模等工作，实现对工业技术（知识）的模型化表达。对基于特定目标的工业技术（知识）建模，需要工业技术人员与 IT 人共同参与。

在将模型化表达的工业技术（知识）进行软件化转化的过程中，可以采用多种技术来实现。以 IT 技术人员为主的传统软件工程路径，需要专业编程能力，通过代码化形成工业软件。此外，也可以利用组件化技术或微服务化技术，使用低代码化方式形成多形态工业软件。低代码化方式是未来工业技术软件化实现的主流，可以方便工业技术人员，在不具备专业编程能力的情况下，高效地完成工业技术的软件化转化。

至此，对于工业技术人员所掌握的现有工业技术（知识）进行软件化形成多形态的工业软件的逻辑主线已经完成。

不同形态的工业软件以多种方式投入工程实践应用，既可以作为产品直接分发应用（包括自用分发和商品化分发），也可以在工业互联网平台上部署应用，还可以嵌入到硬件产品或设备中进行嵌入式应用。不同的应用会形成不同的工业数据，将这些数据进行采集、汇集、整合，形成工业数据集，可用于对数据进行分析挖掘等处理。

首先，运用大数据与 AI 算法对获取的工业数据进行清洗和处理。其次，数据科学家借助各种不同的算法开展数据分析和数据建模，形成近似模型。然后，根据工业数据样本，使用机器学习等算法完成模型训练和进化，形成可信数学模型。最终，将可信数学模型通过图形化建模环境，完成模型封装形成数据驱动的工业 APP 等应用程序。同时，也可以将可信数学模型用于规律发现和机理还原，形成领域知识和工业机理。新的领域知识和机理又可以应用在不同的工业场景中，通过软件化形成新的应用，产生新的工业数据，再优化迭代并形成增量，从而形成一个持续滚动发展的闭环。

8.4.3　工业技术软件化的过程

工业技术软件化是以两条主线形成持续、动态的闭环过程。为了更清楚解析这一过程，采用离散化方法将此连续过程分解成 6 个具体过程，每一个过程中可能包含两条主线中的不同活动。其中，获取与掌握工业技术过程如图 8-6 所示。

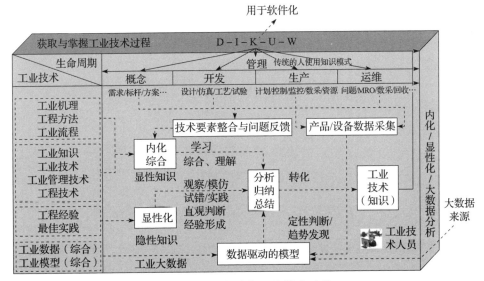

图 8-6 获取与掌握工业技术过程

1. 获取与掌握工业技术过程

获取与掌握工业技术（知识）过程的目的是获得软件化的对象，即了解到底有什么样的工业技术（知识）。

按照 D-I-K-U-W 的逻辑，获取与掌握工业技术（知识）过程将分解为针对显性工业技术（知识）、隐性工业技术（知识），以及工业大数据三类工业技术（知识）的转化。图 8-6 描述了获取与掌握工业技术（知识）过程。

在传统的人使用技术（知识）的模式中，工业技术人员将头脑中的知识应用到产品生命周期的概念、开发、生产、运维与管理中。

通过学习、理解、综合、观察、模仿、感知、试错、实践、试验、归纳、分析、总结等方法完成知识之间的转化与关联，获得与掌握工业技术（知识）。这一过程中，人脑作为主要载体，使得工业技术（知识）被掌握、被理解并应用到工业过程中。

工业技术软件化开辟了新的工业技术（知识）应用模式，通过将工业技术（知识）转换为机器可识别和执行的应用软件，让机器可以使用工业技术（知识），从而开辟了机器使用工业技术（知识）的新篇章。

2. 结构化描述过程

结构化描述过程的目的是将人脑中的工业技术（知识）清楚准确地描述，以便于工业技术（知识）的转化和利用。

工业生产的协同化和社会化分工，使得工业技术（知识）必须在不同的群体之间交互，结构化描述便于工业技术（知识）的转化和利用。在这一过程中，需要利用到不同的工具技术和方法，对工业技术（知识）进行结构化表达。

描述的过程是对工业知识进行特征化定义的过程，是对存在于产品设计研发、生产制造及运维保障等全生命周期过程中的某些特定工业技术要素（流程、方法、数据、信息、经验、知识等）进行结构化定义和显性化表达，实现知识的转化和沉淀。只有经过沉淀的知识才是我们需要的工业技术（知识）。

通常的结构化描述方法包括归纳、总结、离散化、解析法等，可以使用图形、表单、结构树、结构化模板等工具技术来完成这一过程。

3. 系统化与模型化过程

系统化与模型化过程的目的是将工业技术（知识）按照特定的业务需要和业务逻辑进行正确的模型表达。

系统化与模型化过程是对工业技术（知识）的逻辑进行体系化、特征化过程。这一过程需要完成对工业技术（知识）的综合求解与抽象。

工业技术（知识）模型即是对知识的抽象，蕴含了对某些工业技术（知识）的综合以及逻辑组织，知识模型通常由知识特征化模板表达，每一类知识特征化模板都用于定义相应知识的属性。

系统化与模型化过程针对结构化的工业技术（知识）和工业大数据两类不同的输入，可以分解为业务建模和数据建模两个过程。

针对业务建模过程，首先需要明确业务目标，然后完成业务过程建模、业务逻辑求解、数据逻辑建模以及相关工业技术算法建模与封装，最后完成人机交互模型。业务建模需要图形化建模环境，由工业技术人员与 IT 技术人员共同完成，形成达到特定目标的业务模型。

针对数据建模过程，主要由数据科学家借助图形化数据建模环境来完成，通过工业数据处理、数据分析、数据建模并基于 AI 与大数据算法开展模型训练与迭代优化（包括开发新的算法），形成可信数学模型。

4. 软件化过程

软件化过程的目的是将业务模型和可信数学模型转化成机器可识别和使用的不同形态工业软件。

软件化过程可以根据所使用 IT 技术的不同，分解为组件化过程、低代码化过程以及代码化过程，形成工业 APP、APP 化工业软件和平台化软件等多形态工业软件，这是工业技术变为软件的实现过程，随着 IT 技术的发展将采用不同的路径实现软件化。

传统的代码化过程，主要针对 IT 技术人员，需要将业务模型进一步抽象转换为软件系统模型，采用传统软件工程编码，利用软件开发环境完成从工业技术（知识）到软件的转换。组件化过程是通过不同的软件组件和组态或公共构件块（CBB），配置软件开发并实现特定业务目标的过程。低代码化过程是一种新的 IT 技术过程，通过微服务化的各种组件，使用拖拉拽、无代码或少代码的方式，让工业技术人员快速将工业技术（知识）转化为工业软件，如图 8-7 所示。

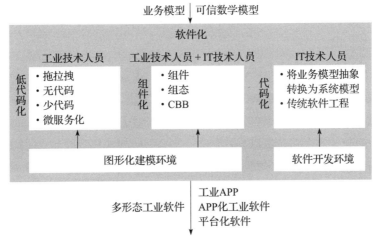

图 8-7　工业技术（知识）的软件化过程

5. 多形态软件应用过程

多形态软件应用过程的目的是将工业技术软件化成果投入到工程实践中，从而获得持续开发和改善多形态软件的驱动力。

多形态软件应用过程可以根据软件形态和目标的不同，分解为嵌入式应用过程、工业互联网平台部署应用过程、产品化应用过程。过程产生的工业数据将用于数据挖掘。

嵌入式应用是将工业软件嵌入到硬件中，通过软件定义或驱动硬件，让软件中所承载的工业技术（知识）（如逻辑控制知识等）被机器所用。在新的信息技术背景下，工业互联网部署应用主要将多形态工业软件以"平台+APP"、云化工业软件或平台化软件等部署方式，完成基于工业互联网的泛在应用；产品化应用包括以自用为目标的自研自用或定制自用,以及以产业化发展为目标的产品化分发。

6. 数据挖掘过程

数据挖掘过程的目的是将多形态工业软件应用数据和工业产品生命周期数据,通过数据采集分析,挖掘有价值的知识,用于优化与改善多形态工业软件的工业特性或软件属性,是在大数据、物联网、人工智能等新技术条件下的一种新的应用过程。

数据挖掘根据其目标的差异,可以分为两种类型,一种是基于改善工业机理和趋势等工业属性的数据挖掘过程,这一过程主要采集工业产品的运行使用数据,关注点在产品和业务本身;另一种是基于改善软件属性的数据挖掘过程,这一过程主要采集软件的运行过程,通过分析软件与业务的融合情况来改善软件的功能、性能和其他使用特性。

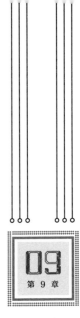

工业技术软件化的实践

9.1 工业技术软件化技术体系

工业技术软件化技术体系主要由可视化工业 APP 开发技术、工业 APP 标识流通技术、工业 APP 集成应用技术这三类技术构建。○

9.1.1 可视化工业 APP 开发技术

工业 APP 并不完全是新生事物,而是两化深度融合的一种新的形态,是工业技术、方法、知识、数据的显性化、模型化和软件化的成果产物,其核心开发主体是掌握具体专业领域知识的工程人员。工业 APP 的开发,一方面要充分基于现有的工业软硬件条件,另一方面要降低工业技术人员的开发门槛。工业 APP 开发难点在于工业企业内部已存在几百甚至上千种不同的工业软件和系统,如何让代

○ 参见工业和信息化部相关技术开发项目"工业 APP 可视化开发平台""工业 APP 标识解析""工业 APP 集成应用"等。

表工业技术、知识的工业 APP 与底层工具解耦,如何快速形成工业 APP,实现企业核心技术的可持续沉淀和积累。工业 APP 开发的痛点在于现实世界同一个物理对象,在数字化世界里被分割成几十种模型表达(如机、电、热、磁等),工程人员无法看到全貌,无法联合仿真,信息不统一、不关联现象非常普遍,极大影响工程研制协调难度和迭代速度。

可视化工业 APP 开发技术要紧紧围绕解决这两个难点和痛点问题开展,一方面要考虑和现有企业软硬件系统兼容,另一方面要借助互联网、云计算、大数据、微服务等新兴技术和手段,帮助企业以最小的成本、最小的开发实施量实现工业 APP 开发。

因此,工业 APP 的开发需要一整套适用于工程人员的开发机制和工具,通过在各种工业微服务组件之间建立数据关系、逻辑关系,不断组合与扩展,以可视化、无编程、模块化快速构建面向各种专业领域、解决特定工程问题的工业 APP,为用户实际开展研发设计、生产制造、产品运维等阶段的相关任务提供支撑。工业 APP 可视化开发主要包括可视化数据建模、可视化业务逻辑定义、可视化界面设计等功能。

工业 APP 的开发过程如图 9-1 所示,可以通过可视化、无编程的开发工具进行开发,所有开发出来的工业 APP 符合平台定义的标准文件,包括属性清单、服务接口、数据接口、数据模型、业务逻辑、依赖关系、资源信息、运行环境等要素。通过平台提供打包编译工具形成可共享、可流通、可执行的工业 APP,形态上可以选择在客户端执行,也可以选择以云服务的方式对外提供。

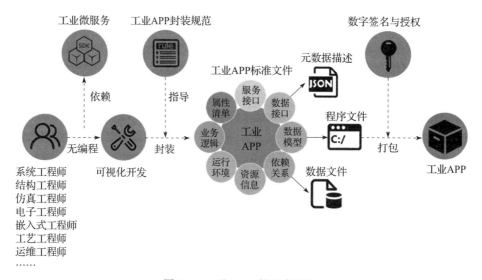

图 9-1 工业 APP 的开发过程

工业APP开发的核心技术包括工业微服务运行框架及组件库、工业软件适配器、管理软件适配器、设备适配器、工程算法类微服务、数据交换类微服务、数据分析类微服务、机理分析类微服务、可视化逻辑编程技术、可视化界面设计技术等。

可视化工业APP开发技术定义了机、电、磁、声、控制等领域语义级表达的集成适配器，实现了工业APP跨工具、跨平台、跨组织的流通和重用。

工具集成适配指令可以理解为是通过对一类工业软件功能的分析、归纳和整理，立足于操作指令级别的统一语义表达的基础上，所定义的一类工业软件的中性操作命令集。集成适配指令集相对于工业软件系统来说，就如同操作系统对于各种硬件一样。操作系统将软件从各种硬件中剥离出来，从而便于开发人员在操作系统上建立各种应用软件，围绕操作系统构建了丰富的软件生态环境，极大促进了软件行业的发展。现在的微软的Windows软件生态环境、谷歌的Android和苹果的iOS的手机软件生态环境，都是得益于操作系统将软件从繁多的硬件体系解放出来。与之相比，定义指令集对于企业信息化建设的作用在于，将企业核心业务方法、知识、技术从具体的工具、系统中剥离出来，使得企业的核心精力可以放在其核心业务的建设上，而不关注与底层工具的集成和整合，从而为企业提供一套完整的业务"操作系统"平台，在其上构建企业核心工业技术、知识、方法的工业APP承载平台，使得工业APP可以跨工具、跨平台、跨组织流通和重用，有利于工业APP的持续积累和沉淀。

通过构建集成适配器、工程算法、数据交换、数据分析、机理分析等数量多、覆盖范围广的工业微服务，可以有效支撑工业APP开发应用的深度和广度，有效满足工业企业在研发设计、生产制造、产品运维等各阶段的工业APP开发需求。

工业微服务是工业APP的最小组件单元，工业微服务的数据、范围决定了可视化工业APP开发环境的适用范围。

一方面，提供工业软件、管理软件、工业设备的集成适配器等微服务组件，可以支撑可视化工业APP开发环境实现各领域软硬件的集成与协同，满足开发端到端的工程数字化集成设计类工业APP，从而打通复杂产品设计全生命周期从研发（CAD、CAE、CAPP、CAM）到管理（PDM、ERP、MES）以及工业设备的互联互通。另一方面，提供大量相关工程算法、数据交互、数据分析、机理分析等微服务组件，可以支撑可视化工业APP开发环境在工程建模仿真分析、产品选型、品控分析、工艺优化、产量预测、预测性维修、健康管理、数字孪生等方面的工业APP开发，从形成产品全生命周期各个阶段、各个领域的全面覆盖的可视化工业APP开发环境，有效提升工业APP应用开发的深度和广度。

9.1.2 工业 APP 标识流通技术

工业 APP 是工业技术软件化后形成的知识产品，在市场经济条件下，知识产品具有与物质产品同样的商品属性，成为自由交换的标的。其交易活动应是高效益的价值实现和价值增值的过程，市场经济中资源（包括知识、信息等资源）的有效配置，就是依靠交易来实现的。只有通过市场化交易才能最大化发挥其存在的价值，同时也只有健康繁荣的工业 APP 交易市场，才能实现工业 APP 的优胜劣汰，从而使其生态保持永久的活力。

当前工业领域已有一些工业 APP，不管是基础共性的工业 APP，还是行业通用的工业 APP，以及企业专用的工业 APP，绝大部分的工业 APP 均没有进行标识。当前，这些工业 APP 存在于不同的地方，各种工业 APP 是否使用、如何使用，以及是否安全，都得由使用者经过层层的分析和考察。所以工业 APP 选用成本非常高、风险非常大。很多企业宁愿不用，也不去选择各种未经标识的工业 APP，特别是一些使用复杂、工业技术复杂或者设计不友好的工业 APP，更不愿意去尝试。

工业 APP 标识流通技术就是基于工业互联网的标识解析技术为基础，结合市场化的运营机制，实现对工业 APP 的统一监管，其主要职能就是提供统一工业 APP 的标识机制和市场交易机制，包括供求机制、价格机制和竞争机制等，并对其交易过程进行监控。

核心技术包括工业 APP 标识技术、工业 APP 交易流通技术、工业 APP 授权与签名技术、工业 APP 需求众包技术等。

工业 APP 标识技术包括建立工业 APP 标识管理服务平台，建立工业 APP 标识管理体系，以支持跨行业、跨地域和跨产品生命周期的工业 APP 标识规范，支持工业 APP 标识编码、采集、解析、共享、管控能力，支持面向不同行业、不同地域、不同产品和不同企业类型的工业 APP 标识的工程化应用示范。建设内容包括工业 APP 标识编码和解析能力建设、工业 APP 标识共享和管控能力建设、工业 APP 标识支持组件集建设和工业 APP 服务网关和调用链管理能力建设。

工业 APP 作为一种软件化的、可复用的知识及服务，需要积累相当大的数量才能满足各产品、各阶段不同的知识及服务需求，因此需要以互联网的模式构建工业 APP 交易平台。通过该交易平台汇集工业领域内各专业、产品的工业 APP，工程师、企业、机构间进行工业技术交易。该交易平台是构建基础、通用、专业工业技术体系的支撑平台，是平等、开放、价值最大化的知识交易平台。

工业 APP 授权管理机制，面向不同的平台部署方式，提供安全、完备的工业 APP 产权保护。用户登录工业 APP 云平台，购买 APP 后，运行 APP 会验证授权信息，只有验证通过方能使用。工业 APP 的授权许可通常采用永久许可、限时许可、限次许可等，实现 APP 订阅及租赁式销售，这丰富了开发者的商业模式。授权采用了加密算法，可以防止 APP 被篡改，同时，也提供了完善的破解补救机制。工业 APP 数字签名技术原理如图 9-2 所示。

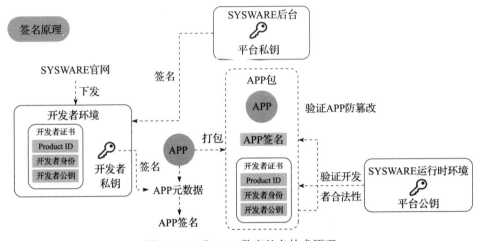

图 9-2　工业 APP 数字签名技术原理

通过供需对接汇集工业 APP 相关的需求和服务，持续建设工业 APP 的开放生态体系。在实际的研发、生产、销售活动过程中，有许多需求无法依赖企业自身资源完成，如缺少相关经验积累或者需要外在资源帮助进行企业研发。依靠供需对接模块，可以更好地解决工业活动中的资源与能力对接问题。

核心技术和知识在发展先进制造业、工业转型升级方面的重要性不言而喻。但是以往由于缺乏有效的知识转化和流通手段，知识往往被封闭在某个具体企业内，流动性差且积累困难。近些年以工业 APP 为代表的工业技术知识显性化、模块化、软件化的技术手段日益成熟，为企业知识的沉淀、传承和复用带来了极大便利。在此背景下，工信部提出了培育百万工业 APP 的目标。如果说银行流动的是货币，那么知识银行的通货就是工业 APP，而只有具备规模化、可定价、可流通的工业 APP 才能极大地放大知识的应用价值。犹如实物资产可定价，使商业银行可以通过贷款等一系列金融手段对企业进行支持。工业 APP 的出现，使得知识变为可流通、可定价的知识资本。

建立工业 APP 标识与流通平台，可以实现企业对工业技术使用过程中的"零存整取",在解决某一技术瓶颈的时候,可以通过市场化机制获得解决方案。与此同时,也可以贡献自己擅长的解决方案,供别的企业选择。一万个工业 APP 足以改变一个子行业的研发设计方式,百万个工业 APP 将能够重塑中国制造业的基因。以某型号的飞机设计为例,要覆盖某型号的总体参数、总体布局、动力选型、重量分配、载荷、结构等环节,需要 500 个工业 APP,这 500 个工业 APP 组合在一起,可以将该型号做一次总体设计的时间从 3～4 周缩短到 1～2 天的时间。如果能够将不同流程环节的技术过程都封装为 APP,将能够对工业品的设计过程进行颠覆性的改变。不仅能够大大缩短时间,还能够大大降低进入这个领域的门槛。就像云计算让更多企业能够便捷地调用大规模计算能力一样,未来工业品的设计也会让企业能够调用更多资源来完成。

如果没有工业 APP 标识流通机制,那么我国工业化进程中产生的许多核心技术和知识产权,大部分将散落在各个企业,闭锁在技术人员头脑中,无法积累、整合和重用,并且随着人员的流动而不断耗散和流失。这是无论我们引进多少先进的设备,建立多少先进厂房都无法弥补的。

以工业 APP 为核心的工业技术知识资产可以不断传承、积累和发展,始终都不会折旧,它们才是一流企业真正的核心竞争力和最宝贵的技术资产。中国与工业发达国家最根本的差距是工程技术体系的差距,而不是信息技术的差距。中国有全世界最全的工业门类,巨大规模的工程师队伍,通过建设工业 APP 标识流通平台,可以有效发挥我国"集中力量办大事"的制度优势,通过龙头企业的带动,用长期资金支持关键性技术、基础类技术,以实现关键性工业软件掣肘环节的突破,培育市场生态,并从新生态的繁荣中受益。

9.1.3 工业 APP 集成应用技术

当前,工业 APP 常常不能与其他相关 APP 和信息系统之间进行互操作。由于很多工业 APP 的研发和建设缺乏有效的共享、管理,以及统一规划,不同行业、不同产品、不同阶段、不同的开发者之间的工业 APP 难以进行数据交换,形成彼此独立的信息孤岛,且难以实现更高层次的信息处理。虽然部分工业 APP 实施了局部的数据集成和基于标准的交换,但是由于数据提供能力与接收需求不对应,不同模型建模标准不一致或发展不均衡,造成工业 APP 之间信息沟通不畅。所以,工业 APP 当前处于孤岛状态,无法形成一个一体化体系,无法为工业系统提供持续不间断的支撑。

工业 APP 的大规模应用,必须未雨绸缪,先解决限制工业 APP 集成与相互操作的基础问题。国务院相关文件提出了百万工业 APP 目标。这里的百万工业

APP 是成体系、有序的工业 APP 集合，而不是一个个独立的工业 APP 仓库。一方面，如果都是独立的工业 APP，既无法形成工业 APP 的应用体系，也无法充分发挥工业 APP 的作用，从而无法实现百万工业 APP 的目标；另一方面，工业 APP 如果没有融入一个巨大的工业 APP 体系，那么每个工业 APP 就需要解决大量的业务问题，使得工业 APP 非常庞大臃肿，并导致重复建设，如同当前大量信息系统的常规开发模式，此时，工业 APP 就不再是 APP，而是一般的信息系统而已。所以，解决工业 APP 集成与相互操作的基础问题，可以消除并解决工业 APP 体系壮大过程中所引起的相互不协调、重复建设和资源浪费等问题，为工业 APP 的发展铺平道路。

核心技术包括工业 APP 组配环境与工业 APP 知识图谱。

在实际工作中，一项设计工作往往需要调用多个工业 APP 来完成，用户需要依次手动启动每个 APP，待上游 APP 执行结束后，导出结果文件；然后才能启动下游 APP，手动导入上游 APP 的结果数据作为输入。这种场景下不仅用户的操作非常繁琐，同时两个 APP 之间的数据也是脱节的，当发现 APP 计算出错时，只能由人来追溯 APP 数据，这个过程是低效的。

平台提供了工业 APP 的组配环境，能够组合应用 APP、管理 APP 迭代执行产生的数据，并且可以记录 APP 之间的数据关联关系。用户开展具体的设计任务，从已安装的 APP 列表中启动执行 APP，执行过程中可随时从工程数据树上获取其他 APP 产生的数据，获取成功后，两个 APP 之间的参数关联关系也会自动记录下来，当上游 APP 参数发生变化时，会通知下游 APP。整个设计任务执行完成后，会形成统一的数据树，以及 APP 间的数据谱系关系。

通过工业 APP 的组配环境，使得用户以业务场景为单位去组合应用 APP，通过 APP 数据谱系关系使 APP 间的数据流转过程更加流畅与高效。

借助于工业领域百万级的超级词表、语料库，通过机器学习、语义计算等相关算法对海量工业 APP 数据进行知识处理、挖掘，对工业 APP 进行基于语义的模型化表达，从而建立以工业 APP 为节点的工业知识图谱，以实现基于语义的知识推送、知识搜索、领域专脑、智能问答等应用。

尤其是在工业 APP 的组合应用过程中，提升用户工作效率与体验的本质是 APP 间数据的智能、精准应用。也就是说，当用户打开一个 APP 时，平台就会将与此 APP 的输入数据相关联的 APP 推送过来，用户根据 APP 的介绍或查看 APP 详情，选择出最终适合的 APP，并应用其数据，这就需要用到工业 APP 的知识图谱。通过系统过滤掉不相关的 APP，帮助用户提高筛选 APP 的效率。每当用户成功应用了 APP 数据，系统都会自动记录 APP 间的数据关联以及数据关联的频率等信息，然后再依据数据的匹配性并结合加权算法等，将 APP 推送至匹配的用户组配环境下，帮助用户提高 APP 数据匹配的精准性。

工业 APP 是面向特定场景、特定问题的工业应用程序，其特点是小而精。因此在完成一项具体的产品研制任务时，往往需要几个甚至几十上百个工业 APP。工业 APP 集成应用技术，通过建立一体化的工业 APP 组配环境，可以快速完成对不同领域、不同专业的工业 APP 的集成与组合，并借助后台工业 APP 之间的逻辑、数据关系所形成的知识图谱，可以实现工业 APP 智能化推荐与应用。

9.2 工业技术软件化的工程实践

工业技术软件化的路径是构建在先进工业软件企业的工程实践基础上的。

9.2.1 航空行业

从 2006 年起，航空行业实施项目超过 100 个，服务了 30 多家单位，深入航空器结构设计、复合材料设计、航空机电装备设计、航电系统设计、飞机数字化制造、试飞等各专业领域，建成技术软件构件近千个，各类协同设计平台上百个，各类数据库或知识库上百个。

代表性成果包括：

- 无人机构型协同管理系统；
- C919 工艺基础数据库；
- 飞机制造业数字化工程平台；
- 飞机总体方案综合设计平台；
- 民机复合材料结构设计仿真平台；
- 大型飞机总体综合设计平台；
- 作战飞机总体设计工具软件集；
- 翼面结构数字化设计知识库；
- 飞机协同设计平台；
- 旋翼飞机总体设计平台；
- 试飞数据库；
- 航电系统综合验证与测试分析软件等。

9.2.2 航天行业

从 2012 年起，航天行业实施项目超过 40 个，服务了 20 多家单位，深入航天飞行器总体设计、航天推进系统设计、空间系统设计、航天器多学科优化设计、航天飞行器性能分析等专业领域。建成技术软件构件数百个，各类知识库、数据库、资源库和构件库数十个。

代表性的成果包括：
- 燃烧高频不稳定性仿真与知识集成平台；
- 推力室、燃气发生器特性知识库；
- 涡轮泵特性知识库；
- 阀门特性知识库；
- 典型弹体结构快速参数化建模软件；
- 飞行器总体协同设计系统；
- 复杂产品协同优化设计系统；
- 飞行器多学科仿真优化集成系统；
- 飞行器总体协同设计仿真应用支撑系统等。

9.2.3 兵器行业

从 2011 年起，兵器行业实施项目超过 30 个，服务了 20 多家单位，深入飞行器总体设计、飞行器制导控制系统设计、飞行器结构设计、特种车辆总体设计、典型目标与背景特征分析、车辆成员载荷分析等专业领域，建成技术软件构件上百个，各类数据库、知识库、资源库数十个。

代表性的成果包括：
- 飞行器总体设计平台；
- 履带车辆总体设计平台；
- 飞行控制系统设计与评估软件；
- 基准飞行器数据库软件；
- 制造资源库软件；
- 特种车辆自适应制造模式验证；
- 兵器云等。

9.2.4 船舶行业

从 2007 年起，船舶行业实施项目超过 30 个，服务了 6 家单位，深入潜艇外形设计、潜艇结构设计、调距桨设计、柴油机推进系统设计、燃气轮机设计、舰船总体设计、舰船快速设计、舰船电磁环境等专业领域，建成各类技术软件构件数百个，各类专业数据库、知识库数十个。

代表性的成果包括：
- 潜艇结构设计参数化软件；
- 总体性能综合设计分析集成软件；
- 电磁兼容数字化仿真设计平台；
- 舰船总体设计专家知识库管理系统；
- CAD\CAE\CAM 一体化设计平台等。

9.2.5 核工业

从 2011 年起，核工业系统实施项目超过 20 个，服务了 10 余家单位，深入核电厂设计规划、核能电子元器件设计、核电设备设计等专业领域，建成技术软件构件上百个，各类数据库、知识库、平台十几个。

代表性的成果包括：
- 核电厂设计平台；
- 核岛主设备设计及设计验证平台；
- 电子学产品协同研制平台；
- 核电厂设计仿真与分析平台；
- 常规岛设计仿真验证与分析平台；
- 核岛设备关键部件材料性能数据库平台等。

9.2.6 电子行业

从 2010 年起，电子装备行业实施了 9 个项目，服务了 9 家单位，深入雷达结构设计、雷达天线设计、电子装备总线接口设计、知识工程、软件工程等专业领域，建成各类技术软件构件数十个，协同研发平台、知识工程平台、软件工程平台 5 个。

代表性的成果包括：
- 雷达协同研发平台；
- 雷达结构协同设计与仿真平台；
- 雷达天线综合设计软件；
- 多总线接口管理软件；
- 软件工程化管理平台；
- 知识工程系统等。

9.2.7 汽车行业

从 2013 年起，面向汽车及柴油机行业，实施了 7 个项目，服务了 6 家单位。代表性的成果包括：

- 汽车装备制造非标工装快速设计平台；
- CAE 仿真管理平台；
- PDM、BOM、SRM 系统集成与应用项目；
- 特种越野车辆协同设计平台等。

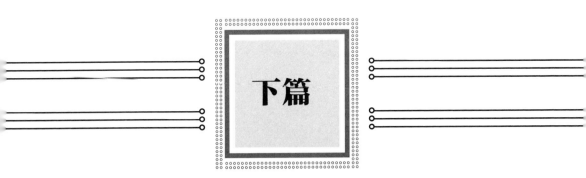

发展工业技术软件化产业

我国工业软件产业发展进入关键的抉择期，影响深远。CAD、CAE、EDA等工业软件是几何、力学、控制、电子等现代工程科学的软件化，是百年工业知识沉淀的结晶，在这个领域，发达国家占据绝对优势，短时间内我们难以实现赶超。

工业技术软件化是在平台型软件上，将工业领域中大量的行业性技术、专业性技术、操作性技术进行软件化，是面向特定场景解决特定工程问题的"小程序集合"，成本低，见效快，易于共享，便于传播，是工业软件产业发展的另一个维度和方向。目前我国在这个方向上跟发达国家相比具有一定优势，应该进一步加大支持力度以加快发展。

工业知识和技术软件化体系博大精深，涉及机、电、热、力、磁、声、光等通用学科，还涉及航空、动力、航天、船舶、车辆、电子等工业行业，如此庞大复杂的体系，需要顶层规划和设计。一方面是CAD、CAE、CAM这类工业软件，应该主要由市场化的工业软件企业来研发。而航空、航天、船舶等工业企业，应该重点发展工业技术软件，将飞机、导弹、船舶等工业产品技术进行软件化，建立行业通用的工业APP库和共享资源，以及工业企业的核心技术体系。而中立的工业软件创新中心，可以进行标准制定、测评和应用推广。这样才能建立一个健康的工业技术软件化产业。

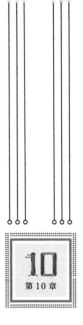

第 10 章

工业技术软件化的发展策略

10.1 工业技术软件化需要平台视角

工业软件门类众多、体系庞杂，纵观欧美几十年的工业软件发展史，是从单点的工具型软件（如 CAD、CAE 等）向集成化、体系化的平台型软件（如达索的 3DE 平台）发展的趋势。达索、西门子、ANSYS 等工业软件巨头的不断并购重组和资源整合等行为的背后，是其强大工业软件平台的支撑，是不断消化吸收、整合升级的平台化发展战略，是以平台控制生态实现对用户绝对话语权的思想体现。

CAD、CAE 等单点工具"卡脖子"现象比较突出，与国外最高水平相比我们至少落后 20 年，这两年也受到了国家层面和社会舆论的广泛关注。与此相反的是，隐藏在这些让人眼花缭乱的工业软件庞大体系背后的工业软件平台虽然颇受冷落，倒与国外先进水平的差距并不大。这也是因为国内企业广泛存在大量异构工具来集成与整合实际需求，带动了国内平台型软件的发展。但是随着达索、西门子等工业软件巨头"一统天下"的并购策略和工业软件平台化战略的推进，工业企业逐渐会被"完全绑架"到这些平台型软件上，我国的工业技术安全存在全面被外资软件控制的风险。

因此，发展自主工业软件、开展国产化替代不仅要关注CAD、CAE、CFD等单点工具的自主化，还要从集成、融合的角度重视工业软件平台的发展，即能够实现各种国内外异构工业软件的有效集成适配和双向互操作，又能够以统一模型为标准，在产品对象层面有效融合各种异构模型和数据。分散、割裂的单点工具要在一套平台框架上整合，掌握了平台也就掌握了未来工业软件制高点、话语权。只有紧紧抓住工业软件平台和体系架构层面的控制权，才能够促进国内各家产品形成合力和共识，协调整体与局部的发展关系，构建国产自主工业软件产业集群。

10.1.1 工业软件平台是开展工程研制工作的载体

型号研制过程中往往会使用到多种异构工业软件，每一种软件从学科维度出发只定义了产品的某个侧面的信息，比如CAD定义了产品的几何信息、有限元方法定义了结构强度、CFD定义了流体信息等，这就造成从型号层面上应该是统一的模型表达，但是在实际中被各个异构软件割裂开来的局面，大大增加了数据的异构性、不一致性，很难集成和联通，无法形成闭环的产品模型体系，也在很大程度上限制了设计、分析、验证的循环效率。更加严峻的事实是，代表企业核心技术和知识的模型数据被锁死在西门子、达索、ANSYS的一个个"工业软件黑箱"中，企业技术安全风险极高。如果说CAD、CAE等软件是以学科维度划分的"纵向"工具，那么型号研制则需要一个互联互通的"横向"平台，向下集成和整合各类工业软件工具，向上承载型号技术知识和模型数据，将工业技术、方法、知识从具体的单个工具中剥离出来，为企业提供一套完整的工业软件操作系统平台，保障型号研制的高效率，以实现工业技术体系持续沉淀和优化。

10.1.2 平台化策略可以带动国产工业软件的发展

国外工业软件巨头已经逐渐形成了以平台为依托，自主研发与并购整合并举的工业软件研制模式，当前工业软件的竞争方式已经不再是"单兵"作战，而是以"航空母舰"为作战平台的"海陆空一体化"作战模式。

我们需要顺应这一趋势，提前规划、尽早布局，先构建集成整合平台，制定各种异构软件的集成接入标准和模型标准，再将国内、国外的单点工具整合到这个平台上，然后在实际应用中逐渐壮大和发展单个国内工业软件。一方面，以平台为基础和标准，形成工业软件测评体系，对标国外同类先进产品，促进自主工业软件的提升和追赶。另一方面，在平台之上形成国内与国外软件并存模式，成熟一个国产化替代一个，既确保研发工作的正常进行，也保障企业模型和数据的安全和可迁移，支撑国产化软件替代的顺利推进，还可以有效促进国内各家产品形成合力和共识，聚合在工业软件平台下，走出一条不同于"分立发展、企业并购、产品整合"的国外工业软件发展模式的新路径。

10.1.3 "平台+工业APP"创新工业软件发展路径

传统工业软件是按学科门类独立研发的，其本质是基础学科相关的工业知识软件化成果，具有通用性强、应用范围广、相对封闭等特点，开发语言与标准不尽相同，研发难度大，往往需要专业团队数年的持续投入。除此之外，工业领域还存在着大量代表行业和专业的工业技术，如飞机研发技术、船舶研发技术，甚至是轴承齿轮研发技术，这些技术被长期忽视，它们的软件化的方法、工具严重缺失，使我们工业化进程中产生的许多核心技术和知识产权散落在各个企业，闭锁在技术人员头脑中，无法积累、整合和重用，并且随着人员流动而不断耗散和流失，造成巨大浪费。

工业软件平台的建设为工业技术软件化提供了统一语言和高效工具，让专业技术的软件化、APP化难度大大降低，让中性的工业技术不再与特定的工具软件绑定，让每一个工程师都可以开发专业的工业APP，让工业APP可以进行组件式、积木式的随心组合，让工业技术可以自由流通共享，从而形成一种完全不同于传统工业软件研发的新模式，是发展工业软件的"换道"路径。借助我国工业技术和制度优势，在短时间内可形成百万量级的工业APP，促进行业与专业的工业软件自主化，突破发达国家的布局和模式，支撑我国形成安全、自主的工业技术软件体系。

10.2 发展工业技术软件化产业的抓手

10.2.1 建立工业软件测评体系，促进国产化替代

在发展自主工业软件过程中，如何对标国外同类先进工业软件，促进自主工业软件提升和追赶？如何在自主工业软件进入某一行业时，对其进行行业适用性测评？面对企业遗留的模型资产，如何评测自主工业软件模型的可迁移性？这些问题是推进国产化工业软件替代所必须面临的问题。以工业软件操作系统的中性

指令集为标准，建立工业软件评测体系，可以有效服务于工业软件对标、行业适用性测试、模型可迁移评估等需求。

中性指令集可以理解为是通过对同一类工业软件（比如 CAD 软件）功能的分析、归纳和整理，立足于操作指令级别的统一语义表达，所定义的中性操作命令集。CAD 软件的操作指令包括点、线、面的创建，曲面的旋转、平移、相交，以及打孔、倒角、拉伸、旋转等实体特征操作。一般来说，CAD 建模相关的指令大概有 300 个。如果将结构力学、流体力学、电磁仿真、振动噪声、传热分析等指令汇总起来，总数大概有 5000 个。工业软件领域的这 5000 个指令就好比汉语中的 5000 个汉字，任何一篇文章都是由这 5000 个汉字组成的，同理，任何一个工业模型都是由这 5000 个指令所创建的。

在与国外软件对标时，在工业软件操作系统环境中，用同样一套中性指令集所表达的工业模型，同时驱动自主工业软件和多家国外同类工业软件的执行，可以在建模指令级别上一一对比优势和差距，给出定量评测报告，有助于促进自主工业软件的提升和追赶。

在进行行业适用性评测时，依托构建在中性指令之上的工业 APP 可以很好地完成这样的任务。比如如何评价一款自主工业软件是否适合飞机总体设计领域的要求这一问题，最好的办法是通过飞机总体设计领域的 APP 对其进行适用性进行评测。一般来说，飞机总体设计领域可以形成两百多个 APP，包括总体布局设计、气动外形设计、结构布置、重量统计、载荷计算、飞行品质分析等。这两百多个工业 APP 运行环境大概需要依赖数十款国外商业软件的支撑，包括 CATIA、Abaqus、CFX、ICEM 等。如果将某一款国外软件替换为国产自主工业软件，在工业软件操作系统的支持下，上层的工业 APP 是不需要重新做调整的，只有底层所依赖的工业软件发生了变化。那么在这个环境上，整体执行一遍这两百多个工业 APP，可以对该自主工业软件在是否满足集成要求、技术要求，以及计算结果的可信度、计算执行的效率等方面进行详细的评测。如果所有的评测结果都通过，那么可以有充分的理由证明该款国产自主工业软件是完全可以适用于飞机总体设计领域的。工业软件测评体系如图 10-1 所示。

在模型可迁移的问题上，传统的数据转换方法会丢失一部分数据和建模历史。自主工业软件需要适配中性指令的标准，这样在模型迁移过程中，依据工业软件操作系统提供的自动化模型重建技术，可以将企业遗留的模型无缝迁移到自主工业软件中，并保留整个建模历史，可以满足企业在替代后模型还能够继承和修改的需求。

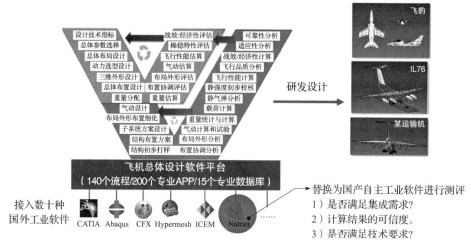

图 10-1　工业软件测评体系

10.2.2　推广工业软件操作系统，提升工业技术软件化率

　　仔细分析西门子、达索、PTC、ANSYS 这些国外软件巨头的业务可以发现，他们共同的特点就是封闭，类似软件领域的苹果公司的做法，每家都花费上百亿美元收购各种工具软件，通过一个封闭生态来实现利益最大化。这种封闭性的体现就是一家企业最好全部都用一家的软件，才能得到最佳效果。这种模式最大的弊端是用户需要"把所有鸡蛋放在一个篮子里"。而实际情况恰恰是大部分工业企业用户不会也不可能只用一家公司的工业软件。这正是我们最好的一个突破点，通过建设工业软件操作系统，横向兼容和整合各家工业软件，类似于软件领域安卓系统的做法，是一条当前中国发展工业软件的正确道路。此外，未来工业软件发展的趋势是软件之间的界限将消失，CAD、CAE、EDA、CAM 等都在融合。这些分散、割裂的单点工业软件工具需要一套体系框架来整合。西门子、达索、PTC 等厂商这些年不断地在收购和整合各种软件和系统，其背后隐藏的就是这套强大体系框架的支撑。这些国外厂商之所以不宣传体系框架平台，主要原因是平台是为自己服务的，是他们软实力的体现。

　　工业软件操作系统向下集成驱动各种软件和设备，向上支撑设计、仿真、试验、工艺、制造方法和技术的软件化。发展工业软件操作系统，一方面将我们的工业技术与国外的软件和设备进行了隔离，从而保护我们核心技术和数据的安全，另外又不用面对几百种软件和设备进行二次开发，大大降低了工业技术软件化的难度，实现了工业技术和具体工具之间的解耦。因此可以形成国产工业软件的"避风港"，促进基础工业软件的自主化，突破发达国家的布局和模式的限制，支撑我国形成安全、自主的工业技术软件体系。

我国规模以上制造企业约有 30 多万家,制造业 500 强企业涉及 21 个工业大类,拥有世界上门类最全的工业体系、最大的需求市场,应当对新一轮工业格局的调整拥有一定的主导权。这个主导权应该聚焦和体现在代表工业技术、知识体系的工业 APP 上。因为作为核心工业技术载体的工业 APP,国外不会卖给我们,没有了国外企业竞争,既不会引起贸易纠纷,也不会形成对抗。当我们快速形成海量的工业 APP 后,就可以实现异军突起,并反向带动国产工业软件的替代。同时工业 APP 的特点是专业性强、小而精,可以充分发挥我国互联网的技术和生态优势,推动基础共性、行业通用的工业 APP 体系建设,发挥制度优势,优化技术资源配置,调动社会资源共建共享,营造充满活力和可持续发展的工业软件生态体系。

10.2.3 开展工业 APP 教育与培训,提升数字工匠供给能力

工程人员是工业 APP 开发主力军,工业 APP 的开发一方面要充分基于现有的工业软硬件条件,另一方面还要降低工程人员的开发门槛。工业 APP 开发平台提供拖拉拽的可视化开发方式,可视化定义物理对象及机理模型、业务逻辑和交互界面,借助我国互联网模式汇集的庞大数据资源和工程技术人才资源,可以快速形成百万量级的工业 APP。

可以针对制造业人才开发工业 APP 的培训课程;面向新工科学科建设,开发工科院校、职业学院的教育课程;针对企业内部,推动优秀"数字工匠"培训课程体系。建立全方位、多层次的人才教育培训体系,提升工业 APP 人才供给能力。

10.3 工业技术软件化产业的重点任务

历史与未来的交织、私利与公利的混同、投机与奋斗的交锋、实事与表述的摩擦、技术与社会的互动,各种相互矛盾的力量在这里激烈缠斗。这正是工业软件产业复杂性的体现。这种复杂性衍生于中国工业软件产业发展面临的深层次矛盾,也就是工业软件产业的生产力发展水平及其塑造的经济基础跟不上新形势下我国工业经济高质量发展的节奏。这种反差与其说是理想与现实不符的"撕裂感",不如说是高速发展带来的"推背感"。而工程师的使命,就是在消弭反差、协调约束、权衡研究的过程中设计并实现更美好的人造世界,这也是工程科学的魅力所在。

工业技术软件化就是要充分发挥工程科学的魅力，组织一切可利用知识、技术、数据等先进生产要素，研究有助于促进工业企业高质量发展的工业软件产品与服务，以先进工业软件企业的运营支持工业软件产业生态的建设。

这条路径有两个关键环节，一是坚持工程"底色"，像水滴一样融入工程技术创新的汪洋大海，在持续解决工程问题的过程中理解工程场景、积累工程知识、积聚建模手段与模型资源、迭代工业 APP、培养与壮大工程师团队；二是坚持对各行业知识技术的深入研究，在积累工程设计专长的同时，把握工业技术体系的发展脉络。

10.3.1 以工业智能算力为核心建设基础设施平台

计算机提供了算力，软件通过消耗算力来生产数据，数据则驱动业务运行，这就是数字经济的基本逻辑。

工业智能算力系统中，软件的作用是提高了系统运行的自动化水平。这里讲的"系统"并不是狭义可以完全由 ICT 技术支持的"信息系统"，而是"系统"的本义，构成要素可包含人、事、物。

一台未安装任何软件的计算机，拥有纸面上的算力，并不能解决任何问题。这个时候就需要在这台计算机上安装软件，使用户能够利用算力解决各种实际问题。这就有了硬件和软件的划分。

首先激活算力的是操作系统、数据库以及解决分布式计算问题的中间件等基础软件，然后是编程语言、编程框架、集成开发环境（Integrated Development Environment，IDE）和代码库。在基础软件和开发环境的基础上，知晓如何利用算力解决实际问题的开发者们设计并构建各种应用软件。

开发应用软件，需要问题域的科学化和合理化发展到一定水平，从而能够对问题进行恰当的建模与仿真，然后就可以通过数据结构和算法的设计，利用算力在计算域得到问题的解。这就有了基础软件和应用软件的划分。

从利用算力解决问题的角度看，计算机就好比核反应堆、燃气轮机、太阳能电池板等电力生产设备，计算机一旦通电运行就产生了算力；基础软件和开发环境就好比输电网络和电气布线，使用户能够很方便地取用算力；然后就是利用各种电器设备改善人们的生产和生活，解决各种实际问题，这时靠的是应用软件。应用软件不仅是计算机的组成部分，更是计算机的灵魂。

工业智能算力的作用体现在三个方面：一是对事物的分析与优化，例如，使用有限元软件分析结构件的载荷，然后根据强度准则对结构件几何拓扑进行优化；二是对过程的控制与自动化，例如，使用航空电子系统软件和飞行控制软件对飞行过程进行管理以实现自动驾驶,使用业务过程管理软件对业务过程进行管控;三是对系统的综合与呈现,例如,在三维软件的支持下利用数字样机对飞机整机进行结构协调,利用大数据与可视化软件为决策者呈现复杂社会系统的动态特性。在一些特别复杂的场景中,如芯片设计和高端复杂产品的权衡空间探索,离开软件就寸步难行。

随着算力运用的不断深化,计算科学和数据科学也会迅速发展,并反哺问题域的科学理论。这构建了良性循环:在越来越具有解释力的科学理论支持下,越来越强大的应用软件通过处理越来越丰富的模型、数据和算法来利用越来越充沛的算力解决越来越重要的实际问题。

为了构建利用工业智能算力解决问题的能力,需要进行四个方面的开发工作。一是系统设计,将现实问题域的重要方面以及为解决问题而设计的信息系统描述成"模型+数据"。二是算法设计,根据科学理论,利用计算方法,通过对数据的处理求得问题的解。三是交互设计,定义用户使用软件的方式以及软件向用户呈现的界面,并确保软件各方面的属性在用户环境中的合规。四是软件构建,针对特定计算环境进行编码、编译、测试、优化、打包等工作。

系统设计工作决定了软件能不能解决实际问题,体现了软件开发者的行业认知水平。业务分析师必须掌握丰富的行业知识,深刻理解行业才能发现真正的问题,拥有足够的智慧,从而能够设计出可以让所有利益相关者都接受的解决方案。业务分析师必须掌握足够多的框架、模型和建模技术,将解决方案中包含的信息系统转化(离散化)成"模型+数据"的形式。

算法开发工作决定了在解决问题的过程中,算力的消费量、解决问题的自动化水平以及解决问题的效率,体现了软件产品的科技含量。解决复杂的问题需要复杂的算法,复杂的算法消费更多的算力。我国工程界的前辈们曾经饱尝"有算法而无算力"的苦头,在艰苦卓绝的工作环境中用算盘和计算尺设计出许多"大国重器"。而现在,随着国家数字经济基础设施建设的推进,更应该考虑的是如何以促进生产力的目标去利用和消费更多的算力,这依靠的是算法设计的创新。美国国防部在国防工业高性能计算中心的支持下,开发并集成了大量用于装备整机的物理特性分析的核心算法,形成了系列化的先进仿真软件,极大地推动了复杂装备方案论证阶段与工程研制阶段的融合。工作流引擎的核心调度算法支持了业务流程的自动化。古代在战场上需要打很多枚常规炮弹才能对远处的静止目标造成有效毁伤,在导航、制导与控制算法的支持下,只需要一两枚导弹就能精确打击目标,随着算法的进步,在未来战场上,会有无人系统自主作战,而"算法战"也正在成为未来战争的重要形式。

交互设计工作和软件构建工作直接决定了软件产品的稳定性和用户使用软件产品的操作体验，体现了从业者的技能与技艺，不仅十分依赖素材库、代码库等现有资源，也十分依赖各种多媒体工具和开发环境。

应用软件产品能够带给用户良好的体验，得益于系统设计工作赋予的整合能力、算法开发工作赋予的科技能力、交互设计与软件构建工作赋予的产品能力。三者共同构成了应用软件产品的核心能力。

10.3.2　培育工业软件的多元业务能力

工业软件以商用货架、工程项目、自研软件等三种形式向用户交付由算力和数据赋能的业务价值。

当应用软件作为现货产品流通时，用户采购并安装运行软件就能解决问题。标准化的套装软件通过不同的配置方案应对问题场景的多样性。在一般的工业场景中，应用软件需要通过工程项目以软件产品加实施服务的形式交付给用户，例如美国通用动力公司在引进 CATIA 软件时，为了让软件利用率提高，格外开发了大约 400 万行代码生成了 6000 多个应用。在更复杂的情况下，用户为解决特定的问题，需要组织行业专家自研内部使用的定制系统，在解决了保密、信息控制以及知识产权等问题的基础上，也会设置一些外包开发项目以利用软件公司的产品化能力。

从这个角度看，应用软件的生产者可以分为三类角色：投放商业现货软件的原厂商、研制自研定制方案的行业用户、原厂商与行业用户之间的工程服务商，通常所说的集成商、服务商、外包开发商等都可以归入工程服务商的类别。

不言自明的是，不管是原厂商、工程服务商，还是开发自研软件的行业用户，他们都需要具有一定水平的软件产品构建能力，这是软件行业的准入门槛。

评价软件产品的指标有很多，最直观的指标就是软件带给用户的体验，用户体验足够好，才会有商业用户入场消费。

软件业务极端依赖规模效应。在三类软件业务中，只有商业现货软件才有可能在短时间内实现用户规模的狂飙式增长。要成为受欢迎的商业货架软件，软件产品要么拥有更优良的算法，要么本身就基于受欢迎的方法（模式）。在算法方面，如网页排序算法成就了谷歌，内容推荐算法成就了头条，整个自动驾驶行业从某种程度上讲就是基于算法的软件行业。在方法（模式）方面，因为并行工程、QFD、FEMA 等模式与方法的广泛应用，带动了支持这些模式的协同设计平台、QFD 软件以及 FEMA 软件的飞速发展。

在科技能力和管理能力中至少一个方面拥有卓越表现，才有可能成为受欢迎的软件厂商，也就是说技术创新或管理创新，总得占一头。工程服务商也需要建立科技和管理方面的竞争力，但这种联系是间接的，跟深层次的行业知识和先进算法都隔了一层，他们通过梳理用户的工作界面、业务流程以及数据结构，与行业知识建立联系，通过掌握商用软件的界面、功能、数据格式以及二次开发接口，与核心算法建立联系。尽管存在诸多限制，但是共同作为应用软件的生产者，行业专家、工程服务商以及原厂商三者之间的知识交流路径是有可能建立的。

在工程服务商的活动区域有三种应用软件开发的业务形式：依据先进的制造系统理论开发以工作流为核心的业务系统；调用先进工具的二次开发接口开发更贴近业务现场的定制应用；基于集成架构和最小工作包划分对前述成果实施模块化封装从而形成"可执行的知识"。

按照商业逻辑，一项软件业务会因为用户流失而落入调整区，面临着退市的风险。然而，调整区的业务并不必然是落后到需要淘汰的，也有可能是源于错位的战略意志和成熟度不够的先进技术。很多人确信调整区中孕育着战略落地和技术孵化的路径，也有人能看到这个区域的从业者和用户积累了足够的经验，经历了足够的煎熬，爬过雪山，蹚过草地，至少深刻理解什么是不行的，什么是痛苦的，也更加确信什么是正确的，是必须做成的。很多人确信自己掌握了深层次的矛盾、跨越了关键信息的盲区、建立了差异化的认知、肩负着解决特殊问题的使命。他们主动在这个区间建立业务、探求机会，面临着大量的风险、复杂性以及不确定性。

在这个业务区间尤其需要工程智库和研究机构针对具体的业务提供科技信息、情报资料以及决策支持等专业化、个性化的研究服务；还需要业界共建产业公共活动空间，开展同行评议、标准制定、舆论监督、评测认证、成果鉴定、科普教育等各类产业公共活动；更需要产业发展与风险投资机构能清晰识别落后中孕育的创新能量，支持他们迎来星火燎原般的胜利曙光。

软件业务的收入随着用户规模的扩大而持续增长，产品销售收入可视作前期研发投资产生的收益，工程服务在管理得当的前提下也能产生稳定的利润。当公众对软件业务的前景抱有良好的预期，就容易带来并购或上市的机会，软件企业就可以通过高位的股价获得超额回报。当一种应用软件的销量足够大、用户足够多，就有很大的可能吸引到众多的服务商围绕着该软件开发各种改善用户体验的增值服务场景，也会吸引到关心公共利益的第三方关注，还会涌现出各种专业社区。这样，围绕着畅销应用软件产品的活跃生态就形成了。正是这些不断涌现的小微生态，共同形成了当今兴旺发达的应用软件产业。

10.3.3 深度融入工业体系的转型

我国工业软件产业要抓住战略机遇、打开新局面,首先要设定正确的战略目标。笔者对我国工业软件产业的发展趋势的基本判断是"二十年后,三分天下有其一"。工业软件振兴,毕竟是要进行产品业务在世界市场竞争的持久战。

工业软件要更加深入地结合工业体系的转型发展,在工业技术体系的进步中吸收力量,获得发展资源。要做到这一点,首先要转变观察工业企业的视角,深刻理解致力于企业建设的能力中心(Center of Capability,CoC)与致力于企业经营的卓越中心(Center of Excellence,CoE)之间相互支持、相互促进的关系;其次要深刻认识工程技术的核心价值。不管是从中国经济转型的宏观层面看,还是从企业自身发展的层面看,还是从工业软件企业的发展看,新型的制造业企业都应该努力成为企业家手中披荆斩棘的"开路利剑"。制造业企业"利剑"模型如图 10-2 所示。

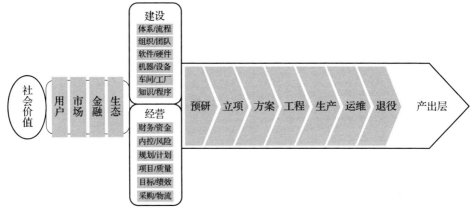

图 10-2 制造业企业"利剑"模型

制造业企业的模型由五部分构成。第一部分是社会价值,一个企业必须有一拨人跟主流价值站在一起,维护企业的招牌和旗号。有了这个部分,企业家才不会伤到自身。第二部分是处理外部关系的,包括用户、市场、金融和生态,为企业引入资源、资金和发展机会。第三部分和第四部分,一个是建设,一个是经营,一个为企业积累并深化资本,一个维持企业业务运转,也就是"基建赋能生产,能力驱动业务"的道理,一个是阶段性的,一个是实时性的。第五部分是产出层,也就是人们津津乐道的核心制造业务、产品生命周期、工程技术体系等。企业家手中拿的是武器还是玩具,是利剑还是锤子,是陨铁锻造的,还是泥塑瓦砌的,都由这一部分决定。

工业软件厂商要深入理解工业长河不同流域的核心业务间的差异性，从而正确认识工业知识体系不同板块的独特性，尤其要掌握学科知识、工程知识以及产品技术数据三者之间的联系。

从产品的角度看，产品中包含核心零部件，核心零部件体现了关键技术，技术的依据是科学理论和科学原理。从需求和方案阶段开始讨论产品生命周期，潜在含义是将科研活动放在外部环境或市场。

以军工行业为例，科研活动往往体现在"预研"中，包含基础研究、应用基础研究和先期技术开发三种分工。

基础研究是搞科学的，是为了深入认识这个世界，为技术提供科学原理。以美军为例，其在1994版的《国防科技战略》中列出了大气与空间学、生物与医学、化学、认知与神经学、计算机学、电子学、材料学、数学、机械学、海洋学、物理学与地球学等学科。

应用基础研究是搞应用技术的，是为了解决某类具体问题，为具体产品的研制提供技术基础。以美军为例，其某一版的国防科技战略中列举了19个重点应用技术领域，分别是航空航天推进与动力、航空器与航天器、作战空间环境、生物医学、化学防御与生物防御、服装、纺织品与食品、指挥通信与控制（Command, Communication and Control，C3）、计算机与软件、常规武器、电子设备、电子战与定向能武器、环境质量与土木工程、人机接口、人力人事与训练、材料加工与结构、探测设备、舰艇与车辆、制造科学与技术、建模仿真等。

先期技术开发是为具体的产品开发元器件、零部件、分系统原理、示范性工艺流程和控制策略，同时要进行各种验证与试验，并通过先期技术演示评估研制成果的成熟度与实用性，为产品研制提供技术依据。

从新技术诞生演变的角度看，这三种分工是连续的。在当代，它们已经形成了清晰的分工界面。以我国为例，从大体上看，从事基础研究的主要是科学院下属，以及各综合类、理工类院校下属的各种理科实验室、研究所、院系。从事应用技术技术研究的主要是各工科院校、工业集团的研究院及专业所、各种试验基地等。从事先期技术开发的主要是各工业集团的专业所、各类工业企业的技术创新中心等。这三种分工的连续性是基于专业分工的协作实现的。预研与新产品开发之间的衔接，也是通过协作实现的。在开展新产品开发项目时，引用的往往是先期技术开发的成果。

从工业知识的角度看，预研活动会产生新的知识，这些知识都是可以在学校里学到的。一个理工科的学生，从本科到硕士再到博士，然后在一个工业集团找到工作，这个过程也可以视作攀爬知识阶梯的过程。就好比一个航空系的学生，他本科学了空气动力学，硕士学了CFD，博士就结合具体项目学了超临界机翼的设计，博士毕业后他去了商飞从事气动设计方面的工作。这些归属到预研范围的活动相关的知识就可以被归类为学科类知识，通过对学科类知识的学习，才能培养相关能力从而跨过从事工程设计的准入门槛。学科类知识凝聚了当前整个社会科学与技术发展的成果，我们通过采购获得的商品货架软件，其中包含的主要就是各种学科知识。

我们谈到的各种新产品开发项目，或者说军工行业的型号研制，本质上属于工程，一般包含立项、方案、工程研制三类活动。生产制造是一类问题，运维服务也是一类问题。在工业长河的不同流域，工业的目标、知识、软件、分工、发展现状都体现出明显的差异化特征，是不能一概而论的。

工业软件的厂商和工程服务商要基于自身现实境况找出路。当前的工业软件市场，工业端是客户，软件端是厂商。厂商要把从美式工业体系分化出的软件卖进非美式的工业体系，客户不但要把标准化的东西变成个性化的东西，还要在管理提升、技术改造和信息化建设之间谋求平衡与融合。供需双方就像是在打一场你来我往的网球公开赛，为了让赛事能够持续运营，就需要维持合理的价格体系。几十年间，管理提升、技术改造和信息化建设这三方面的需求催生了一个庞大的中间层工程服务商群体。从实际运行的层面来看，行业发展由各种各样的项目推动。

分散实践积累的足够多，就会有人在各种因素的驱动下去探讨整合的问题。历史经验告诉我们，能够遂行的大范围整合，必须建立在更大范围的共识基础之上。能够在普通人构成的庞大群体中催生共识的，首先是广泛接入的技术设备，其次是科学理论，然后是方式方法。

对于工业软件及其他IT系统的原厂商来说，他们先开发出科学理论，再开发出方式方法，然后再有技术设备。他们销售技术设备，用户只要使用技术设备，就会潜移默化地接受方式方法，科学理论确保了方式方法的合理性与专业性，是商务活动最可靠的战略纵深。

后发的工程服务商要运行自主业务，肯定是从范围经济开始的，从行业整合出发，先做大，再做强。他们首先掌握的是从实践中提取的直观简陋的方式方法，并据此开发简易的软件工具，将方式方法推广出去。如果这种推广过程比较顺利，业务能够运行，就有余力去学习科学理论，以完善和扩展方式方法，并在此基础上推动软件产品线的扩充和优化。这是典型的"以空间换时间"，从"平台"到"专精特新"的"九齿钉耙"策略。

从目前看，在相当长一段时间内，整合的极致是互联网。不管是大数据还是人工智能技术，都建立在非常发达的互联网基础上。从某种程度上看，当前发达的互联网业态来自对商业及商业服务的整合。

工业是不同的。工业的本质是人类对物质约束的协调，工业的核心是专业分工，是在机器设备的参与下，基于科学、技术、工程、大批量生产制造等"硬问题"的专业分工。工业界有个谚语："高端看集成，先进看技术，质量看标准，经济看产量。"工业中当然有管理、商务等"软"的方面，但工业的强大看的还是"硬"的方面。这一点在断供危机的当下格外有现实意义。

因此，工程服务商在工业领域的整合有非常清晰的边界。工程服务商在工业方面的极致是工程咨询服务商，在平台产品方面的极致是中间件厂商。这就清晰勾勒了工程服务商的业务空间。工程服务商业务业务转型的基本逻辑如图10-3所示。

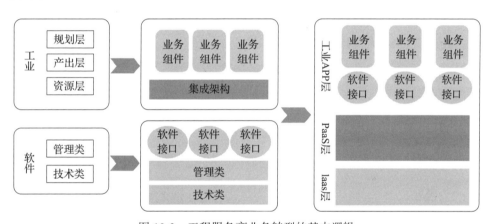

图 10-3　工程服务商业务转型的基本逻辑

工程服务商要参与自主工业软件的业务，往往都会沿着"九齿钉耙"战略走上一段。这本质上是一场能力转换，用IT能力吸引资源，聚焦并哺育工业能力。

自主工业软件产业发展的理想状态，是在短期内形成能够完全替代各种在用软件的商品货架软件，这一点很不现实。从可行性的角度考虑，在几年内通过"工业云+工业APP"的架构，形成头部平台加长尾工业APP开发商的市场格局，或许是一个值得追求的目标。开发自主工业软件需要的核心资源是表达工业实体的工业知识和利用算力解决工业问题的算法。采用什么样的机制汇聚资源，提供什么样的方式方法和技术设备降低资源形成与汇聚的门槛，才是自主工业软件生态建设的当务之急。

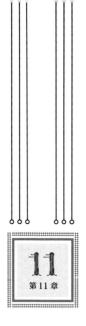

第11章

工业技术软件化的生态建设

商业生态的概念借鉴了自然生态，人们从自然生态中相互依赖的关系之中看到了商业生态中互为基础、共同维持平衡的关系。在一个健康的商业生态中，用户得到了服务，也做出了相应的贡献，让这个生态体系得以维系。

工业技术软件化的生态，既和软件的生态相关，也和互联网的生态相关，还和工业的生态相关，这就使得这一生态建设的过程显得尤为复杂。

物理学家引入了熵的概念来描述一个系统的秩序，要维系一个系统的存在需要注入能量。自然界中生态系统的能量输入者往往是太阳。商业系统中的能量输入者是平台的建设者和维护者。当一个生态之中只有输出没有输入，这个生态就难以为继。

工业技术软件化生态的建设可以从软件生态系统的发展中得到不少启示，商业主体、开源社区、政府项目在这个过程中都扮演过至关重要的角色。软件的生态中，第一推动者投入巨大，通常情况下由政府项目扮演着启动者的角色；而在后续的发展中，工业软件的使用者和开发者形成了一个紧密的共生关系，往往是工业企业孵化工业软件企业，并在随后的发展过程中不断扶持和支持软件企业，甚至在工业软件企业发展到一定程度后又再度投资其中。学校、使用企业和开发企业的互动更为紧密。在不同的阶段要把接力棒交给不同的运营方。

工业技术软件化生态既是工业软件生态的一部分，又有其特殊性。尤其对于中国在工业软件领域的后发的角色和局面，需要在生态建设上投入更多的资源，花更多的心思来协调政府、企业、学校、投资者和开源社区之间的关系，处理好知识产权保护和利用的平衡。

11.1 政府项目的角色：撑起生态的框架

今天，当人们回顾软件以及工业软件发展过程的时候，不难发现政府项目在软件以及互联网领域巨额投入的关键作用。当这些技术面向民用市场开放的时候，释放出巨大的经济价值。无论是以微软为代表的早期软件企业，还是后来一批互联网巨头，都享受了这些红利。在工业软件领域，这种政府项目（包括军工项目）带来的红利更为明显。

这些软件大多数要么是为了解决自己所遇到的困难而自行开发的，要么是为了满足自己的爱好而开发的。软件领域的代表如 UNIX 系统，项目的参与者为了更好地满足自己的爱好玩一个游戏（星际旅行），自主进行系统的改进，无意中开发出了 UNIX 系统。这一软件成就了改变世界的壮举。

工业软件领域的代表是美国国防部的 SAGE 工程，这个持续多年的巨型项目孵化了后来的光笔技术等一系列自动化领域的技术。

SAGE 是一个雷达预警机制：通过美国各地的雷达站，将监测到的敌机动向传送到空军总部；空军指挥员通过总部的显示器来跟踪敌机的行踪，进而命令就近军区进行拦截。这是一个不断提高对全过程自动化水平的过程。从发现飞行器所需要的雷达探测技术，到计算飞行轨道所需要的经验和计算公式，到传递到相应部队所需要的通信技术，再到武器设备上的反馈，尽可能进行自动化控制。飞行器越来越快，留给发现者和操作防空火力者协同的时间越来越短，需要软件和自动控制系统配合来完成这一过程。为了提高这一进程的效率，国防巨头们投入重金，在计算、通信和控制等方面取得了一个又一个突破。其中就包括延伸出后来的设计软件关键技术的光笔技术。这些最终都成为我们今天能够使用的软件、网络和通信基础设施。

这个项目在 20 世纪 60 年代的开支就超过 120 亿美元，相当于 2014 年的 1000 亿美元。在持续几十年的时间里，培育出了一批又一批对于自动控制、工程计算、通信有实际经验的工程师，也为后来孵化出新技术和新公司奠定了基础。

美国 DARPA 研究局还组织过借鉴软件业的经验来提升制造业效率的项目，这个项目以"自适应车辆"的设计为主题，调动企业、高校、社区以及社会力量，历时三年得以完成，最终形成的成果、方法和工具框架被纳入新的制造业创新中心网络之中。这个案例也非常鲜明地体现出，在面向共性技术、研究框架这一类作为生态底座的技术投入上，政府的作用无可替代。

世界大多数国家的政府主导项目的直接投入往往是共性技术孕育的主要来源。但是 20 世纪末，我们从政府项目到企业的接力棒却没有交接过去。

今天，当从业者回顾中国工业软件的发展历程的时候总是会感慨，在工业软件的起步阶段中国开始得并不晚，而且水平也并不低，却在从研究机构到商业化机构的转化中失去了先机，进而在加入世界贸易组织（World Trade Organization，WTO）之后，在国家提出"发展新型工业化、以信息化带动工业化"的大好机遇面前，在与外资的竞争中又败下阵来。

外资工业软件的进攻也是自成生态的。对于引进的重大项目来说，主机厂对配套的软件和设备有要求，自然形成了竞争门槛；对于一些需要出口的配套商企业，更需要满足外资的标准和要求，在易用性、标准以及其他门槛的共同作用下，脆弱的中国工业软件"人地尽失"。这个过程在不少文章中已经有详细分析，尤其是在《工业软件简史》中有过系统阐述。"造不如买，买不如租"的错误论调有时甚至支配着关键装备的研发决策，更不用说与之配套的软件了。

如今，对于关键技术和关键工艺要掌握在自己手里的认识基本建立了，但是与之配套的采购、评比和认定要求，如果不相应调整过来，那么工业技术软件化高效长足发展还是会难以实现。

在工业技术软件化这一波还没有成势的浪潮中，如何能够避免我国工业软件发展重蹈覆辙，如何构建起能够抵御国外成熟工业软件竞争的小生态，是当前新一轮的工业互联网、工业软件和数字化转型进程中，作为政府项目特别需要注意的地方。就像当年甩图板的运动中，最终获益的是国外的工业软件，如今在强调自主化过程中，也需要警惕那些基于国外软件的二次开发。

工业 APP 与基于国外软件的二次开发是不同的概念。基于国外软件的二次开发是立足在国外软件的基础之上的，国外软件一升级或者调整策略，不少二次开发的内容就要重新来做。所以即便要基于国外软件做二次开发，也应该建立在一些可以永久授权的模块或者组件上，实际上目前不少国内软件公司就是这样做的。如果建立在可以永久授权的组件基础上，也无可厚非。但如果只是针对现场软件的定制化开发，则只是具备了一些具体场景下的应用价值，对实现独立自主是没有任何作用的。

工业技术软件化平台提供了一个可能的解决出路，构建独立于基础软件之上的开发层，也就是当前比较热门的工业 APP 开发层。这种分层的设置在一定程度上独立于某一种工业软件的制约，可以将二次开发企业的能力、经验和智慧在一定程度上形成积累效益。

实际上，所有后发国家想要构建起独立自主的工业体系，都会面临先发者"威逼利诱"的限制。工业软件所面临的是整个工业所面临态势的缩影。这种竞争不可避免，就像最终中国完整工业体系的建立既离不开国有大项目建立的重工业骨架，也离不开千千万万中小企业对国际产业链的参与的道理一样，工业软件的自主可控也需要兼顾可用和自主。在政府项目中要鲜明地支持国产软件，即便部分国产软件在性能上还不能达到要求，也要留出预算给到他们，用作备选。

只有当更多的政府项目把这种备份机制也纳入考虑的时候，给予国产软件同台竞技甚至是备份运行的机会的时候，国产软件才有更多的机会成长起来，同时也保障了项目不受制裁制约。

11.2 企业用户的角色：能力中心建设

工业软件行业有一个共识，工业软件是用出来的。这充分说明了工业用户的应用在工业软件的培育过程所起的关键作用。

对于工业技术软件化来说也是一样。因为对于工业企业来说，永远有大量的场景是找不到现场的软件解决方案的。只能通过自建或者外包的方式来不断积累经验、积累工具。在先进的制造业企业中，这就是能力中心（Center of Competency，CoC）扮演的关键角色。

什么是能力中心？能力中心和卓越中心（Center of Excellence，CoE）有什么区别和联系？企业具体要怎么样去组织能力中心？

在本书的写作过程中，笔者查阅了 Gartner、SAP、IBM 以及空客对上述问题的定义，参考了张新国在《新科学管理》一书中的描述，对于这一概念的演变做了初步的梳理。

在本书的概念中，CoE 用来指代关心产品交付的部门或团队，CoC 用来指代关心交付过程中所积累的方法和经验以用来重复使用的部门或团队。

在公开出版物上，这两个概念的区分并没有这么清晰。

以维基百科为例，这两个概念是混用的。有一条 Center of Excellence 的条目，Competence Center 的条目也会重定向到 CoE 条目，搜索 Center of Competence 时没有专属条目，也没有重定向。里面的定义是："一个卓越中心（CoE）是针对某焦点领域提供领导力、最佳实践、研究、支持或培训的一个团队、共享设施或实体"。焦点领域可能是技术（例如 Java）、商业概念（例如 BPM）、技能（例如谈判）或更广泛的研究（例如女性健康）领域。卓越中心也可能旨在重振停滞不前的举措。在组织内，卓越中心可以指一群人、一个部门或一个共享设施。它也可以称为能力中心（Competence Center 或 Capability Center）。该术语还可以指一个相互合作以在特定领域追求卓越的机构的网络。

在 Gartner 上面对能力中心的定义是"用于协调 IT 技能与企业的组织结构。能力中心为项目或项目支持提供专业知识，既可作为知识库，也可作为多个业务领域的资源池"。基于技能的能力中心是信息服务组织中最常见的类型，用于应用程序开发、软件语言、数据管理、Internet 开发和网络设计。在企业内部，财务和人力资源的能力中心（或共享服务）越来越普遍。基于存储库的能力仅作为信息来源。

SAP 对于能力中心和卓越中心的定义与我们的定义比较接近：能力中心是把事情做正确，卓越中心是做正确的事。

SAP Competence Center-Doing Things Right，把事情做正确。

SAP Center of Excellence-Doing the Right Things，做正确的事情。

在空客等先进制造企业的定义里，卓越中心以部件为单位，负责专业化产品部件设计、生产及质检；能力中心负责方法研究、标准和规范定义、工具开发等工作，分析、解决并总结卓越中心在协同研发中的各类问题；能力中心沉淀出研发所涉及的各个专业的规范、工具、经验，从而形成文档、模型甚至专有软件，方便在后续工作中重用，提高效率。能力中心总结沉淀的内容是企业竞争力所在，如果能建模形成软件，它也属于专有软件，无法通过商业购买获得。

能力中心的使命是形成符合企业自身特点、承载企业研发技术、支持企业研发应用和保障企业技术发展的研发支持体系。伴随着信息化的发展，研发流程、方法、工具和环境这四大要素正在从"静态的技术文档、规范的管理文件和标准的商业软件"向"动态的、流程性的和个性化的"的软件转变。工业 APP 的出现和应用能够帮助企业能力中心更高效快捷地形成研发支持能力。

能力中心的建设不只是 IT 部门的事情，它需要决策者统筹管理以及技术研发和 IT 部门人员的共同参与，在专业服务商的引导下做示范，并形成规范，不断培训和推广，最终内化成企业自身的能力。

CoC 的本质是对方法研究、标准和规范定义、工具开发负责；反思一下自身企业有没有研发管理岗位，用什么方式进行管理，该方式再次使用的效果如何？

如何加强？

工业技术软件化是 CoC 最主要的工作方法和工具。

以某复杂装备的研制为例。在具体的任务调控方面，当用户需求发生变更时，任务驱动模式无法做出快速响应，导致研制周期进一步被拉长。在传统的知识利用中，大多基于用户搜索、分类查看等方式，对知识的利用率较低。在传统的项目运作中，管控人员所需的信息来源分散、形式多样，且信息的及时性、有效性无法得到保证。如果想要进一步提升研发能力，这些痛点问题都将成为掣肘。

针对任务驱动模式的痛点，能力中心在综合设计平台中引入基于数据流的任务动态调控技术。将需求验证计划、工作项等全部活动项依托数据关系进行关联，依据用户需求灵活配置，需求变更后可随时动态调整，实现了流程运行与动态调控。

针对知识利用率较低的痛点，平台则是以专业应用模块的统一应用环境为理念，通过对专业模块以及各专业软件包的实例化调用，完成设计、分析工作。因而在此过程中，将知识直接推送至流程相关的专业模块中，设计人员无须人为检索、查找，所需的信息均可一站式获取，知识的利用从被动转变为主动，发生了根本性的变化，大幅度提高了知识的利用率。

针对传统的项目运作模式下信息不及时、有效性低的痛点，在平台中总体需求自顶向下进行逐级细分，明确总体与系统、系统与部件、部件与零件之间的逻辑关系和数据关系，将各个系统形成模块化的参数化模型，最终形成全数字化的全性能样机。

协同研发作为综合设计平台的重中之重，是一切工作的伊始，是全部研制工作的推手，作为产品研发全过程管理的信息化工作平台，需要承接上下游各系统对团队管理、流程、体系要素和数据管理的工作要求。

能力中心通过基于系统工程思想的平台框架的构建，实现型号产品的顶层策划和工作结构分解，将过程管理、质量管理、知识工程等与企业真实的研制任务（设计、仿真、试验验证）关联，以研制任务工作包为基本单元对交付质量进行定义、监控和评估，对所涉及的知识、方法、手段、工具进行封装，形成精益研发平台的运行基础。

能力中心基于需求工程方法建立需求管理体系，将需求贯彻研发过程的始终，基于需求进行项目及任务的策划和分解，研发中及时获取需求变更信息，并及时对需求指标进行验证和检查。

能力中心通过集成研发工具、规范研发过程、协同研发数据，建立或集成了各专业应用系统或模块,实现了装备研制的标准化和规范化,进而提高了研制效率,加快了研发团队的人员培养速度,使装备研制水平实现质的飞跃。

通过基于产品对象的统一数据中心的构建,使研制活动的过程数据及文件,通过数据中心形成内部业务逻辑关系,进而支持项目、任务、人员、工具等信息构成的统一关联数据库,并形成全面的企业产品数据管理。

通过知识工程系统的构建,可以实现知识与设计工作的直接关联以及知识的复用,形成与设计工作紧密结合的产品设计知识体系,并打造知识工程。综合设计平台通过开放性的架构,提供平台可持续发展的能力,同时支持新系统、新工具、新知识的持续接入,可以适应研制水平和计算机技术的快速发展。

麦肯锡在推动企业数字化进程中提出了一个新的岗位概念"数字化转译员",其根本目标是培育企业中能够实现对业务和数字化都有理解并能够实现转化的人才。对于这一类人才,最合适的场所就是能力中心。

11.3　院校的角色:培育专业与数字化复合人才

在席卷所有行业的数字化大潮面前,学校也在积极应对。传统工科院校在推进新工科建设,职业院校也在建设新的实训平台。如果简单地去理解,所谓的新工科基本上可以理解为用数字化方式去重新理解和实践工科教育学。

经典科学中把学科划分为不同的专业,工业技术也划分为各种更加细致的具体技术。随着技术的加深,不同技术之间的隔阂和鸿沟实际上也加深了。由于个性化需求的增加,未来的工业生产将变得丰富多彩。设计师会不断进行多种专业的学习,听取客户的需求,并针对客户需求设计新的产品,有可能会集成所有的工业技术,待基础功能实现之后,再找更专业的各个行业的专家进一步完善,最后成为工业产品。工业设计不再局限于简单的美学设计领域,而是聚焦于功能的实现。这些跨专业的再训练,也将成为未来的支柱性教育核心,人们需要不断地在新产业中得到训练和学习,然后不断实践,发现新的学习要求,从而不断产生创新的思想和设计理念。这些东西都是人工智能实施成本极高或本质上无法替代的工作。

未来工业设计将综合人工智能、虚拟现实和增强现实等数字技术来研究适应工业4.0的新生产模式和管理模式。在以智能制造为特点的未来工业设计中,单一技术为主导的模式已经不再能满足新的需求,多种新兴技术的集群式创新、融合发展与突破成为新工业设计的特点。面向工业4.0的工业设计的核心在于将虚拟的数字世界和真实存在的物理世界有机融合,它将是综合客户需求、硬件制造、工业设计和互联网的复杂系统设计。除了传统意义上工业设计的功能与造型设计之外，未来工业设计也将更加关注用户在产品设计中的意愿和个性化表达。小批量高速迭代、多种技术融合、产品快速升级，这些要求都对传统的制造业模式和产学研管理提出了全新的挑战。

当前，我国产业发展正面临数字人才短缺的巨大挑战，适应数字化转型要求的新型技能人才及技术型、管理型、复合型人才严重不足，很多企业信息化团队对数字技术快速更新的响应能力和应对能力不足，具备数字技术与行业技能的复合型人才面临巨大缺口。截至2017年年底，我国就业人口7.76亿人，技能劳动者1.65亿人，占就业人口的21.3%，高技能人才4791万人，仅占就业人口的6.2%，高级技工占比仅为德国、日本等工业强国的一半，缺口高达1000多万人。

将近90%的数字人才集中在传统的研发领域，其次是数字化运营领域，深度分析、数字战略、先进制造和数字营销等方面的人才最缺乏。软件人才特别是工业软件人才缺口也十分突出，我国软件人才需求以每年20%的速度增长，每年新增需求近百万人，但目前我国高等教育和职业教育每年培养的软件及相关专业人才不足80万人。

我国数字人才培养培训制度滞后，导致数字人才数量不高、结构不均衡等现象突出，在一定程度上影响了企业数字化转型的步伐。目前我国高等教育体制与市场需求脱节问题也较为突出，高校毕业人才难以顺利实现职场身份转换。同时，我国职业教育体系发展显著滞后于产业加速融合的创新发展需求，政、产、学、研、用紧密协作，研发创新与人才培养相结合的机制远未形成。

我们不仅批量训练生产线工人，也批量训练读书的孩子。以至于我们培养出了大量数学能力很强、编程能力很强的程序员，他们做着"敲键盘"的工作，很快通过"996"的工作高压成为世界一流的码农。批量生产有批量生产的问题，当利润更薄的时候，人们就会趋向于生产更多数量，因而导致恶性循环。

这样的训练未必会带来技术人口红利，没有动手能力的动脑能力或没有动脑能力的动手能力，并不真实存在创造力，想法能够验证才重要。

我们常会把一些名词混淆，认为工程师就是技术工人，技术工人就应该在职业学校进行培训。技术工人里面熟能生巧的那些"倒油倒到铜钱眼儿里一滴不外漏，惟手熟尔"的就叫大国工匠。这是对工程师最大的误解。工程师应该是会动手的科学家，而科学家应该是会动脑的工程师。职业学校培训的千篇一律的操作工，迟早都会被机器所取代，卖油翁般的技巧，对比机器运作来说就差远了。但正是这种认知上的误解，让我们对工程师的培养在过去几十年间出现了偏差。

工业技术软件化教育之所以重要，是因为它把工程师的培养从重复性工作中解放出来，让工程师、科学家有时间去考虑原理、经验、标准如何改进，而不是陷入日复一日的重复工作之中。

在面对数字化浪潮的挑战中，不是要求所有的人都去学习计算机，而是希望各个专业的学生能够用数字化的工具去解决其知识、经验固化和重用的问题。

某位高校的老师采用创新的方法讲述的电子行业工业软件的故事，非常有启发意义。电子行业有一个很著名的软件叫 SPICE，这是一个美国从 20 世纪 70 年代就开始研发的电路仿真软件，仿真软件是电子设计自动化系统（EDA）中最重要的模块。而 SPICE 是现代几乎所有电路（包括集成电路）仿真软件的鼻祖。SPICE 也是最早的开源软件之一，由此派生出一堆叫 xxSPICE 的软件，它是事实上的工业标准。

这位老师 90 年代初的时候自己写了个类似 SPICE 的软件。他讲电路分析的时候扔掉了大部分的计算，公式讲到适合计算机算的地方就停止，剩下交给计算机仿真。于是仿真课变成了电路分析的实验课。后来讲电子线路又抛弃了传统的从二极管到三极管的一个一个器件来的讲法，直接引入集成运算放大器。在传统眼光看来，这是个未学走路先学跑的方式。在实验课进实验室之前要拿他的仿真软件跑一次，然后实验的结果又要和仿真结果比较，不一致的话又要写一堆分析。电路分析讲电路模型，就是那个仿真软件的原理；仿真课就是用这个仿真软件去解题；数值算法讲的是这个仿真软件的实现；再加上实际操作的实验课。前后一年半，却让学生感觉只上了一门课。作为学生大家都有点怕上他的这一系列的课。作业难、要求高不说，最麻烦的是当时发的是传统教材，但是老师把原先的体系全部打散了，要查点东西就要几本书来回翻。不过大家都觉得他的方法是对的，都知道这是技术发展的方向。

这其实代表了未来的工科教育的新方向。一方面要讲原理，要让大家知其所以然，另一方面又不能把大量的时间都花在计算上，而要充分借助仿真软件、应用环节让大家在整体应用中去融会贯通。

在科技创新性工作中，至少有 70% 是重复性工作，占用了至少 70% 的时间和成本。这些工作是创新性工作的基础，没有这些重复性工作，就不可能有创新。但是这 70% 的重复性工作，如果主要还是依靠手工完成，就大大制约了科技创新的效率。

这些重复性工作，大部分在工程科学和工程技术中都定义了工作方法，如果将这些知识和技术进行软件化，形成面向各种任务的工业 APP，可以极大提高重复性工作的效率，并让科技人员把更多时间和精力用于创新。在歼 20、CJ1000 发动机、长征五号火箭的研制过程中，用这样的方法已经把重复性工作的效率提高了十倍以上。

这一现象,在过去二十年间已经在软件产业上演过了。软件行业的 GitHub 平台,拥有大量的函数库、模块库、代码库,正是因为这些共性的、可重用的代码库,今天开发一个大型软件只需要编写 20% 到 30% 的代码,这极大提高了整个行业的生产效率,并使软件业成为最富创新活力的产业。

2020 年,中国工业互联网研究院、中国职业教育学会和一些企业联合完成了工信部创新项目——"新工科"人才实训服务平台建设,以工业互联网为依托,以工业 APP 技能培养为切入点,中国工业互联网研究院、中国职业技术教育学会、企业三方产学研能力结合、合作共建服务平台,开展专题研究、课程建设、人才培训和赛事等工作,打造了新一代信息技术与制造业融合发展的新工科人才实训服务平台,建设内容见表 11-1。

表 11-1 新工科人才实训服务平台建设内容

序号	功能指标	完成内容
1	开发完成融合领域重点行业产业人才需求情况统计分析、动态监测、超前研判模块	已开展产业人才需求调研、统计分析、工业互联网人才需求预测等工作。对应"新工科"平台中"人才需求"模块
2	开发完成融合领域知识资源分级分类管理模块	完成了知识资源分级分类管理功能开发,支持知识社区、课程培训两大板块的内容分级分类管理。对应"新工科"平台中"知识社区"模块
3	开发完成融合领域人才素质评估模块	完成了人才素质评估模块的开发,支持人才自评、考试。对应"新工科"平台中"人才评估"模块
4	打造面向具体工业应用场景的知识资源池、解决方案库	通过知识社区板块,可发布面向具体工业应用场景的知识资源、解决方案、实践案例等内容。对应"新工科"平台中"知识社区"模块
5	搭建一个满足教学、实训需求的工业 APP 开发环境	搭建了可视化、低代码的工业 APP 开发环境,通过工业 APP 的数据模型定义、业务逻辑构建、可视化界面设计等要素,将技术、知识、方法等形成可重用的工业 APP。对应"新工科"平台的"工业 APP"开发模块
6	开发一个工业 APP 开发人员在线交流、知识分享社区服务系统	完成了知识社区板块,为用户提供信息发布、知识分享、交流互动服务。对应"新工科"平台中"知识社区"模块
7	提供一个工业 APP 作业云平台	搭建了工业 APP 作业云平台,通过云的方式为学员提供工业 APP 在线使用、实训环境。学员登录"新工科"平台后可以连接到工业 APP 作业云平台
8	提供一个工程仿真实验环境的演示系统	搭建了工程仿真实验环境演示系统,为学员提供多领域仿真教学实训,可对物理系统进行建模仿真,对机、电、液、控等领域产品建模仿真。对应"新工科"平台中"仿真演示"模块

11.4 资本的角色：助推者的两面

资本，向来都是追逐热点。当前工业软件受到的关注，在资本市场上也有鲜明的表现。对于资本追逐带来的好处和隐忧，已经有不少有识之士做出了分析。对于工业软件这个需要积累的慢热行业，会不会在资本追逐之下留下一地鸡毛，这是当前众多行业资深人士最担心的问题之一。但无论如何，有人关注终归会带来更多改变的机会。

在工业软件的发展史中，并购是软件企业不断补短板的必经之路，资本帮助企业并购也是至关重要的业务。

疫情和贸易战的升级让长期以来被国内忽视的工业软件，一跃成为比芯片更"卡脖子"的存在，也带动了这一领域异常活跃的投资氛围：不仅是老牌工业软件公司频频获得融资，国产工业软件新生力量也陆续赢得资本青睐。

2021年以来，工业软件更是受到资本的高度热捧，无论是一级市场的融资，还是二级市场的表现，都在释放一个很明显的信号：国产工业软件已经迎来了资本"热潮"。

CAD领域，数码大方、华天软件、中望软件和浩辰软件，都陆续获得资本的支持，其中，中望软件已成功上市；MES领域，黑湖智造、摩尔元数、欧软信息、新核云等先后获得融资，有些甚至在一年时间内获得两轮融资；EDA领域，除了获得融资的芯华章、飞谱电子等之外，以芯愿景、华大九天、概伦电子为代表的企业都已经启动上市之路。

资本的狂欢下，一批又一批国产工业软件企业得以走到聚光灯下，也迎来了前所未有的发展机遇。但是工业软件并不同于互联网，资本的力量并不直接能够转化成为规模，更不能直接转化成为效益。林雪萍指出过，国外成熟的工业软件巨头市值和收入之间的倍数多在10～20倍之间。相比之下国内诸多还没有上市的企业给出的倍数已经远超这一系数。

工业软件的成长，越往后越集中，越往前端则越有成长的空间。一大批细分领域的应用场景，问题得到解决之后就可以获得市场收益，如果被大的软件公司看好，还可以有被收购的机会。对于资本来说，不一定所有投资的企业都要走到最后。只要在一定的阶段上实现成长，资本的收益就可以得到体现，对于创业者来说无论是获利退出，还是在新的平台上继续，都是可以选择的道路。

这里可以举一个具体的例子。工装夹具是工业场景中经常遇到的场景，往往需要工程师重复设计。在这个过程中既需要考虑标准，也需要考虑企业的经验。比如哪些零部件已经有，尽可能避免重复设计和设计新零件。这对于工程师的水平要求很高，往往工程师经验不足的话，会重复设计零部件，造成材料和时间的浪费。

为制造业企业开发了一款工业 APP，很好地解决了这一问题。程序主要包含 APP 平台框架和各个具体的焊装夹具设计 APP 单元模块，在每个 APP 单元模块中，都将生成的参数数据的接口和驱动模型装配的命令进行封装，用户可以根据需要输入不同的单元参数，系统可立即根据用户输入的参数，快速生成已经装配完成的整个 CAITA 装配模型的单元体。焊装夹具快速设计 APP 程序实现了自动驱动底层 CATIA 软件运行，各个单元程序可以驱动 CATIA 生成对应要求的焊装夹具单元三维模型。

2020 年，市场上出现了一家做专注夹具设计服务的企业——上海设序。该企业设立之初就拿到了 2000 万的融资，2022 年年初又拿到了过亿的 A 轮融资。这家企业之所以能够有如此迅速的速度，就是在工业的应用场景中找到了一个能够重复发挥软件优势和数据优势的切入点。

这一类的机会，实际上在工业技术软件化的生态中有很多。对于众多的资本来说，与其在后期越来越窄的赛道上过独木桥，不如把目光往前看。工业软件和工业技术软件化的早期投资，与一般意义上的早期投资还有很大区别。这些场景往往有非常明确的用户，可能成长性有区别，但是投资失败的风险会比一般意义上的早期投资要低很多。如果有更多资本关注到早期市场，这个市场会更健康。

工业软件的成长早期，一开始往往是靠着工程师企业家的雄心和工业技术的绝活而起步的。然而，到了它的成熟期，由于工业软件涉及的面越来越广泛，不管是哪个大型的软件公司，创新动力都显得不足。四下并购成为工业软件巨头最重要的策略。每个软件公司都会按部就班地寻找各种小的软件公司，完善自己的软肋。大鱼吃小鱼，初创公司成为大型软件公司扩展地盘最好的养料。这是当工业软件发展到数字化时代的时候建立起来的丛林法则。

11.5 平台的角色：开源的启示

开源的发展对于生态建设具有最为直接的借鉴意义。

企业与开源社区的关系也发生了非常有意思的改变。一开始抵触，后来从中获益，再后来主动开源，甚至发生了几件具有标志意义的收购案（微软以 75 亿美元收购 Github，IBM 以 340 亿美元收购红帽，Salesforce 以 65 亿美元收购 Mulesoft）。到现在，几乎头部的软件企业都在不同程度上拥抱开源。

开源经历了一个从兴趣到商业，从技术创新到商业创新的发展过程。20 世纪70年代，在从事政府项目的一些技术天才开发出了新的软件，分享给同行使用（最著名的如Unix、Linux），后来经历了以软件免费创新促进硬件销售的工作站时代。1985年，斯托曼发布GNU[①]宣言并创建自由软件基金会，进行代码捐赠、爱好者捐赠。

1998年对于开源来说很关键。在此之前这些自由软件还很看重与闭源软件的竞争，98年之后，开放软件促进会创造了开源这个概念。雷蒙德也总结出了开源创新力的来源：常发布、早发布，如果有足够多的人去检查，就会发现许多细小的bug。1999年红帽上市，从而带动股市出现了Linux概念板块。

到了软件即服务（Software as a Service，SaaS）化时代，以Salesforce为代表的企业更进一步地推动了软件开源。他们代表了当前的互联网巨头们的习惯。他们从开源中获益，也投入部分资金反馈到开源社区之中。

再到物联网时代，以华为、苹果为代表的一批企业，正在推动物联网领域的开源。尤其是华为，一方面受制于Android不授权，另一方面还有万物互联的雄心，所以在鸿蒙系统开源方面不遗余力。

工业技术软件化生态可以从开源中获取什么启示？

自组织不等于不组织，相反需要更有号召力的组织方式。

一款开源软件能否在商业上成功，很大程度上依赖三件事——成功的用例、活跃的社区和一个好故事。正如小米总结它的用户社群运营时所提出的那个关键词——参与感。要让所有社区的参与者有参与感，好的故事把人吸引过来，用例证明可行性，而及时的反馈则让人有被关注到的满足感。这些都构成了社区的吸引力。

社区的契合度是开源的根源。开源项目创建了一个由开发人员组成的社区，社区开发人员积极为开源代码库做贡献。这个契合度可以通过GitHub的星星数、代码提交数、代码拉取请求数（pull requests）或贡献者数量的增长来衡量。社区能够开发出产品，市场上有没有人用是接下来的第二个考验；有人用之后有没有企业愿意付费，是开源软件遇到第三个考验。

开源软件的商业化是技术、模式、工程和资本方面的综合。

开源社区是一个由开发人员驱动的、位于漏斗顶层的活动。成立公司就是将这个位于漏斗顶层的开源与一个强大的、价值驱动的商业产品连接起来。

漏斗的概念并不新鲜，但对于开源社区来说，其运作机制确实有所不同。开源的市场进入策略漏斗分为四个关键的组织功能。

[①] GNU是一个类UNIX的操作系统，GNU是"GNU's Not Unix"的递归首字母缩写词。

1）开发人员的社区管理可以增进人们对开源产品的认识和兴趣。

2）有效的产品管理为免费开源产品带来了用户基础。

3）潜在客户的开发和商务拓展能够评估这些用户的意向，以识别潜在企业客户的价值和销售机会。

4）自助服务（自下而上）和销售服务（自上而下）为企业客户扩大付费产品或服务的价值

开源远不只是技术创新，它其实还包括了工程创新、商业创新与资本创新。软件工程的创新与升级经历了个人英雄主义的黑客阶段，软件工程的保存也经历了作坊式的手工管理、人工复制系统到磁带、磁盘，然后进行邮寄等阶段。互联网时代的模式以 Git 作为代表，开发与运维一体化的发展，DevOps[①]等技术的成熟，使得开源软件全生命周期的工程管理进入了一个全新阶段。开源释放了个人的创新能力，也加强了社会化的协同创新能力。

商业创新则是包括软件不收费而延伸服务收费、个性化收费等一系列方式。资本创新则包括了基金会模式、上市模式等方式。

投身开源的时候要清晰认识到自身的定位。

有了开源 40 余年的发展历程作为参照，今天我们在借鉴其经验来促进工业技术软件化生态建设过程时，需要非常清醒地认识到自身的定位。对于企业来说，是处在产品开发的阶段，需要借助社区的力量去验证？还是处在推广解决的阶段，需要借助社区去推广？还是已经有了稳定的收益来源，需要通过社区去孵化更多的创新想法。这些不同的定位决定了需要采取不同的角度和方式去组织社区的活动。

实际上开源已经成为新生态的代表。可以通过开源的方式吸引更多的参与者，也可以在开源的过程中不断吸引用户案例，不断加强与学校的合作以发现人才，还可以在开源的检验过程中不断发现值得投资的对象。

对于大企业来说，对开源平台的投入和支持就好像早期的人类从狩猎转到游牧，以往是满世界寻找合适的对象，现在是圈起来一个合适的牧场。

由于现在的软件世界已经越来越复杂，那种孤胆英雄式的或者纯粹乌托邦式的开源社区的维系成本已经越来越高，所以自然也会做出选择。有商业投资价值的开源社区会吸引大企业注入资源，再扩大影响；一部分精英性质的社区将继续维持小众化的存在。

开源是未来工业技术软件化极有可能的发展路线之一。

---

① DevOps：Development 和 Operations 的组合词。

11.6　知识产权的角色

知识产权的保护对于工业技术软件化的发展至关重要，不难想象，如果没有知识产权的保护，就会减少人们对工业技术和工业软件投入的获利预期。但与此同时，一旦一个方法或者技术路径被申请了专利，也就意味着后来者需要缴费或者需要另辟蹊径。这对于技术的扩散和发展来说也会造成一定的障碍。

对于保护和限制的尺度，一直是知识产权领域的核心立足点之一。

知识产权的英文为 intellectual property，是基于创造成果和工商标记，依法产生的权利的统称。根据 2021 年 1 月 1 日实施的《中华人民共和国民法典》第 123 条对知识产权的定义，知识产权是权利人依法就下列客体享有的专有的权利：1）作品；2）发明、实用新型、外观设计；3）商标；4）地理标志；5）商业秘密；6）集成电路布图设计；7）植物新品种；8）法律规定的其他客体。

最常见的知识产权是著作权、专利权和商标权。著作权（也称版权），指对文学、艺术、科学作品享有的专有权利；专利权，指对发明创造享有的专有权利；商标权，指对商品的可识别性标志享有的专有权利。商标权和专利权统称工业版权。知识产权分类见表 11-2。

表 11-2　知识产权分类

分类			简介	保护期限
著作权（版权）			指作者对其创作的文学、艺术和科学技术作品所享有的专有权利，包括数字版权（如电子书、数字音乐、数字影视、网络游戏、微信推文、微博文章等）	截至时点后 50 年
工业产权	商标权		指商标主管机关依法授予商标所有人对其注册商标受国家法律保护的专有权	有效期为 10 年
	专利权	发明专利	指对产品、方法或者其改进所提出的新的技术方案	期限[一]为 20 年
		实用新型	指对产品的形状、构造或者其结合所提出的适于实用的新的技术方案	期限为 10 年
		外观设计	指对产品的形状、图案或者其结合以及色彩与形状、图案相结合所做出的富有美感并适于工业上应用的新设计	期限为 15 年

本书所涉及的工业软件、工业技术软件化成果（工业 APP）当然也依法享有知识产权，我们可以从著作权、商标权、专利权三个角度分开说明。

[一] 期限指的是申请之日起算，而非授权公告之日。

- 著作权：如果将研发的程序、软件、工业 APP 视为作品，可以申请著作权保护。用户使用软件一般是通过购买 License 授权后合法使用。
- 商标权：软件名称、软件界面等形式表现的智力成果，可以申请商标权保护。比如我们常见的微软公司的视窗操作系统经典的"视窗"图标和软件名"Windows"，享有商标权。
- 专利权：工业软件或者工业 APP 中的工程技术、技巧性设计方案，可以申请专利权保护。值得注意的是，软件的著作权保护（版权）和专利权保护还是有很大的不同的。其中最大的区别在于，软件的专利权可以保护软件的核心算法、思路或者方案，可以理解成说我们常说"诀窍"。举例说明，如果有人合法购买了某款正版软件，但是用某种技术解锁了该软件的源代码，掌握了该软件的核心算法或者机理，然后换一种计算机语言编写，改个名字销售。这情况下，因为是合法购买正版软件并不侵犯著作权（版权），但是，该行为盗取了软件的设计代码或者诀窍，侵犯了该软件的专利权。另一方面，专利权需要申请获得，而著作权（版权）在软件完成那一刻就自然享有了，无须申请和登记。

1. 保护知识产权本质是保护创新

我国是一个有着灿烂文明历史的国家，中华民族的伟大发明创造为人类文明做出过巨大贡献，然而到了近现代，我们的发明创新水平被西方国家超过甚至被远远甩下。从前文列举的重要的时间点可以看出，西方国家超过我们的时间与他们重视并实施知识产权（专利）保护制度起始时间大致相同，应该说这和我国当时知识产权制度缺失不无关系。人类跨入工业文明以后，没有保护和激励，科学技术创新也就失去了动力，而以科学技术为助推力的工业文明迅速超过了农耕文明也就不足为奇了。

改革开放以来，在尊重知识、"科学技术就是第一生产力"的大背景下，我国知识产权保护制度迅速提上日程。1980 年 6 月 3 日，我国成为世界知识产权组织的成员国。1983 年 3 月 1 日起施行的《中华人民共和国商标法》，是我国开始建立现代知识产权法律制度的标志。1985 年 4 月 1 日起施行《中华人民共和国专利法》。1991 年 6 月 1 日起施行《中华人民共和国著作权法》。

值得注意的是，作为"著作权法"的配套法规，1991 年 10 月，国务院还颁布了《计算机软件保护条例》，这是专门为保护计算机软件制定的法规。

世界知识产权组织总干事阿帕德·鲍格肯在回顾该组织与中国合作 20 年的

历史时说："在知识产权史上，中国完成所有这一切的速度是独一无二的。"[一]尽管如此，应该看到中国与西方国家近几百年在知识产权方面的深厚积淀，以及尊重知识产权的民间传统上还是有很大差距。知识产权被侵犯的重灾区是计算机软件，这也是国外对我国知识产权保护诟病较大的地方，国外批评的措辞用语比较激烈。不可否认的是，最近10年以来，随着人民收入水平的增加、人们对知识产权理解和认知的加深、相关法律法规配套措施的完善，使软件的盗版率呈逐年下降趋势。

2020年以后，我国知识产权保护跨入新阶段。当前，我国进入新发展阶段。推动高质量发展是保持经济持续健康发展的必然要求，而知识产权作为国家发展的战略性资源和国际竞争力的核心要素的作用开始突显。根据中国知识产权研究会的研究，用弹性系数来表示知识产权保护强度与国民经济增长的关系，可以发现2013年的国民经济增长对知识产权保护强度的弹性系数是4.015，即知识产权保护强度指数每变化1%，对应国民经济4%左右的增长。[二]

中共中央政治局于2020年11月30日下午举行了第二十五次集体学习，学习主题是加强我国知识产权保护工作。习近平总书记在主持学习时特别指出，"知识产权保护工作关系国家治理体系和治理能力现代化，关系高质量发展……必须从国家战略高度和进入新发展阶段要求出发，……推动构建新发展格局。"[三]"创新能力显著提升"是"十四五"时期经济社会发展的第一个主要目标，在本次会议上，习近平总书记特别强调了创新是引领发展的第一动力，而保护知识产权就是保护创新。

世界知识产权组织发布的《2021年全球创新指数》显示（下文称GII），中国的创新指数最新排名为第12。较去年年上升两位，连续九年上升，该排名在32个中高收入经济体（Upper Middle-Income groupe Economies）中位列第1。根据GII的分析，我国创新指数排名靠前核心的原因是知识和技术的输出，这是知识产权保护的最直接体现。

2. 工业软件知识产权侵权案例

本案是工业软件巨头Z公司诉国内K公司模具事业部盗版使用其N系列工业软件的民事案件。涉案N系列软件为Z公司享有著作权的三维设计工业软件，该软件主要应用于汽车、航空、模具制造等领域。

[一] 见 https://www.mfa.gov.cn/ce/cegv//eng/bjzl/t176937.htm。
[二] 《中国知识产权发展报告2015：知识产权蓝皮书》，中国知识产权研究会。
[三] 2021年2月1日，《求是》杂志第3期，《全面加强知识产权保护工作 激发创新活力推动构建新发展格局》。

案件争议的焦点在于：1）国外 Z 公司的原告主体是否适格[⊖]；2）K 公司是否实施了侵犯涉案 N 系列软件著作权的行为；3）若侵权成立，则 Z 公司诉请 K 公司赔偿经济损失 200 万元是否有合法依据。

关于原告是否适格的问题，有当时的历史背景。原来，N 系列软件最开始不是原告 Z 公司开发的，而是由美国 U 公司开发的，后来巨头 Z 公司在工业软件领域扩张时收购了 U 公司，自然也取得了 N 系列软件的著作权。另外，依照我国《计算机软件保护条例》中的描述，"外国人、无国籍人的软件，依照其开发者所属国或者经常居住地国同中国签订的协议或者依照中国参加的国际条约享有的著作权，受本条例保护。"因此原告适格。

关于 K 公司是否侵犯著作权问题。经法院证据保全所取得的证据显示，5 个 N 系列软件均不符合 Z 公司正版软件的特征。且 K 公司经法庭释明始终未能提供其使用涉案软件来源的证据。K 公司作为一家专业生产、销售精冲模、精密型腔模、模具标准件的企业，专注于生产模具的研究和开发事宜。所以，其复制、安装涉案 N 系列模具制图工具软件用于经营活动并获取利益，依法应当认定为商业使用，侵犯了 Z 公司的著作权。

关于赔偿经济损失的问题。本案中，Z 公司提供了软件的销售价格作为索赔依据，但由于软件销售普遍以软件包为单位计价，无法直接对应到相应模块的价格；结合商业软件销售的一般规律，Z 公司庭审中亦确认该软件价格具有一定的浮动性等因素，故 Z 公司诉讼中提供的销售合同及相应履行依据尽管真实有效，但却无法充分、准确体现 K 公司安装涉案软件相关模块的同期市场价格，而仅能作为法院确定 Z 公司实际损失数额的参考依据。综合 Z 公司举证的模块数量，Z 公司因此遭受的损失已超过 50 万元，在此基础上，法院结合 K 公司企业规模、使用该软件的商业目的、主观故意状态、实施侵权行为的方式和后果以及 Z 公司为制止本案侵权行为所支出的合理费用等因素，酌情判定 K 公司赔偿 Z 公司经济损失 80 万，诉讼费、证据保全费 2 万余元由 K 公司承担。

本案是一起典型的有一定规模的制造业企业盗版国外工业软件巨头被追究法律责任的案件。对被告 K 公司而言，使用盗版软件不但面临较大金额罚款，对公司声誉，最终交付物融入规范运作的国际产业链都会有影响。从原告 Z 公司看，该公司系统地做了大量准备。诉讼的时候，提供了多达 22 项证据。其中的关键证据是通过法院保全，到现场查看公司厂区模具事业部五台电脑并将相应的软件使用信息拷入两个 U 盘，再将这两个 U 盘经当场封存后带回法院。另外，还准备了同期签署正版合同，以及发票等一系列索赔依据，为后期维权打下了坚实基础。

⊖ 适格，法律术语，指参与诉讼的资格。

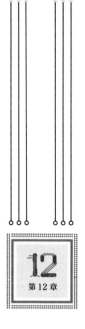

工业技术软件化的展望

12.1 工业知识和技术传播范式的变革

按照教育学家布鲁姆的知识分类体系,可将知识分为四类。即事实性知识、概念性知识、流程性知识和元认知知识。其中事实性知识描述一个客观事实,比如在常温常压下,冰化了会变成水。概念性知识可以简单概括为基础科学,比如冰和水是本质都是 H_2O,冰化成水是物理变化。流程性知识就是我们常说的技术,是对概念性知识的运用,在大多数语境下专指工业技术。元认知知识则是自我认知和自我察觉。

技术和知识是什么关系呢?按照汉语词典的解释,技术几乎可以认为和知识是同义词,"人类在认识自然和利用自然的过程中积累起来并在生产劳动中体现出来的经验和知识。"这里着重强调了积累和经验传承的重要性。而美国韦氏词典给出的解释则将技术和知识更加紧密地联系到一起。技术是"在某个特定领域,对知识的实际运用(practical application of knowledge)。"从这个角度讲,工业技术软件化是对知识和技术传播范式的重新定义。

12.1.1 知识和技术传播范式的演进

技术的真正传播是从记录和存储介质转变开始的，介质的转变意味着技术或者经验开始逐渐与人脑分离。将个体大脑中的经验积累抽象出来的是语言和思维，而传播则需要特殊介质。6000 年前，人类开始以符号和文字，在容易找到的各种物理介质上传播知识和技术，比如岩壁、兽皮、竹简等。2000 年前，纸质载体的出现，使人类的知识、经验、技术在传播方式上发生了巨大飞跃。时至今日，使用纸质介质记录知识和经验，仍然是最普遍的方式之一。多媒体介质如光盘、软盘出现于 20 世纪 50 年代，兴盛于 20 世纪 90 年代，此时技术和经验的传播再一次发生重大革命。从以上的演化过程中不难看出，知识传播进化总体呈现以下 4 个规律。

- 内容越来越丰富。随着传播内容的增加，知识和经验表达也越来越能还原真实场景。
- 速度更快，范围更广。先前的知识传播囿于运输的限制以及介质本身的易损，再加上发行本身又有一定的滞后性，在时间和空间方面始终存在局限。如今的技术壁垒只存在于人为的封锁，时间和空间完全不是问题。
- 互动性更强。知识传播不再是单向输送，而是可以与原来的经验传播者互动，表达自己的见解，互动性的加入让经验和技术的传播更有效果。
- 个性化服务成为趋势。传统知识和经验的传播和复用面对的大都不是定制化和个性化的，人们面对大量知识时，往往要花费不少时间去筛选自己关注的知识。如今，个人不但可以根据喜好和需求订阅，通过智能算法还可以将可能用到的经验和技术即时推送给个人。正所谓"人工智能，比你更了解你"。

到 21 世纪初，随着 IT 技术的迅速发展，软件作为知识和经验载体的作用越来越突出。软件的本质是人类知识的数字化——软件所调用的语句、算法、函数实际上是人脑对隐形的知识和经验的显性化表达。计算机语言的应用是为了服务"人机对话"，理想的情况下是让计算机可以像人类一样思考。在使用计算机语言编写软件的过程中，人类对知识做了格式化的处理，所有的知识、方法、经验、流程全部按照既定的程序封装在软件里，以实现工业场景下的大规模复用。

12.1.2 工业知识和技术的封装和复用

要全面深入的理解工业技术软件化，需要在工业化和信息化融合、工业 4.0 浪潮、生产力要素变革的大视野下，领悟其现实意义和洞悉其发展规律。对于工业领域来说，有两个永恒的主题，一是效率，二是创新。效率是在现有基础上的调整和优化，创新不是普通意义上的改进，而是根本性的革新。

经验和技术被复用的次数越多，当初对经验和技术探索"踩过的坑"产生的成本就越低，直接调用的频次越高，熟练度就越高。创新的本质是组合。工业技术软件化足够成熟以后或者当积累到一定规模的组件或 APP 以后，在一个巨大的产业链或者产业体系内，一定会有聚合反应。历史上所有的发明无非是对以往组件的排列组合。比如车，就是板子加上轮子，火车，就是蒸汽机动力替代生物动力。

在更高的国家层面，工业技术软件化也得到高度认可和关注。工业和信息化部原副部长杨学山曾对工业技术软件化有着深刻见解：工业技术软件化从劳动生产率看，是必要的；从制造业发展过程看，是必需的；从智能制造发展过程看，是必然的；从制造业发展未来看，是最关键的。

杨学山教授对工业技术软件化的精准洞察反映了未来工业技术软件化在宏观方面的作用和走向。理论上讲，工业技术软件化通过对工业知识和技术的封装和复用，全面提升全要素生产率，最终全面提高全社会的生产力。

12.2　工业技术软件化未来的演变路径

工业技术软件化的结果是海量的工业 APP。当前工业 APP 还是新生事物，最开始一定是有经验的工程技术人员在掌握了基础的编程技能之后，从提高工作效率角度出发，开发出第一批工业 APP，这是企业内部私有工业 APP 模式的开始。该批 APP 可能只是自己或者或少数团队成员在小范围内使用，不对外开放。

未来的工业 APP 将由最开始的企业内部私有阶段，逐渐过渡到商业化变现阶段，甚至一部分工业交付场景都依靠工业 APP 来实现。

工业 APP 能否达到百万量级，甚至演化到如同今天安卓和苹果的应用市场的级别，还有知识产权和商业逻辑两个问题需要面对。

12.2.1　知识产权

基于个人或者团队成员积累的技术经验、知识、诀窍而封装的工业 APP 所有权属于工业企业，不属于工程技术人员。依照相关法律，技术工程师未经单位允许，不能对外传播岗位内的知识、技术、检验、流程，更不能进入市场流通。

以我国为例（我国的知识产权法与相关国际条约保持总体一致），我国的知识产权法包括专利法、商标法、著作权（版权）法，还涉及反不正当竞争法等法律和集成电路布图设计保护条例、植物新品种保护条例等行政法规。其中《专利法》对职务发明有明确的界定。根据《专利法》和《专利法实施细则》，符合以下条件之一的，构成职务发明。

- 员工在本职工作中作出的发明创造。
- 员工履行单位交付的本职工作之外的任务所作出的发明创造。
- 员工从原单位离职（退休、调离原单位或者劳动、人事关系终止）后1年内作出的，与其在原单位承担的本职工作或者分配的任务有关的发明创造。
- 员工主要是利用本单位的物质技术条件所完成的发明创造。

所以，依靠个体工程师可以实现在企业或者团队内部工作岗位上经验和诀窍的封装。这是工业技术软件化繁荣的基础，也只是第一步，但是如何走出企业，实现整个行业的繁荣还取决于企业的意愿，也就是商业逻辑。

12.2.2 商业逻辑

一方面，工业 APP 对企业内部的作用是巨大的，本书前面列举了大量案例也足以说明工业 APP 必将助推企业的发展。另一方面，也应当看到市场化的商业逻辑是基于竞争的，对于制造业来说，很大一部分"护城河"或者核心竞争力就是多年积累的技术、经验、参数和管理流程。掌握这些知识的人，一般企业都会限制其离职以后不能到本行业其他单位任职，更不用说把相关知识封装以后直接给别人用了。目前可以看到的商业逻辑是，在产业上下游或者大企业集团内打通的所有的工业 APP 或者组件在平台上可以自由流通。产业链相同位置的技术竞争还是会长期存在。

综上，未来的工业技术软件化可能出现于普通工程师，在小团队和企业内部逐渐走向成熟，最终从产业链的角度突围，依托工业互联网平台形成工业的"安卓系统"。

12.2.3 产业创新中心

未来，工业技术软件化创新中心将成为工业 APP 建设的驱动引擎。

建设工业软件和工业 APP 云平台。可以借助云计算、高性能计算、大数据等新兴技术，以平台视角建立工业软件体系框架，汇集国内外工业软件资源，建立互联互通、封装集成的工业软件云供给能力。在此基础上，提供工业 APP 开发测试、标识流通、集成应用等云服务，提升工业技术软件化转换效率，逐步开展国产化替代。

建设基础共性工业 APP 体系。针对数学、物理等各行各业的基础学科、基础知识的软件化，突破一些核心关键算法和技术，基于工业互联网架构，以"小""快""灵"的 APP 化的方式，促进研发产品设计、建模仿真等领域的国产化基础工业软件的发展。设立基础共性工业 APP 发展基金，培育和扶持内容生态的建设。

建设区域、行业的网格化推广和服务体系。借鉴德国中小企业数字转型促进中心的做法（自 2014 年中心启动后，通过在全国设立 26 个中小企业数字化转型促进中心，包括 8 家主题促进中心和 18 家区域促进中心，成功推动了绝大部分中小企业数字化转型），建立 10 个行业中心和 20 个区域中心，形成网格化推广和服务体系，向各行业、各地区的工业企业提供线下的培训、指导、咨询和服务，以及低成本、高可用性的基础设施和软件。同时设立国家中心作为中心节点，重点解决工业云基础设施、工业软件资源共享、基础共性工业 APP 培育等基础性、行业及区域共性的技术和资源问题。

在这样的发展路径上，CAD、CAE、PLM、ERP、MES 等工业软件将逐渐下沉为数字工业基础设施，而工业技术软件化所形成的工业 APP 将直面用户，其价值点体现在以下几个方面。

对于广大的中小企业来说，可以随时随地、按需使用"小""轻""灵"的工业 APP，既不需要承担购买昂贵的工业软件的成本，也无需担心使用盗版软件所带来的知识产权风险，有效解决了广大中小企业"买不起、不会用、用不好"工业软件的问题。

对于国产工业软件来说，工业 APP 可以调用后台国外软件，也可以调用国产软件，在广大中小企业使用工业 APP 的带动下，可以和国外工业软件有同台竞技的机会，让国产软件也有机会被用起来，避免陷入"不好用 – 没人用 – 更不好用 – 更没人用"的死循环中。而且由于解决了工业 APP 和底层通用工业软件之间的解耦问题，形成了国内与国外工业软件并存的模式，国产工业软件成熟一个就可以随时替代一个国外软件，而不影响上层工业 APP，既可以确保工业 APP 的持续积累沉淀，又可以支撑国产化软件替代的顺利推进。

工业 APP 为工业技术软件化提供了统一语言和高效工具，让专业技术的软件化难度大大降低，让工业技术不再与特定的工具绑定，让每一个工程师都可以开发专业的 APP，并可以组件式、积木式地随心组合，让工业技术可以自由流通共享，从而形成一种完全不同于传统工业软件研发的新模式。

12.3 工业 APP 与"未来黑科技"的结合

12.3.1 工业 APP 与语义集成促进数字工业知识智能匹配

工业 APP 与工业互联网的智能化是指将人机工作环境、人机关系转变成一种人机合作方式。通过工业互联网平台连接或驱动各种软件、设备、硬件,从而建立知识体系,通过机器学习的方式进行资料的学习和处理,形成智能顾问,以及知识的模型化(也叫机器智能)。将语义技术集成到工业领域,并将产品对象全生命周期数据进行语义集成,按照词、分、用、代、参等方式定义工业产品对象数据及语义关系,给工业 APP 增加语义背板。

通过语义集成让未来的工业互联网平台具有智能化水平,平台可以根据语义分析需求,判断平台中哪些资源最符合需求,从而根据需求实现自适应产品研制资源匹配、设施设备匹配、制造能力匹配、知识匹配、服务匹配以及产品匹配,实现平台的智能运行。

以领域知识结构网络(专业语义网)为基础,依托领域大数据,结合自然语言处理(Natural Language Processing,NLP)技术,可以构建专业语义网及语义通信标准,为工业企业提供真正可用的人工智能技术,辅助各专业系统的运行及沟通,实现物、数、人的高效连通及运行,构建由人工专家监督和修正,机器自管理、自运行的生态系统。工业 APP 与语义集成后,可以实现工业 APP 语义搜索服务、分析决策服务、自动问答服务和智能推荐服务。

12.3.2 机器学习

工业大数据将是未来机器学习的基础。我们周边的事物都已经开始数据化,大数据时代已快速地向我们走来。无论中国制造业企业的现状如何,各种工业技术、知识的数据表达都以纸介质或者数字化形式存在于企业中,如需求、指标、设计规范、设计计算报告、三维设计模型、设计图纸、仿真分析模型、计算结果、工艺文件、质量数据、故障数据、运行数据等,它们也直接反映了产品的技术属性(如设计和工艺等)和辅助属性(如企业、设计者、制造者、用户、市场、质量、地域、供应链等),必须原貌地反映,以便通过日后的知识工程加以诊断和应用,从而为企业获益和改进打好基础。行业或企业的原始数据越多,就越可能形成专业"大数据"。

机器学习与工业 APP 的结合主要包括以下两个方面的应用。

(1)机器强化学习促进工业 APP 进化。工业 APP 的应用要结合特定的应用场景和外部环境。随着对事物认知信息的不断丰富，以及外部环境的变化，工业APP所承载的知识也需要不断地进化。当使用工业APP完成特定的任务后，基于任务主体即APP使用者对该APP及其所承载的工业技术知识的评价、改进建议等响应结果，实现"人在知识环路"的机器强化学习，完整记录响应痕迹和分析结果，并提出改进建议，反馈给工业APP开发者，开发者根据响应信息和改进建议完成对工业APP的改进。

（2）基于群体设计行为机器学习的智能设计。当前的工业大数据主要以产品研发、设计、制造与运维过程中所产生的各种过程和状态结果数据为基础，大多数都是描述产品本身的各种行为活动与状态结果。未来随着对人的设计行为活动的深入研究，将产生一种以人在产品研发和设计过程中的行为活动为对象的群体设计行为大数据。可以通过记录和采集每一个工程设计人员在产品研发和设计过程中的各种设计行为，基于群体设计行为大数据，并结合由此形成的产品过程（包括设计过程、仿真分析过程、制造过程、运行维护过程）和状态数据，通过机器学习，挖掘人在产品研发和设计过程中的知识，最终形成最佳设计实践APP，完成产品的智能设计。

12.3.3 伴随 5G 全面渗透

作为一种通用目的技术，5G技术的发展及商用必将深刻影响工业生产和工业服务，工业界的客户在拥抱这种变化时也会不断探索。不管是工业互联网还是智能制造，都是在描述由新工业革命催生的端到端制造生态系统。新工业革命带来的变化是让传统的工厂制造"金字塔"解体，并基于信息物理系统重塑生产制造的方式。信息物理系统是一个网络系统，至少有两张网，一是移动互联网，是面向人的，使用户能够随时随地获取和发送数据；二是物联网，是面向物的，使产品、设备、材料乃至工厂能够随时随地获取和发送数据。5G移动通信系统正是为了应对2020年左右移动互联网和物联网对网络基础设施的需求而发展起来的，有很多工业互联网平台和智能工厂运行在由5G技术支持的承载网络上。

5G的一个愿景是以用户为中心构建全方位的信息生态系统，这里的用户当然也包括工业知识工作者。在5G切片技术的支持下，可以在统一的网络基础设施平台上虚拟地定义多种相互独立的网络空间，这意味着产品生命周期各环节的知识工作者可以根据角色和工作内容定制专用信息网络及应用，使他们更加专注于自身业务专长的积累，发展更高级的创造性、开放性和企业家精神，这也是工业APP的一个发展方向。

5G移动互联网能提供移动设计、增强现实、虚拟现实、超高清视频、移动云计算等更加极致的业务体验,这将带来个性化定制、远程运维、智能产品服务等各种新的业务模式,并催生新的工作方式和服务。在 5G 技术的支持下,远程医疗、车联网、智能家居、众包协同设计、工业控制、环境监测等领域将会迎来物联网应用的爆炸性增长,这里蕴藏着工业 APP 的巨大机会。

《5G 愿景与需求白皮书》的研究结果显示,在端到端时延方面,4G 技术的指标大约是数百毫秒,而 5G 技术的指标是 2～4ms,5G 技术在实时性方面提高了 100 倍左右,这将给高速运动机构的控制精度带来显著影响。比如说对虚拟现实体验的影响,当带宽从 4G 的 25 Mb/s 提高到 5G 的 3.5G Mb/s 时,VR 的时延从 35ms 降低到了 5ms 以下,这就能够满足强交互 VR 或 AR 实时渲染生成画面的要求,在边缘计算能力的支持下,也满足云 VR 或 AR 的毫秒级时延需求。4G 时代相当于是网络效应叠加到知识生产上,知识(内容)得到了爆炸性的增长,但知识是否能转化成行动,能否对物理产生影响?单凭互联网无法回答这样的问题。5G 时代是物联网,不仅产品可以联网,生产设备也可以联网,用户和生产者之间能够建立起实时的数据驱动的反馈回路,这将对生产方式产生深远的影响,开启设计的权力与主体从厂商向用户的转移。在 4G 时代,我们很难想象通过移动设备来做设计。我们在移动端看到的设计 APP,大多数是以轻量化显示为基础的,无法通过网络进行设计模型的加载和渲染。但是在 5G 时代,我们迎来了拥有全部功能的移动端设计 APP,这带来了全新的协同设计体验。

5G 在 AR 或 VR 和移动云计算方面的应用,笔者充满期待,这将为研发型工业 APP 创造丰富的机会,促进工业互联网核心价值向设计端转移。其中最主要的原因在于,在赛博空间中描述对象的模型,比如数字孪生,其高计算能力和高带宽传输需求只有在 5G 时代才能够在工业 APP 里实现,以及驱动产品生命周期各阶段的活动。此外,通过 5G 实现边缘端计算能力组网,使赛博(C)和物理(P)真正融合。在 5G 网络的支持下,AR 或 VR 技术可以用于产品的辅助设计和协同设计,能够创造很多令人眼前一亮的设计场景。在 5G 时代,使用 APP 在移动端完成产品设计、分析等生命周期活动将成为现实。

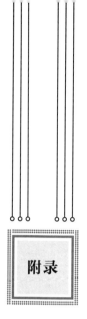

提高生产率的技术

　　生产率通常用商品和服务生产中（总）产出与（总）投入的比率来衡量。生产率的提高是通过减少生产一定数量的经济产品和服务所需的劳动力、资本、能源或材料的数量来实现的。生产率的提高是人均生活水平提高的主要原因。

　　提高生产率的技术作为历史上推动生产率提升的重要力量，近百年来不断在创新迭代，其历史可以追溯到古代，不过直到中世纪晚期才取得相当缓慢的进展。代表欧洲早期到中世纪的技术的重要例子包括水车、马项圈、纺车、作物轮作和高炉等。所有这些技术在传入欧洲之前，已经在中国使用了几个世纪。

　　自13世纪纺车传入西欧后，识字率提升和知识传播加速都推动了技术的进步。纺车增加了用于造纸纸浆的碎布供应，造纸技术大约是在12世纪传到西西里的。廉价的纸张是活字印刷术发展的一个因素，活字印刷术的发展导致了书籍和出版物数量的大量增加。随后关于科学和技术的书籍开始出现，例如《金属采矿技术手册》(*Mining Technical Manual De Re Metallica*)，这是16世纪最重要的技术书籍，也是后来使用了180年的标准化学教科书。

弗朗西斯·培根（1561—1626）以科学方法而闻名，科学方法是科学革命的关键因素。培根指出，使他那个时代的欧洲区别于中世纪欧洲的技术是造纸术、印刷术、火药和磁罗盘，被称为四大发明。对欧洲发展有重要意义的四大发明源于中国，其他来自中国的发明包括马项圈、铸铁、改良的犁和播种机。

采矿和金属提炼技术在技术进步中发挥了关键作用。人类对基础化学的大部分理解是从矿石冶炼和精炼发展而来的。铁路技术起源于矿车运输，第一台蒸汽机是专门为从矿井中抽水而设计的。鼓风炉，特别是高炉，其重要性远不止于它大规模生产铸铁的能力。鼓风炉是连续生产的先驱，各种类型的鼓风炉在今天的化学和石油提炼中仍有应用。它是一种逆流交换过程，热风回收了原本会成为废热的东西，这是工程学的关键技术之一，它立竿见影般地显著降低了生产生铁所需的能源，热量的再利用后来被应用于各种工业，特别是蒸汽锅炉、化学制品、石油提炼以及纸浆和造纸等领域。

在17世纪之前，科学知识倾向于停留在知识界内部，但是到了所谓的"开放科学"这一时期，科学知识开始对公众开放。在工业革命即将开始时，由众多撰稿人撰写并由丹尼斯·狄德罗和让·朗德·达朗贝尔编辑的《百科全书》出版了。这部著作包含了许多关于科学的文章，是第一部提供机械艺术深度报道的综合性百科全书。

经济史学家普遍认为，除了蒸汽机等个别例外，17世纪的科学革命和工业革命之间没有显著联系。然而，传播技术知识的一个重要机制是科学协会，如伦敦皇家学会和法国科学院，也离不开技术学院，如综合技术学院。苏格兰是第一个教授科学知识的地方，也是约瑟夫·布雷克发现热容量和潜热的地方，还是其朋友詹姆斯·瓦特利用热力学知识，构思出单独的冷凝器来提高蒸汽机效率的地方。

18世纪，英国农业技术的进步带来的经济进步是历史上第一次显著的经济进步，然而直到18世纪晚期，随着英国工业革命的全面展开，技术和经济才取得了长足的进步，即便如此，那时的生产率每年也只增长了0.5%左右。生产率高速增长始于19世纪末的第二次工业革命期间。第二次工业革命的大多数重大创新都是基于电学、化学、电磁理论、热力学及众多工程科学的飞速发展。

1. 生产率的提高来自新形式的动力

在工业革命之前，动力来源主要是水、风、人力和畜力。18世纪50年代，"土木工程之父"约翰·斯密顿通过应用科学原理显著提高了水轮的效率，从而为工业革命提供了急需的动力。然而，水轮的成本仍然很高，效率相对较低，不太适合建造非常大的水电站。19世纪20年代末高效涡轮机的发明最终取代了水车。

涡轮机能够以 95% 的效率运行，广泛应用于当今的大型水力发电装置中。

阿尔弗雷德·诺贝尔于 1867 年获得了处理硝化甘油和硅藻土混合物的安全炸药的专利。炸药提高了采矿、挖掘隧道、筑路、建筑和爆破的生产效率，并使巴拿马运河等大型工程的实现成为可能。

蒸汽动力在 19 世纪晚期被应用于农业设备。靠自身动力在轮子上转动的蒸汽机为固定的农业设备如打谷机提供临时动力。这些蒸汽动力装置在当时也被称为公路发动机，亨利·福特在小时候看到了一台，受到启发，后来制造了汽车。

尽管蒸汽拖拉机曾被使用过，但从未流行起来。随着内燃机的问世，出现了第一批大规模生产的拖拉机（如福特森，约 1917 年）。拖拉机取代了马和骡子来牵引收割机和联合收割机，但到了 20 世纪 30 年代，自驱动联合收割机逐渐发展了起来。从第二次世界大战结束到大约 1985 年，小麦种植的每小时产量增加了大约 10 倍，这主要归功于动力机械的广泛应用，当然也得益于作物产量的增加。

2. 生产率的提高来自能量效率的提升

在工程和经济史上，最重要的能源效率提升方式包括将热能转换为有用功、热能再利用和减少摩擦。此外，传输电子信号耗费能量的减少也十分重要。

蒸汽机是热能向有用功转换的重要机器。早期的纽科门蒸汽机的热效率约为 0.5%，在瓦特改进之前，约翰·斯密顿将蒸汽机的热效率提高到略高于 1%，瓦特改进后热效率提高到 2%。20 世纪初，发电行业是美国生产率增长最快的部门，配备高压锅炉和高效汽轮机的大型中心站取代了往复式蒸汽机，再加上采矿和运输方面的改进，能量利用效率已经提升了一个数量级。如今，蒸汽轮机的效率已达到 40% 左右，大多数电力是由使用蒸汽涡轮机的热电站生产的。

多级发动机是在 19 世纪 70 年代开发出来的，它的效率之高，首次实现了让船只运载比煤更多的货物，这推动了国际贸易的巨大增长。1921 年出现了柴油机驱动的船舶，到 1950 年，已有三分之一的商船是柴油驱动的。如今，二冲程船用柴油发动机可提供超过 100,000 马力，热效率高达 50%。第二次世界大战后，使用美国煤炭产量高达 20% 的蒸汽机车被柴油机车取代，节省了大量能源，也减少了处理煤炭、锅炉水和机械维修的人力。

水力在 19 世纪中期开始被广泛用于贝塞麦工艺和港口起重机，尤其是在英国，伦敦等城市拥有水力设施，可以为周边地区的工业提供加压水。

19 世纪最后 25 年，气动技术开始应用于工业、采矿和隧道工程。常见的应用包括凿岩机和凿岩锤。由大槽轮支撑的钢丝绳能够在几英里或几公里的距离内低损耗地传递动力。

在电气化之前，动力传输的主要形式是传动轴、液压、气压和钢丝绳系统。从最早的工业蒸汽机到工厂电气化之前，传动轴一直是工厂中常见的动力传输形式。然而，线轴限制了工厂布置，并伴随着较高功率的损耗。工厂电气化是第一项能够以最小的能量损失实现远距离动力传输的技术。电动机废除了动力分配轴，大大提高了工厂的生产率。超大型中央发电站创造了规模经济，其发电效率比往复式蒸汽机高得多。与蒸汽机相比，电动机大大降低了能源成本。

热量再利用技术也显著降低了能耗。早在1828年，工业生产过程中的热量回收就被广泛用作鼓风炉中的热风来生产生铁。后来，热量再利用不断发展，包括西门子-马丁工艺，该工艺首先用于制造玻璃，后来用于平炉炼钢。今天，热量在许多基础工业中被重新利用，如化学、炼油、纸浆和造纸等行业，在作业过程中使用各种方法，如热交换器，实现热量回收。多效蒸发器利用高温效应产生的蒸汽来蒸发温度较低的沸腾流体。在硫酸盐法制浆化学品的回收中，通过再利用来自一个反应塔的蒸汽来煮沸前一个反应塔中的黑液，可以实现将用过的黑液蒸发五次或六次。热电联产是一种使用高压蒸汽发电，然后将产生的低压蒸汽用于工艺或建筑供热的过程。工业过程经历了许多微小改进，这些改进共同作用下，显著降低了每单位生产的能耗。

在摩擦的减少方面，首先与货车相比，减少摩擦是铁路成功的主要原因之一。其次是有更好的润滑，如来自石油的润滑，减少了工厂的摩擦损失。此外，是在19世纪最后25年内，使用合金钢和精密加工技术开发出来的抗摩擦轴承。到了19世纪80年代，抗摩擦轴承被广泛用于自行车上。在工厂电气化之前的几十年里，轴承开始用于动力轴，在此之前，摩擦是造成高功率损耗的主要原因，通常为25%至30%，甚至高达50%。

在照明效率的提升方面，电灯比石油或天然气照明效率高得多，还不会产生烟、烟雾或热量。电灯延长了工作日，使工厂、企业和家庭更有效率。电灯不像油灯和煤气灯那样有很大的火灾危险。从最初的白炽灯到钨丝灯，电灯的效率不断提高。荧光灯在20世纪30年代末开始商业化，它比白炽灯照明效率高得多。发光二极管进一步提高了照明效率。

3. 生产率的提高来自交通设施的进步

工业革命期间，道路设施得到改善。未经改善的道路速度极慢，运输成本高且危险。在18世纪，分层砾石开始被越来越多地使用，三层碎石在19世纪早期开始使用。这些道路被修成拱形以便排水，并且在道路两侧有排水沟。最上面一层石头被碾成粉末，使表面变得光滑。下层是小石块，排水良好。重要的是，上层对马车车轮的阻力较小，马的蹄和脚不会陷进泥里。19世纪前20年，美国也开始使用公路。改善道路是昂贵的，虽然削减了一半或更多的陆路运输成本，但公路很快被铁路取代。

远洋运输和内河航道运输。一匹能拉一吨货车的马可以拉一艘30吨的驳船。在英国第一次工业革命期间，向曼彻斯特的熔炉供应煤炭是很困难的，因为那里道路很少，而且使用货车的成本很高。然而，采用运河驳船的方式运输被认为是可行的，这一点通过建造布里奇沃特运河得以证明，该运河于1761年开通，将煤从沃斯利运到曼彻斯特。布里奇沃特运河的成功开启了运河建设的狂潮，一直持续到19世纪30年代，直到铁路的出现。

铁路大大降低了陆路运输的成本。据估计，到1890年，美国货车运费为24.5美分/吨英里，而铁路运费为0.875美分/吨英里，下降了96%。从19世纪90年代末到20世纪头20年，建设了大量支持电车运输的街头铁路。1920年后，公共汽车和轿车很快取代了街头铁路。

内燃机汽车的高速公路完成了陆路运输的机械化。大约在1920年卡车出现后，将农产品运送到市场或火车站的价格大大降低了。机动化的公路运输也减少了库存。20世纪30年代美国的高生产率增长在很大程度上归功于那十年的高速公路建设计划。

管道是最节能的运输方式。钢铁管道在19世纪后期开始使用，但直到20世纪才成为主要的基础设施。离心泵和离心压缩机是泵送液体和天然气的有效手段。

4. 生产率的提高来自全面的机械化

（1）农业机械化。播种机是一种机械装置，用于在适当的深度间隔种植种子。它起源于公元前1世纪以前的中国古代。当产量以每粒播种收获的种子来衡量时，保存种子是非常重要的，通常在3到5粒之间。条播机也节省了种植劳动力。最重要的是，播种机使得作物成行生长，这减少了植物的竞争，提高了产量。在16世纪的欧洲根据从中国带来的文字描述和粗糙的图画，播种机被重新发明。而可靠的播种机出现在19世纪中期。

自从农业开始以来，脱粒是用连枷手工完成的，需要大量的劳动。脱粒机简化了人力操作，允许使用动物动力。到了19世纪60年代，打谷机被广泛引入，最终取代了多达四分之一的农业劳动力。蒸汽机也被用来代替马。今天脱粒和收割都是联合收割机完成的。

大约在18世纪90年代以前，一个工人每天可以用镰刀收割1/4英亩土地。19世纪早期，谷物摇篮问世，极大地提高了手工劳动的生产率。后来，两个人两匹马每天可以收割、耙平并捆绑20英亩小麦。在19世纪80年代，收割机和脱粒机被合并成了联合收割机。这些机器需要一大群马或骡子来拉。在整个19世纪，生产小麦的单位工时产量增加了约500%，玉米增加了约250%。农业机械和更高的作物产量将生产100蒲式耳玉米的劳动力从1900年的35至40小时减少到1999年的2小时45分钟。

农业机械化向内燃机动力的转变始于1915年之后。20世纪20年代，农业和交通转为内燃后，马的数量开始下降。除了节省劳动力之外，还解放了大量以前用于饲养役畜的土地。美国拖拉机销售的高峰期是20世纪50年代。在20世纪50年代，农业机械的马力大幅增加。

（2）工业机械。工业革命前最重要的机械设备是水车和风车。水车可以追溯到罗马时代，风车则更晚一些。水力和风力首先被用来把谷物磨成面粉，后来被用于为破布锤提供动力，把破布捣成纸浆，用来造纸和破碎矿石。在第一次工业革命之前，水力被应用于欧洲炼铁的风箱。风力和水力还用于锯木厂。制造磨坊和机械钟的技术对工业革命中机器的发展有很重要的作用。纺车是一项中世纪的发明，它将制线的生产率提高了十倍以上。

工业革命之前的早期发展之一是大约在1589年被发明的织袜机（织布机）。后来在工业革命中出现了飞梭，这是一种简单的设备，使纺织的生产率提高了一倍。纺线是布料制作的一个限制因素，需要10个纺纱工来供应一个织布工。珍妮纺纱机一次可以纺八根线。水力织布机将水力用于纺纱，但它一次只能纺一根线。水力织布机易于操作，也可以位于一个单一的建筑。纺纱机允许一台机器利用水力纺出大量的线。随着布料产量的增加，消费者对棉花的偏好发生了变化，这导致了轧棉机的发明。在工业革命期间，蒸汽动力最终被用作水力的补充，随后又都被电力取代。

纺织工业机械化之后，是鞋服工业的机械化。缝纫机在19世纪早期被发明和改进，到19世纪70年代大量生产，生产率提高了500%以上。缝纫机是机械化制鞋的重要生产工具。随着机床、改进的蒸汽机和铁路提供的廉价运输的普及，到19世纪最后25年，机械工业成为美国经济中最大的部门（按增加的利润计算），从而促进了工业经济。

第一台商业上成功的玻璃瓶吹瓶机于1905年问世。该机器由两人操作，每班12小时，一天可生产17,280个瓶子，而六名男子或男孩在一家商店工作一天只能生产2,880个瓶子。机器制瓶的成本是每件10到12美分，相比之下，手工吹制玻璃的成本是每件1.8美元。

（3）工作母机。切割、研磨和成型金属零件的机床是工业革命中另一项重要的机械创新。在机床出现之前,制造精密零件非常昂贵,这是许多机器和可互换零件的基本要求。历史上重要的机床是螺纹车床、铣床和金属刨床(金属加工),它们都在 1800 年到 1840 年间投入使用。然而,在 1900 年左右,小型电动机、特种钢和新的切割和研磨材料的结合才使得机床能够大规模生产钢零件。生产福特 T 型车需要 32,000 台机床。现代制造业开始于 1900 年左右,当时在电力、液压和气压传动技术的帮助下,机器开始在工业中取代手工方法。一个早期的例子是欧文斯自动玻璃瓶吹瓶机,它减少了 80% 以上的制瓶劳动。

5. 生产率的提高来自工作实践和流程的改善

(1)劳动力的分工。在工厂制度出现之前,许多生产是在家庭中进行的,如纺织,也是供家庭消费的。劳动分工在古代就有了,但在工业革命期间变得越来越专业化,因此,作为制鞋操作的一部分,不是鞋匠切割皮革,而是工人切割皮革。在亚当·斯密那个著名的别针工厂的例子中,每个工人做一件工作的效率远远高于一个工匠制作一整根别针全部的工作的效率。从工业革命之前,一直持续到工业革命开始,许多工作在外包系统(也称为家庭系统)下被分包出去,工作在家里完成。外出工作包括纺织、编织、皮革切割,以及不太常见的特殊项目,如枪械零件。商业资本家或工匠大师通常提供材料并收集工件,在中央车间制成成品。

(2)工厂系统。在工业革命期间,许多生产发生在车间里,这些车间通常位于出售成品的同一栋建筑物的后面或上面一层。这些作坊使用工具,有时也使用简单的机械,通常是人力或畜力。工艺大师、工头或商业资本家监督车间工作并保证质量。尽管作坊规模不断扩大,但在 19 世纪初还是被工厂系统取代。在工厂制度下,资本家雇佣工人,提供厂房、机器和供应品,并处理成品的销售。

(3)可互换零件。在对工作进行分析并使其更加系统化之后,对传统工作流程的改变极大地提高了劳动和资本的生产效率。这是从欧洲工艺系统到美国制造系统的转变,在欧洲工艺系统中,一个工匠制作整个产品,而在美国制造系统中,使用特殊用途的机器和机床来制作可互换的精密零件。美国制造系统的过程花了几十年的时间来完善,花费巨大,因为可互换的零件在开始时更昂贵。通过使用夹具来固定和精确对准被加工的零件,以及引导机床,使用量规来测量成品零件的关键尺寸,从而实现了零件可互换。

(4)科学管理。其他工作流程包括通过执行时间和运动的研究来确定最佳工作方法,从而最大限度地减少了个别任务(如砌砖)的步骤数量,该系统以弗雷德里克·温斯洛·泰勒的名字命名,称为泰勒主义,他是这种方法的最著名的开发者，在他的著作《科学管理的原则》之后，这种方法也被称为科学管理。

（5）标准化。标准化和可互换性被认为是美国制造系统具有优势的两个主要原因。标准化是可互换零件变革的一部分，铁路工业和大规模生产的商品也促进了这一变革。铁路轨距标准化和轨道车标准化实现了铁路相互连接。铁路时间使时区正式化。工业标准包括螺钉尺寸和螺纹，以及后来的电气标准。今天，已有大量的技术标准。

（6）合理化的工厂布局。电气化使机器（如机床）可以沿着工作流程系统地放置。电气化是一种实用的方法，可以机动化输送机，从而将零件和组件转移给工人，这是实现大规模生产和装配线的关键一步。

（7）现代企业管理。商业管理包括管理实践和会计系统，这是另一种重要的工作实践形式。随着19世纪下半叶企业规模的扩大，他们开始组织部门，并由职业经理人管理，而不是独资经营或合伙人经营。商业管理是由铁路公司发展起来的，他们必须在大范围内跟上火车、轨道车、设备、人员和货物的发展。现代商业企业聘用具有丰富知识和技术的专业人员，这些技术涉及工程、研究与开发、信息技术、商业管理、金融和会计等领域。现代商业企业通常受益于规模经济。

（8）连续生产。连续生产是一种方法，通过这种方法，一个过程可以长时间，甚至几年不中断地运行。在古代，连续生产始于高炉。随着工业革命期间长网造纸机的发明，机械化连续生产工艺开始流行。长网造纸机是连续轧制的灵感来源，在19世纪末和20世纪初，它开始被广泛用于化学和石油提炼工业。后来它也被用于钢和其他金属的直接带材铸造。早期的蒸汽机不能以足够恒定的负载为从棉纺厂到轧钢机的许多连续应用提供动力。后来，蒸汽机的进步和控制理论的发展使发动机转速更加恒定，这也使得蒸汽动力对棉纺等敏感任务非常有用。交流电机即使在负载变化的情况下也能以恒定的速度运行，非常适合连续生产的过程。

6. 生产率的提高来自新材料、新工艺

（1）钢铁。中国在公元3世纪以前就知道了制造铸铁的方法。铸铁生产技术于14世纪传到欧洲，公元1500年左右传到英国。铸铁有助于铸造锅和其他工具，但对于大多数工具来说太脆了。然而，铸铁的熔化温度比熟铁低，用原始技术制造也容易得多。

熟铁是用于制造许多五金制品、工具和其他器具的材料。在欧洲制造铸铁之前，熟铁是通过布鲁默里工艺小批量生产的，这种工艺在中国从未使用过。用铸

铁制造熟铁比用熔炉制造熟铁更便宜。制造高质量熟铁的廉价工艺是搅炼，这在 19 世纪后变得很普遍。搅炼包括搅拌熔化的铸铁，直到小块充分脱碳，形成热熟铁块，然后取出并锤打成形。

在 19 世纪中期和晚期，引入贝塞麦炼钢法和平炉炼钢法之前，一直使用混炼法。将熟铁包装在木炭中，加热几天，制成起泡钢。然后将起泡钢加热，用熟铁锤打，制成剪切钢，用于制作剪刀、刀子和斧子等刀刃。剪切钢的质量参差不齐，所以需要更好的工艺来生产手表发条，手表是 18 世纪流行的奢侈品。更好的工艺就是坩埚钢，坩埚钢是由熟铁和粗钢在坩埚中熔化制成的。由于难以产生足够高的熔化温度，钢和其他金属的生产受到了不小的阻碍。从热力学原理中可以知道，通过预热燃烧空气从烟气中回收热量，即所谓的热风，可以带来更高的能效和更高的温度。所以，将预热的燃烧空气用于炼铁和平底炉。在 1829 年引进热风之前，炼铁需要的焦炭是产品生铁重量的 7 倍。

钢的强度比熟铁高得多，可以用于建造大跨度桥梁、高层建筑、汽车和其他物品。钢还制成了高级螺纹紧固件（螺钉、螺母、螺栓）、钉子、金属丝和其他五金制品。钢轨的寿命是熟铁轨的 10 倍以上。贝塞麦炼钢法和平炉炼钢法比炼铁法效率高得多，因为它们利用生铁中的碳作为热源。贝塞麦炼钢法（1855 年获得专利）和西门子－马丁炼钢法（约 1865 年）大大降低了钢铁炼制成本。到了 19 世纪末，基本工艺与 19 世纪中期的搅拌工艺相比，生产成本降低了 90%。始于 19 世纪晚期的高速钢或工具钢，使得机床可以以更高的速度切割钢材。高速钢和更硬的材料是汽车大规模生产的重要组成部分。一些最重要的特种材料用于汽轮机和燃气轮机叶片，它们必须承受极端的机械应力和高温。今天，各种合金钢都具有优越的性能，可用于汽车、管道和钻头等特殊用途。

高炉的规模在 20 世纪有了很大的发展，像额外的热量回收和粉煤这样的创新取代了焦炭，提高了能源效率。贝塞麦钢时间一长会变脆，因为吹入空气时会引入氮气。贝塞麦法也仅限于基于某些矿石（低磷酸盐赤铁矿）的炼制。到 19 世纪末，贝塞麦法被平炉所取代。第二次世界大战后，平炉被碱性氧气转炉取代，转炉使用氧气而不是空气，生产一批钢需要 35～40 分钟，而平炉则需要 8～9 个小时。到了 1913 年，80% 的钢是直接从高炉中熔化的生铁制成的，并省去了浇铸"生铁"（锭）和重熔的步骤。

1928 年开发的宽带钢连轧机是两次世界大战期间钢铁工业最重要的发展。连续宽带轧制始于粗厚钢锭。它产生了一个更光滑的板，厚度更均匀，这是更好的冲压面，并提供了一个很好的油漆表面，这对汽车车身与电器材料是很大的利好消息。改进的分段速度控制使连续轧制成为可能。1950 年后，连续铸造消除了制造板坯、方形截面的方坯或矩形方坯的间歇步骤，从而提高了将钢转化为结构型材的生产率，这些步骤通常需要在轧制成型材之前进行重新加热。1989年引进的薄板坯连铸技术将每吨产品的劳动时间减少到一小时以内。薄板坯连铸和转炉是20世纪钢铁制造中两个最重要的生产技术。由于这些创新，1920年至2000年间，钢铁行业的劳动力需求减少了1000倍。

（2）碳酸钠（苏打灰）。碳酸钠及相关化学品是重要的工业化学品，用于制造玻璃和肥皂等重要产品。在1791年勒布朗工艺发明之前，碳酸钠是以高昂的成本从海藻和芭蕉属植物的灰烬中提取出来的。始于19世纪60年代的苏威工艺取代了勒布朗工艺。随着廉价电力的广泛使用，通过电化学过程产生了大量的钠和氯等化学用品制备材料。

（3）水泥。水泥是混凝土的黏合剂，由于混凝土具有低成本、多功能性和耐久性等优点，是当今使用最广泛的建筑材料之一。波特兰水泥发明于1824年至1825年间，是由石灰石和其他天然矿物在窑中煅烧制成的。19世纪90年代水泥回转窑的完善是一大技术进步，这种方法一直沿用至今。适用于建筑的钢筋混凝土在20世纪初开始使用。

（4）橡胶和塑料。硫化橡胶使充气轮胎成为可能，轮胎又使我们所知的公路和越野车辆得以发展。合成橡胶在第二次世界大战期间变得很重要，当时天然橡胶的供应被切断了。橡胶衍生了一类被称为弹性体的化学品，其中一些弹性体可以单独使用，或与橡胶及其他化合物混合使用，用于密封和垫圈、减震缓冲器或各种其他应用中。塑料可以廉价地制成日常用品，这大大降低了各种商品的成本，包括包装、容器、零件和家用管道。

（5）光纤。20世纪80年代，光纤开始在电话网络中取代铜线。光纤的直径非常小，能够将许多光纤捆绑在电缆或导管中。光纤传输也是传输信号的一种节能手段。

（6）石油和天然气。始于20世纪20年代的地震勘探使用反射声波来绘制地下地质图，以帮助定位潜在的油藏。这比以前的方法有了很大的改进，以前的方法主要靠运气和良好的地质学知识，尽管运气在几个重大发现中仍然很重要，但不确定性过高。旋转钻井是一种更快、更有效的钻井方法。它在1930年发现东德克萨斯油田后变得流行起来。

（7）用于切割的硬质材料。许多新的硬质材料被开发，并用于切削刃。1868年开发的Mushet钢是高速钢的前身，高速钢是伯利恒钢铁公司的泰勒领导的团队，在1900年左右开发的。高速钢即使在变得炽热时也能保持其硬度。随后出现了许多现代合金。从1935年到1955年，由于切削刃更硬，加工切削速度从每分钟 120 到 200 英尺增加到每分钟 1000 英尺，使得加工成本下降了 75%。最重要的新型硬质切削材料之一是碳化钨。

7. 生产率的提高来自通信技术的发展

电报出现在铁路时代的初期，铁路通常在沿线安装电报线路，用于与火车通信。电传打字机出现于 1910 年，到 1929 年已经取代了 80% 到 90% 的莫尔斯电码操作员。据估计，一个电传打字机可以取代 15 个莫尔斯电码操作员。

电话的早期使用主要是为了商业。每月的服务费大约是普通工人收入的三分之一。在 20 世纪 20 年代，电话、卡车和新的道路网使得企业能够大幅减少库存。在 1892 年引入自动交换机之前，电话是由接线员使用交换机来处理的。到 1929 年，有 31.9% 的贝尔系统是自动的。自动电话交换最初使用的是由真空管器件控制的机电开关，其耗电量很大。通话量的增长非常快，以至于人们担心电话系统会消耗掉所有的电力生产，这促使贝尔实验室开始研究晶体管。

第二次世界大战后，微波传输开始用于长途电话和广播电视信号的传输。随着 20 世纪 70 年代末光纤通信的出现，电话向家庭普及的时机已经成熟。光纤大大提高了信息传输能力，并进一步降低了长距离通信的成本。

通信卫星于 20 世纪 60 年代投入使用，如今可传送各种信息，包括信用卡交易数据、广播、电视和电话等。全球定位系统依靠卫星信号运行。

8. 生产率的提高来自自动化、过程控制和伺服机构

自动化即自动控制，这意味着过程的运行需要最少的操作员干预。不同程度的自动化包括机械方法、继电器、带控制器的反馈控制和计算机控制。

自动化的常见应用是控制温度、流量和压力。自动速度控制在许多工业应用中也非常重要，尤其是在分段驱动中，例如在金属轧制和造纸方面。控制系统动态行为的反馈回路使用了负反馈的概念。从期望值中减去感测值以产生误差信号，该误差信号由控制器处理，从而提供适当的校正动作。一个典型的例子是通过控制阀门的开度来保持储罐中的液位。

过程控制是一种广泛使用的自动化形式。过程控制的最早应用是调整磨石之间的间隙来研磨谷物和保持风车迎风的机制。詹姆斯·瓦特仿制了用于调节磨石的离心调速器，以便根据锅炉热负荷的变化来控制蒸汽机的速度；然而，如果发动机上的负载发生变化，调速器只会将转速稳定在新的速率。要达到操作纺织机械所需的稳定程度，需要做大量的开发工作。控制理论的数学分析首先是由詹姆斯·克拉克·麦克斯韦提出的。到 20 世纪 50 年代，控制理论发展到了它的"经

典"形式。

　　工厂电气化带来了简单的电气控制，如梯形逻辑，按钮可以用来激活继电器，以接合电机启动器，同时也带来了其他控制装置，如可以将联锁装置、定时器和限位开关添加到电路中。

　　今天，自动化通常指的是反馈控制。例如，汽车上的巡航控制，当受控变量上的传感器测量值偏离设定点时，该巡航控制连续校正，并且可以以校正的方式进行响应，以保持该设置。

　　过程控制是自动化的常见形式，它允许像炼油厂、发电厂或造纸厂这样的工业操作用最少的人力来运行，通常是由许多控制室来运行。

　　第一次世界大战后，随着中央电站的迅速发展，对仪器仪表的需求也在增长。仪器对于热处理炉、化工厂和精炼厂也很重要。普通仪器用于测量温度、压力或流量。读数通常记录在圆形图表或条形图表上。直到20世纪30年代，控制还是典型的"开环"，也就是说不使用反馈。操作员通过转动阀门手柄等方式进行各种调整。如果使用控制室发出控制信号，可以通过彩色编码灯向工厂的操作员发送信息，让他知道是增加还是减少正在控制的东西。信号灯由配电盘控制，不久后就实现了自动化。

　　反馈控制器使自动控制成为可能，该控制器通过感应测量变量，测量与设定点的偏差，以及可能的变化率和时间加权偏差量，与设定点进行比较，并自动应用计算来调整。独立控制器可以使用机械、气动、液动或电子模拟的组合来操纵受控设备。在电子控制器开发出来之后的趋势是使用电子控制器，但是今天的趋势是使用计算机来代替单独的控制器。到20世纪30年代末，反馈控制得到了广泛应用。反馈控制是连续生产的一项重要技术。

　　电话系统的自动化允许直接拨打本地号码，而不是通过接线员拨打电话。进一步的自动化允许呼叫者通过直拨拨打长途电话。最终几乎所有的操作员都被自动化所取代。

　　20世纪50年代，机床通过数字控制（NC）实现了自动化。这很快演变成了计算机数字控制（CNC）。

　　伺服机构通常是使用反馈的位置或是速度控制装置。对这些设备的理解包含在控制理论中。在19世纪90年代，控制理论被成功地应用于船只驾驶，但遇到了人员抵制，直到第一次世界大战后，它才被广泛应用。伺服机构在为飞机和各种工业应用提供自动稳定性控制方面极其重要。

　　机器人通常用于危险工作，如喷漆以及其他需要高精度的重复性工作，如汽车、收音机等电子产品的组装和焊接。

9. 生产率的提高来自计算机、数据处理和信息技术的发展

（1）穿孔卡片设备。在被终端输入和磁存储器取代之前，早期的电子数据处理是让穿孔卡片通过制表机来完成的，卡片上的孔允许电接触来增加电子计数器。制表机属于被称为单位记录设备的一类产品，通过这种设备，穿孔卡片的流程被安排成类似程序的序列，以便进行复杂的数据处理。在计算机出现之前，单位记录设备被广泛使用。制表机的作用通过1890年美国人口普查汇编得到了证明，与以前手工方法估计的13年相比，它能够在不到一年的时间内处理人口普查数据，并大大节省劳动力。

（2）存储程序计算机。第一台数字计算机都比制表机更有效率，但并不是高很多。早期的计算机使用了数以千计的真空管（热离子阀），这些真空管耗电量大，而且经常需要更换。到了20世纪50年代，真空管被更可靠、耗电相对较少的晶体管所取代。到20世纪60年代，成千上万的晶体管和其他电子元件可以作为集成在硅半导体晶片上，这在今天的计算机中普遍使用。

计算机使用纸带和穿孔卡片进行数据和程序输入，直到20世纪80年代，人们仍然普遍收到打印在穿孔卡片上的每月公用事业账单，这些账单随客户的付款一起退回。1973年，IBM推出了POS终端，其中的电子收银机与商店的大型计算机联网。到了20世纪80年代，增加了条形码阅读器。这些技术使库存管理实现了自动化。沃尔玛是POS终端的早期采用者。美国劳工统计局估计，收银台的条形码扫描仪将结账速度提高了30%，并将收银员和装袋员的劳动力需求降低了10%～15%。在关系数据库软件开发之后，数据存储变得更有组织性，关系数据库软件允许数据存储在不同的表中。例如，航空公司可能有许多表，如飞机、员工、维护承包商、餐饮、航班、机场、付款、机票等数据表。每个文件可以包含比平面文件（如电子表格）更窄的一组更具体的信息。这些表通过称为键的公共数据字段相关联。通过提出一个查询，可以在各种特定的配置中检索数据，而不必提取整个表。例如，这使得通过各种方式（如票号或姓名）查找乘客的座位分配变得更容易，并且只提供查询的信息，也更安全。

自20世纪90年代中期以来，交互式网页已经允许用户通过互联网访问各种服务器来从事电子商务，例如在线购物、支付账单、交易股票、管理银行账户和更新汽车登记。这是后台办公自动化的最终形式，因为交易信息直接传输到数据库。计算机也大大提高了通信部门的生产率，使电话接线员这样的职业消失了。

在工程领域，计算机用CAD取代了手工绘图，绘图员的产量平均增加了500%。不仅开发了用于设计电子电路、应力分析、热量和物质平衡的计算软件，

还开发了用于稳态和动态模拟的过程模拟软件,后者能够给用户提供与操作真实过程(如精炼厂或造纸厂)非常相似的体验,并允许用户优化过程或修改试验过程。

自动柜员机(ATM)在最近几十年变得流行,零售商的自助结账出现在20世纪90年代。在航空订票系统和银行业务领域,计算机是必不可少的。现代军事系统也依赖于计算机。

1959年,德士古的亚瑟港精炼厂成为第一家使用数字过程控制的化工厂。在当时,计算机并没有给制造业带来革命性的变化,因为自动化以控制系统的形式已经存在了几十年,不过计算机确实允许更复杂的控制,从而提高了产品质量和优化了开发过程。

10. 生产率的提高来自半导体器件制造的"摩尔定律"

自20世纪60年代以来,在漫长、昂贵和错综复杂的半导体器件制造过程中,国营企业和私营企业采取了各种方法并研究了许多技术,以加速生产过程并提高设计和制造生产率。

电子设计自动化(EDA)软件工具对许多现代电子设备等产品的成功交付具有重大影响。随着半导体集成和超大规模集成电路器件的出现,不使用专门的工具就不可能跟上技术进步的步伐。EDA软件工具广泛应用于现代光掩模制造过程。它们持续提高了ASIC、FPGA、DRAM等器件的设计和原型制作效率,并显著缩短了它们的上市时间。得益于不断发展的EDA技术,我们可以花同样多的时间来设计更复杂的ASIC,而这些时间在几年前会花在不太复杂的ASIC上。昂贵的光刻技术也在发展进步。

11. 生产率增长的"美国样本"

研究者认为,美国的生产率增长至少有三次浪潮。第一次浪潮是第二次工业革命,在此期间确立了美式制造系统、泛美铁路交通运输设施、电力革命和工厂电气化。第二次是1929到1941年,各种技术进步十分显著,随着工业化的推进,就内部投资而言,工业品生产从资本短缺发展到资本过剩。美国享受到了巨大的战争红利,形成了政府、学界、工业界紧密联系的"军工复合体",收获了世界市场,形成了金融霸权,在战后的繁荣发展中各种高新技术层出不穷。尽管在20世纪70年代和80年代受到了日本经济的挑战,但很快就通过实现了"摩尔定律"和"梅特卡夫定律"的半导体技术创新、互联网革命以及在二者支持下的全球化生产外包,在20世纪90年代和21世纪的前五年重新创造了生产率增长的高峰,也就迎来了第三次浪潮。自动化中使用的计算机和半导体器件是 20 世纪最后几十年发展起来的最显著提高生产率的技术;然而,大部分的生产力增长发生在计算机及其相关产业,它们对总体生产率增长的贡献令人失望。生产率的提高通过降低价格和就业影响了各个经济部门的相对规模。在制造业增长的时候,农业生产力释放了劳动力。随着工厂电气化和自动化的发展趋平,制造业生产率增长见顶,但仍保持显著水平。然而,随着制造业相对规模的萎缩,原本生产率增长较低的政府和服务部门也在增长。

参考文献

[1] 宁振波. 智能制造的本质[M]. 北京：机械工业出版社，2022.

[2] 赵敏，宁振波. 铸魂：软件定义制造[M]. 北京：机械工业出版社，2020.

[3] 何强，李义章. 工业APP：开启数字工业时代[M]. 北京：机械工业出版社，2019.

[4] 林雪萍. 工业软件简史[M]. 上海：上海社会科学院出版社，2021.

[5] 杨春晖，谢克强，黄卫东. 企业软件化[M]. 北京：电子工业出版社，2020.

[6] 阿尔特菲尔德. 商用飞机项目：复杂高端产品的研发管理[M]. 唐长红，译. 北京：航空工业出版社，2013.

[7] 梅杰斯. 技术与工程科学哲学[M]. 张培富，译. 北京：北京师范大学出版社，2015.

[8] 诺布尔. 生产力：工业自动化的社会史[M]. 李风华，译. 北京：中国人民大学出版社，2007.

[9] 陈小前，袁建平，姚雯，等. 航天器在轨服务技术[M]. 北京：中国宇航出版社，2009.

[10] 樊会涛. 空空导弹方案设计原理[M]. 北京：航空工业出版社，2013.

[11] 阿特金森，林德. 规模：企业创新、生产率和国际竞争[M]. 黄延峰，译. 上海：格致出版社，2021.

[12] 王睿智. 汽车产品开发项目管理：端到端的汽车产品诞生流程[M]. 北京：机械工业出版社，2020.

[13] 周海蓉. 模块化生产与产业升级[M]. 上海：上海财经大学出版社，2017.

[14] 周辉. 产品研发管理：构建世界一流的产品研发管理体系[M]. 北京：电子工业出版社，2012.